管理職要覧
日本的MTP 三訂版

Kagiyama Yoshimitsu
鍵山 整充

Ohta Shigeru
太田 滋

編著

東京 白桃書房 神田

■三訂版　　序

　『管理職要覧』は，1987年に改訂版を出して以降，今日まで10版を重ねてきた。

　私ども研究所の主催による一週間合宿の「管理職錬成講座」，また「管理能力向上通信講座」のテキストとして，また大手上場企業から中堅企業に至る各社の管理者教育のテキストとして，数多くの読者を得て今日に至っている。

　さて，本年，改訂版出版以降，ちょうど20年目を迎えるにあたり，これまでの本書をテキストとする管理者教育での経験をふまえ，本書の趣旨をより明快なものとすべく，三訂版を世に問うこととした。

　本書は，私どもの他の著作と異なり，「編著」として出版している。その意味は，一方でわれわれの主張をうち出す（これが「著」の方である）とともに，経験則としての管理知識・技能を集約する（これが「編」の方である）ものとして，本書が成り立っていることをふまえたものである。

　今回，三訂版を出すにあたり，「著」と「編」の区別をより一層明確にするようにした。本書のうち，第1部・第3部はわれわれの主張であり，第2部は（われわれの主張も含むが，主として）経験則の集約である。

　とくに三訂版においては，第3部「これからの管理と管理者」を独立させ，知識集約化時代の管理のあり方・管理者の能力向上のあり方を明確化することをめざした。第1部・第2部は細部の改訂にとどめてある。

　バブル崩壊後の危機の10年を経て，日本経済は復調のペースに乗るとともに，少子高齢化のトレンドのなかで，人手不足も顕在化するに至っている。これからの日本の経営には，危機対応の緊急避難的経営を払拭しつつ，人を中心とする経営の本格的な原点的再構築が求められるといってよいであろう。そしてこの命題のカギを握る者は，部下を預る管理者にあるといって過言で

はない。

　本書が世の管理者諸氏にとって，自らの自覚と責任感を新たにし，管理の技法のマスターを含めた成果向上を追求する上で有益なものであることを願っている。

　最後に，本書の出版にあたりお世話になった白桃書房の大矢栄一郎社長に厚く謝意を表す次第である。

2007年8月

鍵　山　整　充
太　田　　滋

■はしがき

　戦後日本の「管理職訓練」や「管理ノウハウ」は，アメリカ軍からもたらされた，MTP（マネジメント・トレーニング・プログラム）に始まり，今日でも，それの継承，ないし，一部修正されたものが中心になっている。

　このMTPは，合計40時間程度の研修時間のなかで，やさしく，平易に，経営組織，仕事の管理，仕事の改善，部下の教育，人間関係の５つの項目を教えるようなしくみになっている。その内容は，平易かつ消化された内容で，多くの人の承認を得られるものを整理・統合している。

　まさに，「アメリカなるかな」と思わせる，うまいまとめ方である。その意味で，このMTPは誰にでもわかる常識的なマネジメント・ルールとして，日本の経営に「地ならし」的効果を与えてきたのである。

　私どもも，経営コンサルタントとして，早くから，このMTPになじみ，これを研修などに活用してきたのである。そのとき，いつもこのMTPの平易，平板ではあるが，「常識」的なよさを感じるとともに，何か，これだけで，よいのかという物足りなさを感じていたのである。その理由は何か，考えつづけているうちに，その根本的な理由は，日本と，アメリカの「管理者」のおかれている経営上の位置づけの差によるものであると思うようになったのである。

　すなわち，日本の管理者は，ついこのあいだまでは，その会社の「一般社員」であり，その会社の企業別労働組合の「組合員」でもあった人である。と同時に，今の管理者は，その能力と努力と幸運がそろえば，やがて，「経営者」になる候補者でもあるのである。

　「終身雇用制」という，日本独特の人事慣習のなかでは，当然のこととして，「管理職」は，一般社員のなかから選抜され，経営者は，「管理職」のなかから，選抜されてくるのである。

かくて，日本の「ミドル・マネジメント」は，アメリカのミドル・マネジメントのように，ミドル・マネジメントの現在の仕事に終始しているわけにいかないのである。

　日本のミドル・マネジメントは，やがて，「経営者」になるのであるから，経営者のほうも，安心して（アメリカなら，ミドル・マネジメントが競争他社へ引き抜かれるかもしれないが），彼らに，会社の重要な問題，たとえば，長期経営計画の立案などに参画させる（否，実質的には，その草案は，ミドル・マネジメントが作成するといったほうが実態に近い）のである。

　かくて，日本のミドル・マネジメント（「管理職」）は，アメリカと同じ「中間管理者」としての職能のほか，「経営者」の候補者として，トップ・マネジメントの補佐や，手助け，ときにより，代行をも行うのである。それゆえ，彼らは，中間管理者本来の職能を完遂する能力の学習のほか，トップ・マネジメントの学習をも，並行して，行っていなければならないのである。そうでない管理職は，少なくとも，日本の管理職のなかでは，「落ちこぼれ」の「管理職」なのである。

　さらに，従来の管理論には，管理のノウハウだけに終始するものと，それらを全然無視した「根性論」や，「先哲」「英雄」語録式のものが混在してきた。

　このような現象が起こる原因は，「管理者」という存在が（中間）指揮官であるということにある。彼は，管理ノウハウを代弁するロボットではなく，「人格」をもって部下を引きつけるに足る「指導者」でなければならないからである。また彼は，管理ノウハウをよく知る「書斎人」であってはならず，そのノウハウを実践し，使いこなせる「行動人」でなければならないからである。

　かくて，「管理職」には，「指導者」としての人格・風格と，「行動人」としての特性が求められるのである。これらは「管理職テキスト」としてのMTPでは，全然ふれられていない。

　本書は，アメリカ式MTPのよい点は積極的に評価するが，同時に，日本

の管理職がおかれた位置（終身雇用制上での）を配慮し，かつ，「指導者」としての管理者，「行動人」としての管理者の意義をも，体系的にとらえてまとめようとしたものである。

　それゆえ，本書の副題を「日本的MTP」としたのである。

　私ども，「日本経営開発研究所」は，毎年1回，管理職を対象に，1週間ずつ2回，計2週間の合宿研修である「一流管理職錬成講座」を実施してきた。

　本書は，この研修の成果を整理してとりまとめた面ももっている。

　本書をまとめるにあたっては，上記のような意味合いから，私ども研究所の主任経営コンサルタント，杉浦健一，太田　滋両君と，私の3人で，執筆，討議，修正，再執筆を重ねてきた。それゆえ，本書は，われわれ3人の共著である。

　本書が上記のような意味合いから，日本的な特性，「指導者」として，また，「行動人」としての特性をも整理・統合した，「一流管理職」のテキストとして活用されれば，幸いである。

　終りに本書出版にあたり，お世話を頂いた白桃書房の大矢社長，照井常務に謝意を表するしだいである。

　1983年9月

鍵　山　整　充

目　次

第1部
日本における管理者の位置と果たすべき役割

第1章　企業におけるミドル・マネジメントの立場と要求される能力要件 ……… 3

1-1 分業と協業の結節点に立つ管理者 ……… 3
　1-1-1　近代経営の特質 ……… 3
　1-1-2　管理者の位置＝分業と協議の結節点 ……… 5
　1-1-3　管理とは？　管理者とは？ ……… 6
　1-1-4　分業と協業の結節点に立つ管理者に要求される能力 ……… 6
1-2 日本的経営における管理者の位置と要件 ……… 9
　1-2-1　日本的経営の特質＝終身雇用 ……… 9
　1-2-2　日本的管理者＝経営者の補佐役・後継者 ……… 10
　1-2-3　経営者の補佐役として必要な能力 ……… 12
1-3 現代社会のリーダーとしての管理者 ……… 13
　1-3-1　指導者としての管理者 ……… 13
　1-3-2　指導者としての管理者に必要な能力 ……… 16
　1-3-3　MTPの意義と限界 ……… 17
1-4 「行動人」としての管理者 ……… 18
　1-4-1　「行動人」としての管理者 ……… 18

	1-4-2 「行動人」としての管理者のもつべき要件 ………… 18
1-5	管理者のもつべき要件の全体像 …………………………… 22
1-6	管理者のもつべき心構え・責任感について ……………… 25
	1-6-1 「指揮の拙劣を部下の血をもって購うな！」 　　　——部下をもつ重みをふまえよ—— ……………… 25
	1-6-2 経営における人の重みをふまえよ！ ………………… 28

第2章　管理者のもつべき「企業哲学」 …………………… 33

2-1	企業の根本的な社会的役割 ………………………………… 34
	2-1-1 企業の根本的な社会的役割 …………………………… 34
	2-1-2 「企業は田圃である」 ………………………………… 35
2-2	現代企業の存立要件 ………………………………………… 38
	2-2-1 企業の第一の存立要件＝「利益」 …………………… 39
	2-2-2 企業の第二の存立要件＝「従業者の幸福」 ………… 41
	2-2-3 マルクス主義的企業観＝19世紀の遺物 …………… 44
	2-2-4 企業の第三の存立要件＝「社会的責任の遂行」 …… 48
2-3	付加価値と生産性 …………………………………………… 50
	2-3-1 付加価値と生産性の概念 ……………………………… 51
	2-3-2 付加価値の生産と分配 ………………………………… 53
2-4	現代企業の経営理念のあり方 ……………………………… 57
	2-4-1 19世紀型の経営理念—「純利益志向の経営」 ……… 58
	2-4-2 現代の経営理念—「付加価値志向の経営」 ………… 59
2-5	現代日本の企業の経営理念のあり方 ……………………… 61
	2-5-1 日本の運命共同体的企業構造 ………………………… 61
	2-5-2 日本的「近代的経営共同体」の理念 ………………… 64

第3章 経営者と管理者 ……………………………………………… 71

3-1 経営の見方・考え方 ……………………………………………… 72
3-1-1 企業の存続・成長を決める2つの要因 ………………… 72
3-1-2 経営能力の本質 …………………………………………… 74
3-2 経営の体系――経営者と管理者 ………………………………… 76
3-2-1 経営活動の全体像 ………………………………………… 76
3-2-2 経営者と管理者 …………………………………………… 80

第2部
管理の考え方と技法

第4章 管理概説 ……………………………………………………… 87

4-1 管理とは何か, 管理知識とは何か ……………………………… 87
4-2 管理知識・技能習得上の重要な留意点 ………………………… 90

第5章 組織の運用 …………………………………………………… 95

5-1 組織の設定と運用 ………………………………………………… 95
5-2 組織の四原則 ……………………………………………………… 96
5-2-1 「指令系統の統一」の原則 ……………………………… 97
5-2-2 「統制の限界」の原則 …………………………………… 99
5-2-3 「同質的な職務割り当て」の原則 ……………………… 99

　　　　5-2-4 「権限の委譲」の原則 …………………………………… 101
5-3 組織の型 ……………………………………………………………… 103
　　　　5-3-1 「ライン組織」 ……………………………………………… 103
　　　　5-3-2 「ライン-スタッフ組織」 …………………………………… 105
　　　　5-3-3 プロジェクト・チーム …………………………………… 107
　　　　5-3-4 事業部組織 ………………………………………………… 110
5-4 ラインとスタッフ …………………………………………………… 114
5-5 組織の合理性と日本的経営 ………………………………………… 116

第6章　計画の立て方 …………………………………………………… 121

6-1 「仕事の管理」における「計画」の重要性 ……………………… 121
　　　　6-1-1 「管理」における「計画」の重要性 ……………………… 121
　　　　6-1-2 日本の管理者と「計画」 …………………………………… 122
6-2 「計画」とは何か …………………………………………………… 123
6-3 目的・目標について ………………………………………………… 125
　　　　6-3-1 目標とは原則として必要最小水準の設定である ……… 125
　　　　6-3-2 小目標は改善を促進し，大目標は改革を促進する …… 127
　　　　6-3-3 具体的な目的・目標の設定 ……………………………… 130
6-4 調査・予測 …………………………………………………………… 131
　　　　6-4-1 計画の前提としての予測について ……………………… 131
　　　　6-4-2 事実の調査 ………………………………………………… 136
6-5 計画の立案 …………………………………………………………… 138
　　　　6-5-1 計画の設定 ………………………………………………… 138
　　　　6-5-2 計画の決定 ………………………………………………… 140
6-6 全社的計画への参画 ………………………………………………… 140
　　　　6-6-1 経営計画の体系 …………………………………………… 141
　　　　6-6-2 計画策定組織と計画への参画 …………………………… 142

第7章 指揮のあり方 ……………………………………………… 145

- 7-1 指揮＝指示・命令＋動機づけ ………………………………… 145
- 7-2 指示・命令の原則 ……………………………………………… 146
- 7-3 動機づけの原則 ………………………………………………… 148
- 7-4 指示・命令のあり方 …………………………………………… 150
  - 7-4-1 指示・命令の伝え方 ……………………………………… 150
  - 7-4-2 指示・命令の4つの型 …………………………………… 151
  - 7-4-3 よい指示・命令の五条件 ………………………………… 154

第8章 会議の指導 …………………………………………………… 157

- 8-1 会議の意義とコスト …………………………………………… 157
- 8-2 日本的経営における会議の意義 ……………………………… 159
  - 8-2-1 日本的経営における会議の意義 ………………………… 159
  - 8-2-2 「効率」だけで割り切れない日本の会議 ……………… 161
- 8-3 会議を成功させるための要件 ………………………………… 162
- 8-4 会議指導者の資格要件 ………………………………………… 163
- 8-5 会議の計画と準備 ……………………………………………… 164
  - 8-5-1 会議の必要性の決定 ……………………………………… 164
  - 8-5-2 会議の計画と準備 ………………………………………… 165
- 8-6 会議指導の技法 ………………………………………………… 167
  - 8-6-1 会議指導のプロセス ……………………………………… 167
  - 8-6-2 討議指導のテクニック(1)──質問の活用 ……………… 168
  - 8-6-3 討議指導のテクニック(2)
    ──反対意見の処理，説得，採択・決定 ……………… 171
  - 8-6-4 討議指導のテクニック(3)──その他の留意点 ………… 173

8-7 会議参会者の心得るべきこと ……………………………………………… 175

第9章 仕事の改善 …………………………………………………………… 177

9-1 改善を進められる管理者こそすぐれた管理者 ………………………… 177
9-2 改善の経営的意義と必要性 ……………………………………………… 178
9-3 改善の出発点は「現状不満」 …………………………………………… 180
9-4 改善のためにはアイデアが必要，アイデアはでる …………………… 181
9-5 アイデア創出を阻むもの ………………………………………………… 183
  9-5-1 「3つの関所」 …………………………………………………… 183
  9-5-2 キラー・フレーズ ……………………………………………… 187
9-6 アイデアを出す方法（その1）―ブレーンストーミング― ……… 189
  9-6-1 ブレーンストーム会議の原則 ………………………………… 190
  9-6-2 ブレーンストーム会議の進め方 ……………………………… 191
9-7 アイデアを出す方法（その2） ………………………………………… 193
9-8 アイデアの評価 …………………………………………………………… 198
9-9 改善案のつくり方 ………………………………………………………… 200
9-10 「改善案」の「売込み」の必要性 …………………………………… 201
  9-10-1 Selling the Idea ………………………………………………… 201
  9-10-2 「人間は変化に抵抗する」 …………………………………… 202
  9-10-3 「改善」の同調者をつくろう ………………………………… 203
9-11 改善案の実施 …………………………………………………………… 205
9-12 改善のフォロー・アップの重要性 …………………………………… 206

第10章 部下の育成 ………………………………………………………… 209

10-1 日本的経営における部下の育成 ……………………………………… 209

10-2	日本における企業内教育のあり方	211
	10-2-1　企業内教育の目標・内容について	211
	10-2-2　企業内教育の体系・方法について	214
	10-2-3　日本的経営における教育の戦略的意義	215
	10-2-4　企業内教育推進上の重要ポイント	220
10-3	管理者による部下の指導・育成	225
	10-3-1　部下の能力向上計画の策定・推進	225
	10-3-2　OJTの進め方のポイント	226
	10-3-3　学習効果を高める方法	228
	10-3-4　OJTによる部下の管理能力の育て方	230
	10-3-5　短期雇用社員の育成	231

第11章　人間関係論的管理　　235

11-1　「欲求」をもつ存在としての部下　　235
　　11-1-1　新たな人間観の発見──ホーソン実験の成果　　235
　　11-1-2　「欲求」をもつ存在としての部下　　239
　　11-1-3　「欲求」不満がもたらす行動と対処のし方　　240
11-2　部下の感情をふまえた管理　──ほめ方と叱り方──　　243
　　11-2-1　もっとほめよ！　　243
　　11-2-2　正しい叱り方　　245

第12章　良好な労使関係の形成　　249

12-1　日本的経営における労使関係の重要性　　250
12-2　労使関係はなぜ悪化するか？　　251
　　12-2-1　労働条件が悪いと，労使関係は悪化するか？　　251

	12-2-2	労使関係が悪化するのには，扇動者がいるためか？	253

- 12-3 良好な労使関係の形成のためのポイント ……………………… 254
- 12-4 良好な労使関係の形成のために管理者が果たすべき役割 …… 255
  - 12-4-1 良好な労使関係の形成のために管理者がもつべき要件 …… 255
  - 12-4-2 良好な労使関係の形成のために管理者が果たすべき役割 … 256

第3部 これからの管理と管理者

第13章 「人間観」を中心にみた管理思想の歴史 …………… 261

- 13-1 「管理」思想＝「人間観」………………………………………… 261
- 13-2 テーラー以前 ―とくに，アダム・スミスについて― ……… 262
- 13-3 テーラーの管理思想 ……………………………………………… 264
  - 13-3-1 テーラーの挑戦したもの＝成り行き経営 ………………… 265
  - 13-3-2 テーラーの主張 ……………………………………………… 266
  - 13-3-3 テーラーの管理思想の意義と限界 ………………………… 267
- 13-4 人間関係論 ………………………………………………………… 268
- 13-5 行動科学の管理思想 ……………………………………………… 269
- 13-6 管理思想の歴史から何を学ぶか ………………………………… 273
  - 13-6-1 これまでの人間モデル ……………………………………… 273
  - 13-6-2 欲求の充足で管理が解けるか？ …………………………… 275

第14章 知識集約化時代の管理 ... 279

- 14-1 モラール向上をいかに実現するか? ... 280
- 14-2 知的労働の管理のあり方 ... 285

第15章 管理者の能力向上のあり方 ... 289

- 15-1 能力向上に取り組む姿勢 ... 289
- 15-2 かけがえのない人材としての管理者に求められる要件 ... 292
- 15-3 能力向上の具体的なあり方 ... 298
  - 15-3-1 前提となる事柄 ... 298
  - 15-3-2 Off JTのポイント ... 302
  - 15-3-3 OJTのポイント ... 305
  - 15-3-4 具体的プラン ... 306

第1部

日本における管理者の位置と果たすべき役割

第1章 企業におけるミドル・マネジメントの立場と要求される能力要件

■本章の内容

1 分業と協業の結節点に立つ管理者
2 日本的経営における管理者の位置と要件
3 現代社会のリーダーとしての管理者
4 「行動人」としての管理者
5 管理者のもつべき要件の全体像
6 管理者のもつべき心構え・責任感について

1-1 分業と協業の結節点に立つ管理者

1-1-1 近代経営の特質

　封建時代の職人の手工業と比べた場合，近代工業の決定的な特徴は，「工程別分業」が行われている点にある。

　中世の職人は，徒弟を補助労働として使いながら，主たる工程をすべて自らの手で遂行した。近代工業では，工程が細分化され，細分化された工程ごとに作業者が配置され，それらの工程を結合して製品がつくり出される。すなわち「工程別分業」が行われているのである。

　このような「工程別分業」によって，労働は**中世の職人的熟練**に比べて，**大幅に単純化**することになった。

労働の単純化によって，第1に，作業への習熟は容易になり，第2に単純化した労働を機械に置き換えることが可能になった。したがって，生産性は大幅に向上することになったのである。すなわち「工程別分業」という方法をとることによって，**近代工業は高い効率と生産性**を実現したのであった。

アダム・スミスが『国富論』を述べているように，1人の職人がはじめからしまいまで全部の工程を1人でやった場合には，せいぜい1日ふつう1本（最高の場合で20本）のピンをつくり出せるにすぎなかったが，工程を18程度に分け，10人の作業者に分担して仕事をやらせる方式（つまり分業）を行った場合には，1日48,000本のピンがつくり出せる。1人あたり4,800本であり，1人ですべてをやった場合に比べ，240倍以上の飛躍的な高能率と高生産性が達成されたのである。

この「工程別分業」の考え方は，近代企業の発展とともに，**製造部門のみならず，およそ経営のあらゆる機能に広く適用され**，近代経営は，ますます効率を高めていったのである。

今日の経営では，**販売・開発・製造・人事・財務**といった主要機能ごとに，分業が行われ，それぞれの分業単位ではさらに細かい分業が展開されている。

このような近代経営における分業の展開は，「**組織図**」の上に明瞭に示されている。

「組織図」を**上から下**に見ると，経営者が責任を負うところの経営の全体としての任務が，**順次分割され，「分業」**が展開されている様相が図示されている。

他方，「組織図」を**下から上**に見ると，細分化された**分業単位が順次結合され，「協業」**をとおして全体としての経営の任務が果たされていく様相が示されている（次頁の図参照）。

こうして，近代経営の大きな特質は，経営体の内部において，細分化された「**分業**」が展開され，同時に，このような「分業」の結合＝「**協業**」によって経営の全体が維持されているところにある，といえるのである。

1-1-2　管理者の位置＝分業と協議の結節点

このような「分業」と「協業」の体系として成り立っている近代経営における「**管理者**」の**組織上の位置**を考えると、「管理者」は「**分業と協業の結節点**」たる位置にあることがわかる。

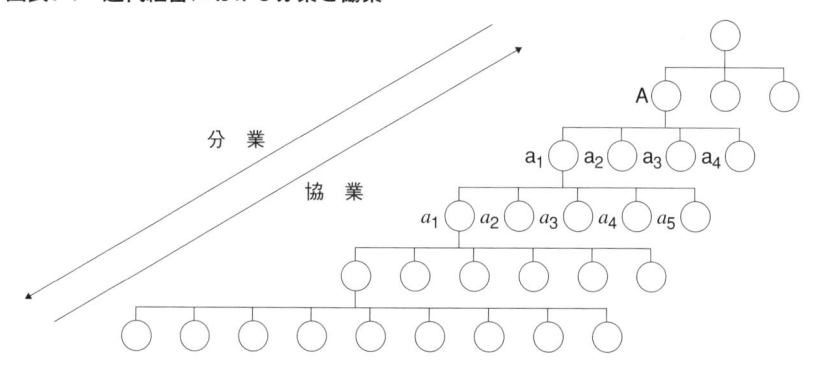

図表1-1　近代経営における分業と協業

```
                                            ○
分 業 ↗                                   A ○
      ↗                          a₁○ a₂○ a₃○ a₄○
   協業                   a₁○ a₂○ a₃○ a₄○ a₅○
                     ○ ○ ○ ○ ○ ○ ○
              ○ ○ ○ ○ ○ ○ ○ ○
```

- Aの職務がa_1〜a_4の分業に分割され、a_1は自らの分業をさらにa_1〜a_5の分業に展開するというように、順次分業が上から下へ細分化される。
- 反面、a_1はa_2〜a_5と協業し、それらがa_1に結合され、a_1はa_2〜a_4と協業し、その成果をAに結集するというように、下から上へは協業がなされる。

すなわち、「管理者」は、一方では、組織の上位から割り当てられた**単位分業**を達成するために、これを自分の部下たちへ、より細かい分業に分割して割り付け、その細分化された分業の遂行を指導する（分業）。

もう一面では、部下に割り付けた各分業が調和的に進行するよう指導し、その各分業が協業としての成果を結集して自己の単位分業の成果をあげ、さらには自分より上位の管理者の単位分業に協業をとおして貢献する（協業）。このような意味で「管理者」は、組織における**分業と協業**の「**結節点**」たる位置にあるといえるのである。

前図で説明すれば、a_1という組織上の位置にある「管理者」は、自らに割り当てられた単位分業をa_1, a_2, a_3, a_4, a_5に割り当てて、その細分化された分業の遂行を指導するとともに、a_1, a_2, a_3, a_4, a_5の分業が調和をとっ

て進行するよう指導して，a_1としての協業の成果をあげ，さらに，a_2, a_3, a_4とも協業をはかって，Aのために貢献するのである。

1-1-3　管理とは？　管理者とは？

ところで，「管理」とは，「作業」に対比して使われる概念である。「作業」とは「**自ら仕事を達成する**」ことをいう。それに対して「**管理**」とは，「**人（部下）を通じて仕事を達成すること**（getting things done through the people）」をいう。「管理者」の「管理者」たるゆえんは，「自ら仕事を達成する」という「作業」に比べて，職務上，「部下を通じて仕事を達成する」という「管理」のウエイトが高いことにある。一般に組織上の地位が高くなればなるほど，「管理」がその人の職務全体のなかに占めるウエイトが高くなる。

したがって「管理者」とは，「**分業と協業の結節点で『管理』を主たる仕事とする人**」のことである。

1-1-4　分業と協業の結節点に立つ管理者に要求される能力

一般に分業と協業の体系からなる近代経営で仕事を行っていくためには，知識要件に即していえば，

①　自らの担当する「分業」が十分遂行できるための「**職能別専門知識・技能**」とともに，

②　他の分業単位と「**協業**」して，協業としての成果をあげるために必要な，「上位方針の理解」「組織の同一階層のレベルで共通に必要とされる知識・常識・技能」としての「**階層別知識・技能**」が必要とされる。②の重要性の認識が一般には不十分な場合がある。「職人型」の人はとくにそういう場合が多い。しかし，協業をスムーズに行うには，どうしても②が必要である。

この点を前図で説明すれば，a_1という分業にあたっている人は，その分業に関する「職能別専門知識・技能」をもち，同時に，a_2, a_3, a_4の分業にあたる人々と協業をはかって，上位のAのために成果をあげることができなけ

ればならず，そのためには，a_2, a_3, a_4の人々とコミュニケーションをはかれるよう「組織上の同一階層のレベルで共通に必要とされる知識・技能」，すなわち「階層別知識・技能」が必要となるのである。

とくに管理者では②の「階層別知識・技能」のなかに「同一階層のレベルで共通に必要とされる**知識・技能**」とともに「**一般管理知識・技能**」（「部下を通じて仕事を達成する」管理者に共通に必要とされる知識）が求められることになる。すなわち，

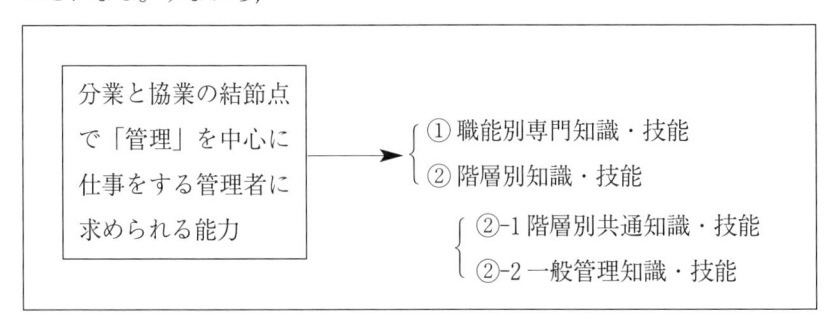

```
┌─────────────────┐
│ 分業と協業の結節点 │     ① 職能別専門知識・技能
│ で「管理」を中心に │ ──→ ② 階層別知識・技能
│ 仕事をする管理者に │
│ 求められる能力   │        ②-1 階層別共通知識・技能
└─────────────────┘        ②-2 一般管理知識・技能
```

以下，これを詳しく説明する。

① **職能別専門知識・技能**……管理者が，自らの分業単位をさらに細かい分業に分割し，部下の分業を指揮・指導し，かつこれらの部下の分業の調和的遂行を指導し，それらを結合して協業目的に貢献しうるためには，自らの分業単位に関する職能知識・専門知識と技能を十分もち合わせていなければならない。たとえば，販売課長であればマーケティングの理論的知識，商品知識，顧客に関する知識，セールス・テクニック，取引に関する法律知識等等が職能別の専門知識技能として必要である。もちろん，管理者は，「部下を通じて事をなす」ものであるから，部下の行う仕事に関する職能知識を何から何まで知らなければならないということではない。**自らの統括する分業諸単位の基本ポイントをおさえるに必要十分の職能知識**が駆使できればよいのである。

②-1 **階層別共通知識・技能**……管理者が，自らの管理する分業単位は，それ自体として意味をもつものではなく，経営全体の協業の一環として結合

されて，はじめて意味をもつものである。したがって，管理者は，自らの統括する分業単位で正しく成果をあげるために，(1)**自らの分業単位と直接関連する前後の分業単位の概略の知識**をもち，(2)**経営全体の広範な分業のなかで必要とされる共通な知識**をもち，「協業」の実をあげることができなければならない。たとえば，製造１課長であれば，(1)他の製造２課，３課，生産技術課，生産管理課など同一階層に属し，協業に関連する他のセクションの概要を知り，(2)会社の人事システム，経理手続などの必要な部分についての知識をもたなければならない。

　②-2　**一般管理知識・技能**……管理者の管理者たるゆえんは「部下を通じて仕事を達成する」ところにある。それゆえ管理者には，「管理」という面で共通の知識・技能が求められる。これがここにいう「一般管理知識・技能」である。この「一般管理知識・技能」は，ふつう(1)**仕事の管理** (2)**仕事の改善** (3)**部下の教育** (4)**人間関係の維持**という**４つの内容**に大別されている。すなわち，「部下を通じて仕事を達成する」管理者は，(1)まず，仕事を計画し，部下に指示を与えて，これを行わしめ，その結果をチェックし，担当分業を確実に遂行する。(2)担当分業に関し，自らまたは部下を督励し，創意工夫をして，担当分業の生産性が向上するよう「仕事の改善」をはかる。(3)よい仕事が行われるためには，部下の能力が高くなければならない。それゆえ，管理者の重要な任務の１つは「部下の教育」である。(4)また部下とのインフォーマルな関係をも含めて，人間の心理をふまえた管理，すなわち人間関係を維持することができなければならない。(*)

（*）「このような一般管理知識・技能」はMTP（Management Training Program）として，今次大戦下の戦時経済で要請された管理者の大量養成の必要から，アメリカにおいてまとめられた内容に，その最大公約数を求めることができる。MTPは戦後，日本の経営の近代化の一環として管理者教育用に導入され，今日の日本の「管理者論」は一般にこのMTPをベースとしている。このような「一般管理知識・技能」については，本書の第４章以下で詳細に説明する。なお，MTPについての評価は，本章のこれ以降の部分を参照されたい。

以上のような知識や技能は，およそ分業と協業の行われる**近代経営において，洋の東西を問わず，また体制のいかんを問わず必要とされる**ものである。また，以上のような知識・技能の必要性については，一般の管理者のガイドブックなどでも指摘されてきた事柄である。

　しかし，今日の日本の経営において管理者に必要とされる能力要件は，実は，これにとどまるものではない。この点については，これまでの管理者論で体系的に整理されているものがないので，以下で明確にしたいと思う。

1-2　日本的経営における管理者の位置と要件

1-2-1　日本的経営の特質＝終身雇用

　日本の経営は，経営の人的基盤たる「労働市場」のあり方において，欧米の経営とは決定的に異なった特質をもっている。

　欧米の経営が，「職務ごとに，労働の需給に応じて，労働が企業内外を比較的自由に移動する」，いわゆる「**横断的労働市場**」を前提に経営活動を行っているのに対し，日本の経営は，とくに基幹労働力たる正社員において，「新規学卒で特定企業に入社し定年退職まで当該企業に長期勤続し，原則として労働移動が稀である」，いわゆる「**封鎖的労働市場**」を前提に経営活動を行っている。

　雇用慣行に即していえば，欧米が「**短期雇用**」であるのに対し，日本は「**終身雇用**」である。

　これらの点で，日本の経営は，欧米に見られない独特の基盤をもつことになる。

　（＊）詳細は鍵山・太田著『企業および企業人』を参照されたい。

　この「終身雇用」の下で，管理者の位置もまた，欧米に見られない独特の特徴をもつことになる。

1-2-2　日本的管理者＝経営者の補佐役・後継者

　終身雇用制の下では，経営陣は，原則として優秀な管理者から補充されることになる（内部昇進）。

　新規学卒で入社し，定年退職まで同一企業で勤めあげる日本とは異なって，欧米では労働移動が活発であって，経営陣・トップ層もまたその例外ではない。経営者が競争会社のトップに転職するという，日本人の感覚からすれば信じ難いようなことが当然のこととして行われるのが，欧米の経営社会である。

　日本では原則として，このようなことはありえない。

　欧米でも，優秀な管理者→経営陣へという昇進ルートがあることはもちろんだが，それとならんで，否それ以上に他社からの経営陣のスカウト，経営陣の転職が，経営陣を補充する上での決定的な要素になっているのである。

　日本では，経営陣は，系列会社が天下り経営者を迎える場合を除き，自主独立の会社であれば，まちがいなく現在の管理者から昇進していくのがふつうであり，当然である。

　このような点をふまえるならば，日本における（とくに優秀な）管理者は，「**現在の経営者の後継者**」であり，「**将来の経営陣たるための準備段階にある**」という独特の位置づけをもつことになる。

　終身雇用の日本の経営では，管理者は経営者の単なる補助者であるばかりでなく，やがて自らがその企業の経営者になる後継者であるから，管理職が競争企業へ転職するということなど常識的には考えられない。それゆえ欧米とは異なって，管理層の転職などによる企業機密の漏洩の危険がほとんどないといえる。

　また，次代の経営陣として，後継者として，これら管理者を単なる補助者でなく，**次代の経営者として育成する必要がある**ため，**経営陣の戦略的な意思決定に，管理者層が広く参画するのが通例**である。

　そもそも日本の経営においては，伝統的な**集団主義的経営体質**からしても，管理者層をも含んだ合意を形成しつつ，合議によって戦略的意思決定を

行う慣行が根強い。こうした事態は，経営の近代化の上で改められるべき要素を含んでいることも事実である。しかし，次代の経営陣の育成のために，管理者を，経営の戦略的意思決定に参画させ，経営陣を補佐させながら教育していくことは，終身雇用の下では合理的でもあり，経営上の必要事でもある。

欧米においては，経営の戦略的意思決定は，経営者の排他的な権限に属するのであって，この権限を委譲することは，企業機密の防衛上からいっても基本的にありえない。管理者層はもちろんのこと，取締役レベルでさえ，自らの職務権限に関連するかぎり，トップの戦略的意思決定の一部分を執行するにすぎないのである。

こうして，日本の管理者は，「**経営陣を補佐しつつ，経営陣の戦略的意思決定に参画する**」という独特の位置づけをもつことになる。すなわち，後継者として経営者クラスへ昇進の可能性をもつ，経営陣の「幕僚」としての役割が期待されるとともに，それが重要な職務ともなるのである。

以上のように，日本の管理者は，「**経営陣を補佐しつつ，経営の戦略的意思決定に参画し，次代の経営陣としての準備を整える**」という，欧米には見られない独特の位置と役割をもつことになる。

このような点にとどまらず，**日本の経営にあっては，伝統的に，トップ・マネジメントの機能が，欧米に比べて弱いという事情もある。**

日本の経営では，欧米では常識である本来的なトップの職能たる「**戦略的意思決定**」を，トップ・マネジメントが遂行しているとはいい難い場合もある。

むしろ「戦略的意思決定」に関する企画立案は，ミドル・マネジメント層において主として行われ，トップ・マネジメントは，それに承認を与えるだけであり，その遂行もミドル・マネジメントが主体となるという場合も少なくない。すなわち，いわゆる「**おみこし経営**」と呼ばれるような事態である。

このような事情を前提とすれば，日本の経営では，**ミドル・マネジメントが，戦略的意思決定の企画・立案を行い，トップに上申してこれの「承認」をとり，自ら中心になって実行していくことを，自分の職務と考えないと，**

経営のなかで，いつまでたっても戦略的意思決定が行われないということになりかねないのである。

　この面からいっても，日本の管理者には，トップの補佐役たる役割が課せられているといえる。

1-2-3　経営者の補佐役として必要な能力

　上記の検討をふまえるならば，日本の管理者には，「経営陣を補佐しつつ，経営の戦略的意思決定に参画」しうるに足る能力が要請されることになる。

　経営者に要求される根本的能力は，「外部条件の変動に対処しつつ企業を存続・成長させる能力(*)」であり，知識要件に即していえば「**経営基本方針・長期経営計画に関する経営学的知識，企業の外部条件を的確に洞察するための経済学，経済史，技術学，技術史などの広範な知識の駆使**」が求められるところとなる。

　日本の管理者は，この経営者に要求される知識要件に準ずる知識の駆使が求められるようになるのである。

（*）詳細は鍵山・太田著『企業および企業人』および『経営方針と経営戦略』を参照されたい。

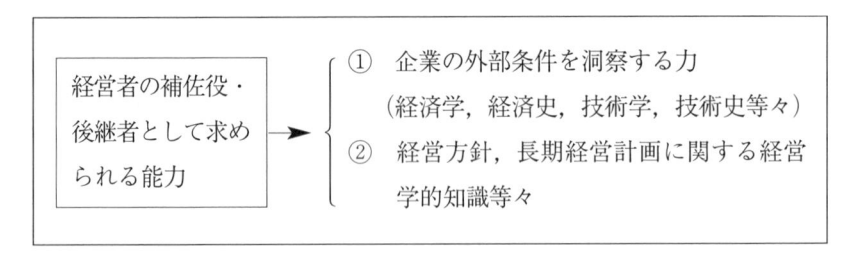

経営者の補佐役・後継者として求められる能力	→	①　企業の外部条件を洞察する力 　　（経済学，経済史，技術学，技術史等々） ②　経営方針，長期経営計画に関する経営学的知識等々

　日本的経営における管理者の位置の**特殊性**をふまえた場合，われわれは，**単純に，欧米流の「ミドル・マネジャー論」の模倣で事足れりとするわけにはいかないのである。**

　日本の経営が終身雇用という独特の経営基盤の上に，欧米をこえる水準に到達した現実から考えると，欧米の管理者論にはいっさい現れない上記の事

項が，日本の管理者には非常に重要なものとして付加されるのである。

1-3　現代社会のリーダーとしての管理者

　これまでの展開をとおして，われわれはおよそ管理者なるものが，かつまたとくに日本の管理者が，その職責上，駆使することを求められる知識・要件について検討を加えてきた。しかし，現代日本の管理者に求められる要件は，これにとどまるものではない。

　なぜなら，管理者は多くの人間を指揮・統率する。部下たる企業人は大半の時間を管理者の指導・統率の下に過ごす。管理者が影響を与えるところは大きい。それはただ単に仕事の面だけにとどまらない。仕事の範囲をこえて人間的な影響を与えるところも大きいのである。そういう**「世の指導者」が自己の理念も哲学も世界観も**もたずに人を指導できようか。これが検討されるべき次の課題である。

1-3-1　指導者としての管理者

　《第一》に，管理者は「部下を通じて事をなす」ものであり，部下の指導ということは，管理者たるものの固有の任務である。ところで，この部下は特定職務を遂行するロボットではなく，独立した個としての人格をもち，職務を遂行する存在でもある。

　したがって「部下の指導」ということは，単なる「職務の指導」にとどまらず，**「人格的に指導しつつ，職務を指導する」**というものでなければならない。すなわち，部下という特定の人格を指導するためには，職能知識や管理ノウハウ・知識にとどまらない**「指導理念」**が求められるところとなる。

　とくに日本のように，基幹社員については終身雇用を不動の慣行とする経営にあっては，「目先の職務遂行能力」があるだけでは十分ではない。終身雇用社員は人生の最良の部分の大半を企業とともに過ごさなければならない。

そして30年，40年間の職務はいろいろ変化するが，その間一貫して優秀な，信用できる社員であるためには，**人間として，社員として，まずしっかりしていることが望まれる**。このような人間として，社員としてしっかりするよう部下を指導できなければならない。そのためには指導者たる管理者はしっかりした「**指導理念**」がなければならないのである。

《第二》に，管理者は，その管理活動を通じて**部下を左右する**。管理者の管理の不適切な場合には，部下の企業人としての人生を大きく誤らせることになり，部下ならびにその家族に多大な損害を与えることになる。

管理者の管理活動の適・不適は，あるときには部下をビジネス界の成功者へ導き，あるときには部下をビジネス界の敗残者に陥れる。まことに**管理者たるものの責任は重かつ大**といわなければならない(*)。

> (*) かかる点を考えるとき，私が想起するのは，今次大戦で戦死したある無名の若き士官の名言——「**指導者の拙劣を部下の血をもって購(あがな)うな**」——である。軍人と企業人は，もちろんその目的とするところは異なる。しかし，実践を通じて目的を達成しようとする側面，競争に勝ちぬかねばならぬという側面，人の指揮・統率を通じて目的を達成しようとする側面などでは，相通じる要素は多い。**管理者として部下をもつものが，肝に銘ずべき名言**というべきである。

こうした責任をしっかり自覚し，この責任を全うするためには，単なる管理ノウハウの習熟だけではもちろん不十分であり，管理者は自らのうちに，確固たる「**哲学**」をもたねばならないといえるであろう。

《第三》に，そもそも管理者たるものは，「管理職能が，『人格化』した存在」（わかりやすくいえば，管理職能に頭と手足がついたロボット）であってはならず，「自主独立の個としての人格が，管理職能を遂行する存在」でなければならない。これは人間として当然のことである。

管理者たるものは，**自主独立の個としてのおのれの世界観・企業観・職務観・人生観と基本的に合致するかぎりにおいて管理職能を果たす**のであって，管理職能を果たすために自分の世界観・企業観・職務観・人生観，要するにおのれの「哲学」を放棄するものであってはならない。管理者たるものは，

おのれの「哲学」に基本的に合致するかぎりで，経営者の指示・命令を遂行するのであって，経営者の指示・命令であれば，たとえおのれの「哲学」に根本的に反することを，あえて節を曲げて行うものであってはならないのである。「**管理者は経営者の私兵や機械ではない**」のである。

管理者は，管理職能を果たすのに有用かつ効率のよい取替え可能な「機械」ではない。どんな命令をインプットしても，効率よい管理機能をアウトプットする機械ではない。**管理者は，金さえ払えば，敵にも味方にもつき，どちらへ行っても兵士を指揮する戦上手な「外人傭兵の士官」ではない**はずである。

《第四》に，管理者は，現代企業の分業と協業の結節点に位置し，日本においては経営陣の補佐機能をも果たすという重要な役割を担っており，その**活動の成否は，企業活動全体を左右する**。

ところで，現代日本においては，企業活動は二重の意味で重要な役割を負っている。

① まず，**現代日本の企業は，日本の自由主義経済の担い手として，今日の日本の高い物質的生活をささえる中心的役割**を果たしている。さまざまな企業批判にもかかわらず，現代日本の企業が，社会のニーズにこたえる有用な物資・サービスを供給しつつ，勤労国民に働く場，収入を得る場（雇用の場）を提供していることは，何人も否定しえない基本的事実である。自由主義経済体制と，それをささえる企業の存在をぬきにして，今日の日本国民の享受している高い生活水準を考えることは不可能である。

② さらに，今日の日本は，敗戦国として戦後の出発を画したという特殊な事情や，日本人に特有の，時代の風潮に流されやすい思考風土とも相まって，先進国には類を見ない，異常なほど自主・独立の気風を欠いた脆弱な半独立国家になっており，また，それを是認するかのような風潮がはなはだ濃厚である(＊)。

（＊）鍵山・太田著『企業および企業人』を参照されたい。

戦後日本が世界に誇りうるものは，唯一「経済」をおいてほかになく，この「経済」をささえるものこそ企業にほかならない。かつまた，世界にも類

を見ない異常に脆弱な国家のなかにありながら、「国」を単位として世界が動くという単純な事実をも忘却し、経済の繁栄のみを謳歌する時代の風潮に抗して、事実をふまえた科学的思考に立脚し、自由主義・民主制の日本国家を正しく建設する**拠点**となるのもまた、冷厳な事実の世界に生きる企業をおいてはないといえるであろう。

　かかる意味において、現代日本の企業は、重要な使命を担うものである。企業の中核たる管理者には、**今日の日本をささえ、明日の日本を担う**という**使命感**が要請されることとなる。この「使命感」を根底においてささえるものこそ、「正しい世界観・企業観・職務観・人生観」にほかならないのである。

1-3-2　指導者としての管理者に必要な能力

　以上検討を加えてきたように、管理者たるものが、(1)まず自己を確立し、確固たる信念の下に自らの職務を担い、かつまた部下を全人格的に指導することの必要性からいっても、(2)また、部下指導に責任を負い切るという強固な責任観念をささえるという意味からも、(3)さらにまた、現代日本の企業が今日の日本をささえ、明日の日本を担うものであり、その企業の中核こそ管理者であり、管理者にはそれだけの使命感が要請されるということからしても、管理者は、「**現代社会の良識あるリーダー**」たる役割を自らに課し、それにふさわしい信念と識見をもたなければならないといえるのである。

　これを、能力要件として、より具体的にいえば、次のようにまとめられよう。(*)

① 　**正しい世界観**……**自由主義的世界観を確立すること**（個人主義・自由主義の哲学の血肉化、自由主義の政治経済体制に対する理論的確信、国家のあり方に対する自由主義的な見地の確立）、これをふまえつつ、これからの日本—世界のあり方に関する正しい展望と識見を有すること。

② 　**正しい企業観**……現代企業の社会的存立条件をふまえつつ、現代企業においてあるべき**経営理念**について正しい識見を有すること、ならびに日本の経営における企業と従業員の**運命共同体的構造**を正しく認識し、

それにふさわしい日本的パートナー経営理念を確立すること。
③ **確固たる人生観・職務観**……①，②をふまえつつ，それらを自己の生き方，ならびに職務へのかかわり方のなかに血肉化し，日々実践しうる価値観をもつこと。

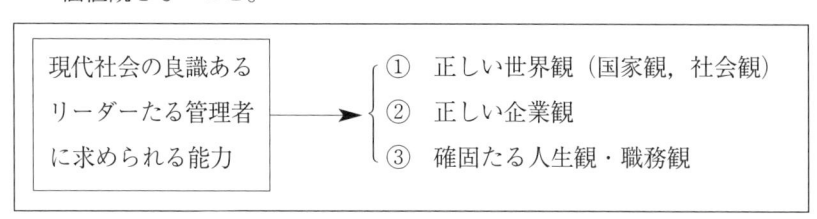

現代社会の良識ある リーダーたる管理者 に求められる能力 →	① 正しい世界観（国家観，社会観） ② 正しい企業観 ③ 確固たる人生観・職務観

（＊）上記の内容に関する著者の見解は，『企業および企業人』に展開しているので参照されたい。

1-3-3　MTPの意義と限界

　以上述べた点は，アメリカ式ミドル・マネジャー論たる**MTPを基本とした世の「管理者論」では，まったくふれられていない点**である。
　MTPに代表されるアメリカ式ミドル・マネジャー論が，多様な経営学説の最大公約数を巧みに集約しつつ，管理者に共通に必要とされる一般管理知識・技能を実践的な形でまとめあげたことは，**大きな成果**であり，管理者は，このような管理ノウハウを単に頭でわかるのではなく，十分に駆使できなければならない。われわれはそのような意味で，MTPの意義を積極的に「評価する」ものである。しかし同時に，MTPに表わされているようなアメリカ式のミドル・マネジャー論が，管理者の要件を尽くしたものではないことをも，明確に指摘しておきたい。すなわち**その「限界」**を指摘すれば，
　《第一》に，先にも述べたように，**それは「日本的経営における管理者の位置の特殊性」をふまえたものではない**。
　《第二》に，もし，アメリカ式ミドル・マネジャー論が，ミドル・マネジメントのすべてであるとすれば，そこに示される「管理者像」は，それこそ「管理職能の『人格化』された存在」そのものである。そこには，**現代社会**

のリーダーとしての管理者のもつべき根本的要件の説明がまったく存在していない。

われわれが実践的なMTPの良さを評価しつつも、いつも「もの足りなさ」を感じるのは、以上のようなことにあるのではなかろうかと思うのである。

1-4 「行動人」としての管理者

1-4-1 「行動人」としての管理者

われわれは、管理者の位置づけの解明をとおして、管理者に必要な知識要件について検討を加えてきた。

しかし、いうまでもなく管理者たるものは、単なる知識の所有者というだけではまったく不十分である。むしろ確固たる理念をもち、知識を自らの思考で駆使しつつ、「企業目的・目標の達成のために実践的に行動・活動する」ところにこそ、実践的・現実的なビジネスの世界における管理者の管理者たるゆえんがあるといえよう。

そもそも企業人は、行動・実践を通じて付加価値を生み出し、世に貢献するものである。書斎人とは異なって、知識だけでは何の役にも立たない。

したがって、本節では、このような実践的な「行動人」としての側面から、管理者に要求される要件についての検討を行い、これをふまえて、管理者に全体として必要とされる要件、あるべき管理者の全体像を解明していくこととする。

1-4-2 「行動人」としての管理者のもつべき要件

管理者をも含む企業人は、現実的な行動を通じて、現実的な目的を追求している。この点、書斎の学者とは大きく異なる存在である。

企業人、わけてもそれを代表する経営者は、多数の部下を指導しながら、変転する企業環境のなかで社会のニーズを的確につかみ、他企業との競争に

うちかって，このニーズを効率よく充足させることにより，付加価値を稼ぎ出し，企業を存続・成長させ，もって社会の物質的生活水準を維持・向上させる活動を遂行するものである。

経営者をはじめとする**企業人には，複雑きわまりない状況のなかで，限られた時間のうちに適切な判断を下し，行動・実践を通じて「成果」をあげる**ことが求められる。

このような**企業人の思考と行動をささえる「背骨」をなすものは，「必ず目標を達成し成果を生む」という意欲・精神的エネルギー・自信**である。

それを「**必勝・必達の信念**」と呼ぶ(*)。

（*）戦後は戦前の反動で，精神力・精神的エネルギーを何か野蛮なものとして軽視する風潮が強いが，これは正しくない。もちろん，われわれは神がかり的な精神論を述べようというつもりは毛頭ない。しかし，行動を通じて現実的な目標を追求し，達成しようとする「行動人」には，**合理的な意味において**，目標を必ず達成しようとする精神的エネルギーが，思考と行動をささえる背骨として絶対不可欠である。これを無視ないし軽視することは，むしろ非科学的である。

なぜ「**必勝・必達の信念**」が，「行動人」たる企業人の思考と行動をささえる「背骨」であるといいうるのか。

それは，企業人が，複雑・困難な状況で，決断を下す過程を検討することによって理解されよう。

複雑・困難な状況におかれた企業人は，まず《第一》に，この状況が，自らの追求しようとする目的との関連でいかなる意味をもち，解決すべきいかなる**課題を提起**しているのかを，正確につかまなければならない。

状況が認識されるのは，情報ないしは体系化された情報としての知識を通じてであるが，われわれはこの情報や知識を決して白紙の状態で受けとるのではない。あくまでも，われわれが達成しようとする目標との関連のなかで，情報や知識をとおした**状況の「意味」**をつかむのである。

したがって，**目標達成の意欲や自信の強弱によって，同じ情報でも，そこからつかまれる意味は異なってくる**。同じ状況でも，ある人は，そこに目標

達成不可能な絶望的な状況だけを見，他の人は，そこに死中に活路を見い出す好機をとらえるのである。

また**知識の吸収意欲**も，目標達成の意欲，自信の強弱によって異なってくる。強烈な達成意欲をもつ人は，状況の本質を理解するために，必死で情報の収集・知識の吸収に努めるであろう。

したがって，**状況の意味をとらえる，あるいは何が問題なのかを見い出す**，という決断に至る第一のステップでも，単なる知的な作業ではない。目標を達成しようとする強い意欲と自信をもって，思考を働かせるのでなければ，状況の洞察は成し難いのである。

《第二》には，**見い出した課題にいかなる解決策をもって対処するか**，という段階になるが，ここでも決定的に重要なことは，目的を必ず達成しようとする精神的エネルギーを発揮することである。

解決策はいくつもある。課題に対する解決策は，独創的であることを要する。企業人は，他企業との競争のなかに生きているのであって，ありきたりの解決策は，競争に勝つゆえんではない。

ところで，**独創的思考**なるものは，単なる霊感の所産なのではなく，目的達成の意欲，自信にささえられた**精神的エネルギーの集中の所産**なのである。(＊)すなわち，**目的の達成のために，必死で「考えて考えて考えぬく」というなかから，はじめて独創的な解決策が見い出される**ことになる。

（＊）ブレーンストーミングの創始者オズボーンも，発明や独創は頭脳の優秀さに比例するのではなく，問題を考えぬく情熱と真剣さに，すなわち，どれだけ考えぬくのかという「思考のエネルギー」に比例するといっている。

さらに《第三》に，**独創的な解決策が見い出されたとしても，現実の状況のなかでは，その成算が100％見込まれることはありえない**。なぜなら，行動とはつねに「未来」に向かって行動することだからである。「未来」を100％予知することはできない。100％情報が集まり，100％成算があるまで動かないのでは，いつまでも動けないということになる。ここに「**決断**」の必要性が生まれる。

成算が100％は見込まれない方策に賭けるには「勇気」を要する。反面，決断のもたらす結果は重大であるから，「責任感」が求められることになる。人はしばしば責任の重さにおののくことがある。この恐怖にたえぬく勇気と目標達成への責任感のあいだにあって，よく決断を可能ならしめるところのものは，目標達成に対する強い信念をおいてほかにはない。

　すなわち，**決断をささえるものは，目標達成に対する信念，「必勝・必達の信念」**なのである。

　《第四》に，**決断される方策は実行に移されることになる**。実行に移されると，方策は，刻々現実のものとなっていく。現実のものとなるにつれて，従来にもまして，責任の重圧がのしかかり，実行はしばしば動揺にさらされることになる。**決断を首尾一貫実行するための要件もまた，「必勝・必達の信念」**にほかならないのである。

　以上の意味において，目標・目的を必ず達成しようという意欲と自信——「必達の信念」は，行動人たる企業人の思考と行動をささえる「背骨」をなすものなのである。これをまとめれば，次図のようになる。

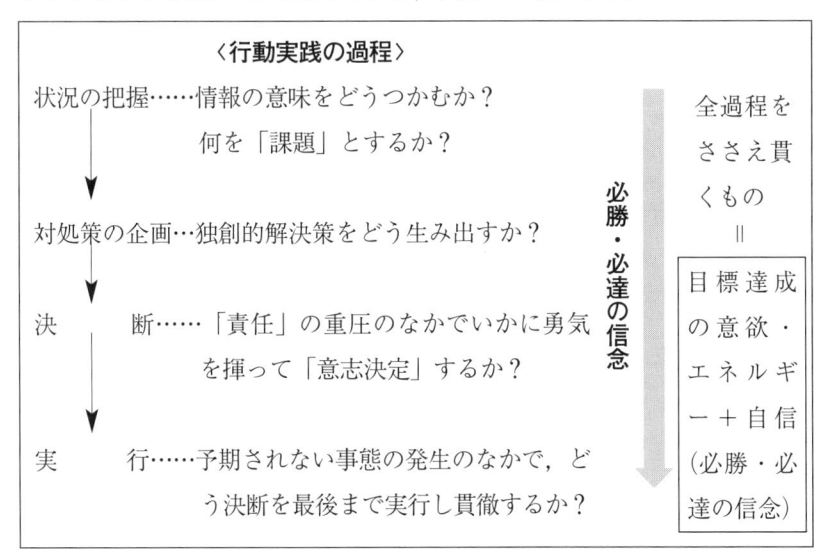

〈行動実践の過程〉

状況の把握……情報の意味をどうつかむか？
　　　　　　　何を「課題」とするか？
　　↓
対処策の企画…独創的解決策をどう生み出すか？
　　↓
決　断……「責任」の重圧のなかでいかに勇気を揮って「意志決定」するか？
　　↓
実　行……予期されない事態の発生のなかで，どう決断を最後まで実行し貫徹するか？

必勝・必達の信念

全過程をささえ貫くもの
＝
目標達成の意欲・エネルギー＋自信
（必勝・必達の信念）

1-5　管理者のもつべき要件の全体像

　以上のような検討をふまえることによって,「管理者のもつべき要件の全体像」を明らかにすることができる。その理想像を要約すれば下記のとおりである。
① **正しい世界観・企業観・人生観・職務観**を有すること。
② ①に基礎をおいた**企業目的**（ここにいう目的とは広い意味でのそれであって，経営理念にかかわる目的，経営方針として明示された目的，それをより具体的に数量化したところの目標などを含む）**ならびにそれをふまえた担当分業における目的・目標を使命感・責任感をもって自覚していること。**
③ この**目的を必ず達成しようとする強烈な意欲，精神的エネルギー，自信**，すなわち**「必勝・必達の信念」**をもっていること。
④ かつ，このような精神力（気力）をささえる**頑健な体力**をもっていること。
⑤ **広範な知識**（管理者に即していえば，(1)職能別専門知識・技能，(2)階層別共通知識・技能，(3)一般管理知識・技能，(4)企業環境の洞察のために必要な諸学問，経営の戦略的指導のため知識・技能，それらをささえる一般教養）**を駆使し，思考力**（その要素としては通常，理解力・判断力・創意工夫・思考計画力があげられる）**を働かすことができること。**
⑥ **勇気と責任感**をもって決断を下し，それを行動に移し（管理者の場合は，自ら行動し事をなすのではなく，他者を通じて事をなす立場にあるのだから，(1)部下に指示・命令を下し，これを理解させ，(2)指示・命令が完遂されるよう部下を正しく「動機づけ」ることが「行動」である），**それを通じて，所期の企業目的を達成すること。**
　ここで，いままでの叙述でふれなかった点について，補足しておく。
　④の体力の重要性については論をまたないであろう。重要なのは⑥の点である。管理者は自ら事をなすのではなく，「部下を通じて仕事を達成する」

ところに特質があることは，これまでも述べたとおりであるが，それゆえに，管理者たるものにとっては，部下の指揮・統率は本質的な要件の1つである。

適切な指揮・統率，すなわちリーダーシップの発揮のためには，何よりも指揮の内容が適正なものでなければならない。このためには，⑤の理論性と思考の深さが条件となる。また人の指導には，正しい哲学と強烈な精神力が不可欠であり，これには，①，②，③が条件となる。これにつけ加えれば，正しい哲学を体現した「高い道徳性・礼節」といった「**人格性**」も求められるところとなる。

これに加えて，リーダーシップの固有の要件とは，「**説得力**」を有することである。とくに，自由主義—民主制を原理とする国家—社会に存在する企業のなかでは，話すことにより人を指導し，動かすことができなければならない。すなわち，話術を通じた説得力がリーダーシップの技術として重要なのである。

以上を，「管理者の要件の全体像」としてわかりやすくまとめたのが，次図である。このようにまとめた場合，従来の管理者論がいかに「視野の狭いもの」であるか明らかであろう。

従来の管理者論は，もっぱら「管理知識・技能」論の観を呈していた。しかし管理知識・技能は，管理者に要求される知識の一部分をなすにすぎない。しかも，管理者に求められるところは，単なる知識や「ノウハウ」にとどまるものではない。

指導者たるもののもつべき理念・人格性・行動人として不可欠の精神力・体力・リーダーシップ，これらの要素なくしては，管理者は「**一流の管理者**」たりえないことは明らかであろう。

このような「管理者の要件の全体像」「全体としての管理者の要件」は，単なる「理想」ではない。管理者が一流の管理者たらんとすれば，何を身につけなければならないかを知らねばなるまい。

図表1-2　管理者の要件の全体像

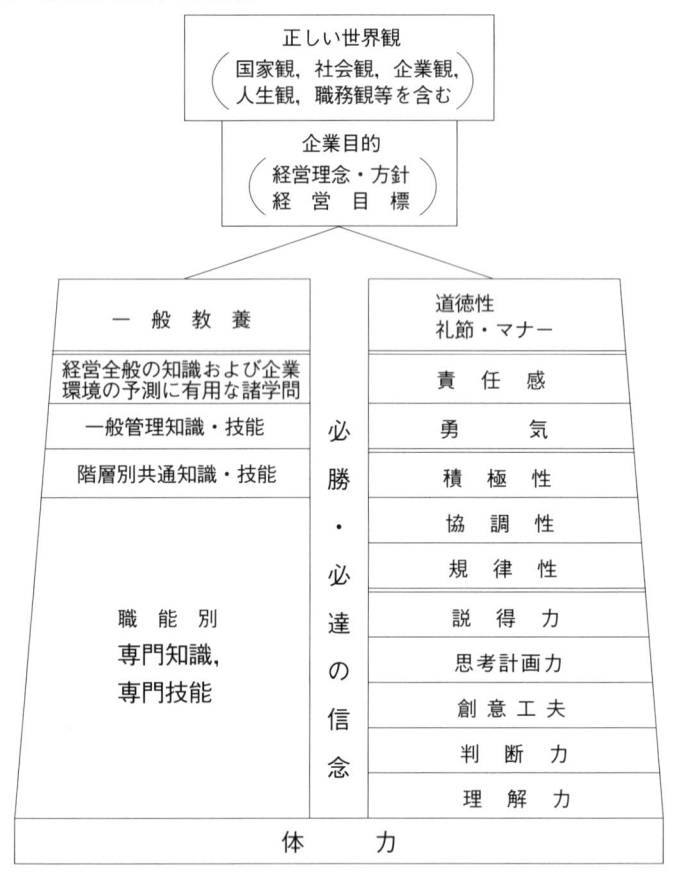

```
                    正しい世界観
              ┌──────────────────┐
              │ 国家観，社会観，企業観， │
              │ 人生観，職務観等を含む   │
              └──────────────────┘
                    企業目的
              ┌──────────────────┐
              │ 経営理念・方針         │
              │ 経 営 目 標          │
              └──────────────────┘
```

一 般 教 養	必勝・必達の信念	道徳性 礼節・マナー
経営全般の知識および企業環境の予測に有用な諸学問		責 任 感
一般管理知識・技能		勇 気
階層別共通知識・技能		積 極 性
		協 調 性
		規 律 性
職 能 別 専門知識，専門技能		説 得 力
		思考計画力
		創 意 工 夫
		判 断 力
		理 解 力
体　　　力		

　その意味で，上記の諸要件は，日本の管理者が自らを省み，自らを磨き，自らを鍛えるのに必要不可欠な「**実践的な基準**」と考えなければならない。(＊)

（＊）以上は，「管理者の立場」をふまえた，必要な広義能力要件の検討・整理である。それは，一般的な「企業人」としての必要な広義能力要件を「管理者の立場」において特殊化・具体化したものにほかならない。「企業人」に求められる広義能力要件の解明に関しては，第15章及び鍵山・太田著『企業および企業人』終章第１節「一流企業人の要件」を参照されたい。

1-6　管理者のもつべき心構え・責任感について

　管理とは「部下を通じて仕事をすること」であり，管理者とは「部下への指示命令・指導を通じて職務成果をあげる者」である。
　第1章のしめくくりとして，「部下をもつ存在」としての管理者のもつべき心構え・責任感について整理しておく。

1-6-1 「指揮の拙劣を部下の血をもって購うな！」
――部下をもつ重みをふまえよ――

　この名言は，第二次大戦で戦死したある立派な青年将校の，「座右の銘」であったといわれる。その将校の部下であった人々（その多くはその将校より年長者）は，戦後三十数年を経て，なお，その将校の墓前に，年に1回は集まって，故人を偲ぶという。
　戦史には，「指揮の拙劣」によって，多くの将兵が戦死したり，勝機を逸して敗戦を招いた事例が多くでてくる。経営管理の実践にあっても，態様と損害の程度は異なるが，実は，同様の現象が数多くある。
　管理者は，その任務を果たすために，指揮権を与えられている。任務を完全に達成することが，管理者の実践結果の判定基準である。ところが，指揮が拙劣なために，任務を果たせなかった，ということになると，その拙劣な指揮に従って奮闘した部下の苦労は，いわば徒労に帰す。この繰り返しと積み重ねが，「拙劣な指揮の集積」結果として，企業の収益悪化，衰退をもたらし，ひいては，部下の労働条件の低下，人員整理，離散すらもたらす。これこそ，現代の企業において，「指揮の拙劣を部下の血で購う」ことである。
　上司は配属される部下を選択できない，ということも一面の事実であるが，反面，部下にとって，上司たる管理者は，自分の意思決定による選択の結果決まるものではない。事実は，その管理者の下に配属されるのである。

いわば，どの管理者を上司とするかは，本人にとっては与件である。その与件のあり方いかんが，部下の幸福を決定的に左右する。
　上司の指導・育成のよろしきを得れば，部下は伸びるだろう。それがおざなりであったならば，部下が伸びないどころか，企業人として道を誤ることにすらなりうる。
　上司の指揮が適切であれば，部下は成果をあげ，自信をつけ，強兵・精鋭になるであろうし，指揮が不適切であれば，部下は失敗のみを味わい自信をなくし，弱兵になる。
　管理者の「指揮」「指導」のいかんによって，部下は幸福になったり，不幸になったりするとすれば，管理者の責任は誠に重大である。この「責任感」が，管理者にとって，まず第一に大切な要件である。「指揮の拙劣を部下の血をもって購うな」という名言は，この強烈な「責任感」を表明しているのである。

　「勇将の下に弱卒なし」といわれる。「一匹の狼に率いられた百頭の羊の群れは，一頭の羊に率いられた百頭の狼の群れに優る」（ナポレオン）ともいわれる。ナポレオンに率いられることによって，それまで「負けてばかりいた」フランス軍が，一変して「戦えば必ず勝つ」フランス軍になったのであった。
　すぐれた管理者によって，十の力しかなかった部下が百の力を発揮する。また，それまで百の力がありながら，二十の力しか発揮していなかった部下が，管理者の力によって百の力を発揮することもある。さらに，部下同士の組み合わせの妙によって，部下個人個人の力の算術的総和が千しかなかった集団が，十万の力を発揮するようにもなる。
　管理者１人が10人の部下をもつとして，その力が１＋10＝11にすぎないのであれば，管理者はいらない。

　「指揮の拙劣を部下の血を以て購うな」──この名言をふまえれば，

まず第一に，管理者の指揮は責任あるものでなければならない。すなわち，管理者は自らの指揮で部下を動かし，その結果責任がとれるのでなければならない。部下は上司の指示通りに動けば責任を問われることはない（そうでなければ組織は規律を失う）。しかし，指揮者には指示に伴う結果責任がある。これが指揮する者と指揮される者の決定的な違いである。従って，管理者たる者は，自らの頭で徹底して考えぬき，責任ある判断が下せるのでなければならない。アメリカのリーダー教育で，

　　Independent thinking, Responsible judgement
　　（誰かに指示されるのではなく自ら考えること，責任ある判断を下すこと）

を強調するのもそのためである。

　第二に，部下をもつ管理者・リーダーは，すべてにおいて，自分１人のことではすまないことを銘記しなければならない。

　能力が十分でないことは，ヒラのうちであれば，自分１人のことである。しかし，管理者となれば，自分１人のことではない。その累は部下のすべてに及ぶ。自分が能力が十分でないと思えば，少なくとも能力向上に懸命の努力を払っている姿勢は部下に見せ，よい感化を及ぼすようにすべきであって，それが管理者としての責任というものである。

　部下は管理者を注視している。そして，管理者をよきにつけ，悪しきにつけ，見倣う。ヒラであれば，疲れたときに疲れた顔をしても，自分１人のことである。しかし，管理者が疲れた様子を見せれば，部下は意気消沈する。管理者たるものは，疲れていても元気を装い，苦境に立っても悲観した様子を表に出してはならない。それが部下をもつ者の責任である。

　リーダーとしての軍人の心構えを説く名言を以下に引用する（。，フリガナ引用者）。

　　将帥(スイ)の真価は実に難局に際して発揮せらる。

危急存亡の秋(トキ)に際会するや，部下は仰いでその将帥に注目す。将帥はあらゆる失望悲運を制し，内に堅く信じて冷静明察を失わず，沈着剛毅，楽観を装いて部下の嘱望をつなぎ，その志気を作興して，最後の勝利を獲得することを努めざるべからず。　　　　　　　　　　（統帥参考　六）

　指揮官ハ軍隊ノ中枢ニシテ団結ノ核心ナリ。故ニ常時熾烈(シレツ)ナル責任観念及鞏固(キョウコ)ナル意思ヲ以テ其ノ職責ヲ遂行スルト共ニ，高邁(コウマイ)ナル徳性ヲ備ヘ部下ト苦楽ヲ倶(トモ)ニシ率先躬行(キュウコウ)，軍隊ノ儀表(ギヒョウ)トシテ其ノ尊信ヲ受ケ，剣電(ケンデン)弾雨ノ間ニ立チ勇猛沈着，部下ヲシテ仰ギテ富嶽(フガク)ノ重キヲ感ゼシメザルベカラズ。　　　　　　　　　　　　　　　　（作戦要務令　第十）

1-6-2　経営における人の重みをふまえよ！

　日本は（少なくとも組合員対象をとった場合），世界一の高賃金の国になった。世界的大競争の下，世界一の高賃金という条件で企業が存続できるためには，世界一の高生産性の経営と，それを担う**世界一の高能力の知的人材育成**が果たされなければならない。

　世界一の高賃金という条件の下では，**投入賃金対パフォーマンスのいかんが経営を決定的に左右する**。なぜならば，

　　　　　付加価値 － 固定費 ＝ 経常利益

であるが，今日の経営では固定費の過半は人件費（広義賃金）であり，人件費投入に見合う付加価値が獲得できるか否かにより，経常利益の水準は決せられるからである。

　以上の事情に加えて，日本では基幹社員に終身雇用という独特の慣行が存在する。この慣行が存在し，基幹社員が長期勤続する以上，**勤続とともに社員の能力が向上し，適正な内部昇進が実現されないかぎり，経営は永続の道を絶たれる**。反面，これが実現されれば，日本的経営は，知的人材を集積し

て世界に冠たるものになりうる。

　今日の経営における「人」のもつ重みは決定的である。
　大卒男子が22歳から65歳まで勤務したとして，その**生涯賃金**はどのくらいになるだろうか，下記の仮定で試算してみる。
(1)　初任給 ─ 20万円
(2)　賞与は年間5ヶ月
(3)　福利厚生費は月例給＋賞与の30％
(4)　年々の賃上げは3％
(5)　退職金・年金は度外視する

この時の生涯賃金Sは，初年度の総賃金をA，賃上げ率をrとして

$$S = A \frac{(1+r)\{(1+r)^n - 1\}}{r}$$

で求められる。

$$A = 442万, \quad r = 0.03, \quad (1+r)^n = 1.03^{43} \fallingdotseq 3.56$$

であるから
　$S \fallingdotseq 5.4$億，すなわち，**退職金その他も入れれば，約6億**とみてよい。
　この部下を10人管理するということは，実に60億の資産を管理しているに等しい。
　仮に，10年で減価償却する設備を，5～6億円かけて投資するとしたら，企業規模の大小を問わず，相当の経済計算をし，しかも，投資後も稼働率の維持向上や，メンテナンスに，多大の努力を費やすであろう。資金調達も簡単なことではない。
　ところが，10人の部下を採用したり，他部門から配転を受けたり，あるいは，日常指導するときに，5～6億円の設備投資・保全ほどの神経を使っているであろうか。1人の新入社員を受け入れたとき，月給20万円の人間が1人来たと思うから間違う。6億の資産を預っていると思わなければならない。

部下は1人あたり数十億個の脳細胞をもっている。手足の細胞まで数えれば，きりがない。ところが，機械は，きわめて部品点数の多いものでも数百・数千点どまりである。通常の機械は，数百点も部品があれば多いほうで，最近のLSIを組み込んだ大型コンピューターでも，あらかじめ教えた仕事しかしない。
　5～6億円の機械ということになれば，「かなり高度で複雑なはずだ。その取り扱いについて，相当勉強しよう」ということに，当然なる。
　しかし，人（部下）を扱うということになると，問題が起こったときだけ，「これは，簡単ではない。人の扱い方について勉強しなければならない」と考える，という程度である。
　果たして，これでよいのだろうか？——よいはずがないのである。

　経営としても「人」に関して重大な関心を払うべきはもちろんである。終身雇用の日本では，採用は，いわば将来人材の囲い込み合戦であるから，良質な人材の採用に注力する。育成のために全社的な教育訓練を企画・実施し，ローテーションも行う。さらに，能力向上の刺激のために能力主義原則に立った処遇システムを設定・運用する。
　しかし，このような全社的努力は，管理者の評価・育成が然るべく実行できなければ水泡に帰しかねない。
　仮に，**適正な能力主義処遇システムを設定したとしても，管理者の評価が，事なかれ主義で，オール中位評価というようなデタラメをやれば，全員同一の昇給・昇格となって，100％の年功序列になる。ましてや，デタラメな評価を前提に，管理者がろくな育成努力も払わなければ，いかに全社的教育訓練をやっても，OJTによる実践力の形成が人材育成上決定的であるのだから，人材育成もままならない**。これでは，採用努力も無駄になってしまう。すなわち，適正評価を前提とする人の育成のカギは管理者が握っているといって過言ではない。

今日の経営における「人」の重みは決定的であり，それゆえ，人を預る管理者が経営の命運を握っているという自覚と責任感が肝要なのである。

第2章 管理者のもつべき「企業哲学」

■本章の内容

1 企業の根本的な社会的役割
2 現代企業の存立要件
3 付加価値と生産性
4 現代企業の経営理念のあり方
5 現代日本の企業の経営理念のあり方

　第1章でわれわれは，管理職のもつべき要件について包括的な検討を加えてきた。第1章で検討したように，管理職は，種々の**経営ノウハウ**を駆使できるだけではなく，世のリーダー・指導者として，**人を指導するに足る理念・世界観**を確立しなければならない。

　企業人のもつべき世界観の核心は，まず正しい企業観・企業哲学である。第2章では，企業人のもつべき企業観・企業哲学に関して，理論的な整理・検討を行うこととする。

　本章では，まず 2-1 で，**企業の事実として果たしている根本的な社会的役割**を検討し，かくして，**企業は存続しつづけなければならないこと**を明らかにし，これをふまえて，

　2-2 では，**現代の企業が存続しうるための諸条件**を明らかにし，

2-3 では，このような**存立条件を充足するために必要な企業業績の指標**を検討する。

2-4 では，2-1 から 2-2 の検討をふまえて，**現代企業の経営理念のあり方**を明らかにする。さらに，日本の企業は，現代の先進自由主義経済下の企業一般にとどまらない独特の特徴をもつものであって，2-5では，このような日本における企業構造の特質をふまえた，**日本の企業のこれからの経営理念**を明らかにする。

2-1 企業の根本的な社会的役割

今日の日本では，**企業を軽視する風潮**が根強い。高度成長の終わり頃には，軽薄なジャーナリズムは「**くたばれGNP**」などと呼号し，付加価値生産の場たる，企業そのものを否定しようとする言辞すら「流行」した。

今日でも，「企業は利益を生み出すための機構であり，企業は利益のためならどんなことをもし，企業人はそのための道具にすぎない」などという予断と独断を前提とした言辞が流布されたりしている。

このような時代の風潮のなかでは，**企業の果たしている「根本的・根源的な社会的役割」**は，往々にして忘れ去られてしまう。まずわれわれは，企業が事実として果たしている**根本的な社会的役割**をしっかり認識する必要があろう。

2-1-1 企業の根本的な社会的役割

以上のような根本的な問いに答えるためには，極端な仮定をおいて，「もし企業が存在しなくなったとしたら，われわれはどうなるか」を考えてみればよい。

《第一》に，われわれは，「働く場」を失い，したがってまた，労働の対価としての賃金を得る場，「収入を得る場」を失い，

《第二》に，われわれは，企業を通じて生産される「社会的に有用な物資・サービス」を享受することができなくなる。すなわち，企業がなくなれば，われわれは，「**働く場**」，「**収入を得る場**」を失い，「**社会に有用な物資，サービスを生産する場**」を失うことになる。これが実は企業が果たしている根本的な社会的役割だといってよいのである。

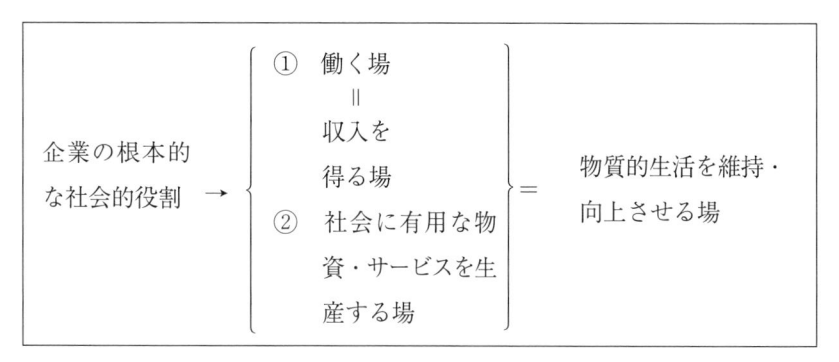

```
                    ┌ ① 働く場              ┐
                    │    ＝                  │
企業の根本的        │    収入を得る場        │   物質的生活を維持・
な社会的役割  →    ┤                        ├ ＝
                    │ ② 社会に有用な物      │   向上させる場
                    │    資・サービスを生    │
                    └    産する場            ┘
```

　企業とは，「**人々がそこで働き，社会に有用な物資・サービスを生産しながら，収入を得る場**」なのである。われわれの「物質的生活を維持するための場」にほかならないのである。
　企業は第一義的，根源的には，われわれの物質的生活にかかわるのであって，主として精神的生活にかかわるものではない（主として精神的にかかわる場は，むしろ，学問・芸術という社会的分業である）。
　しかし，**精神生活の豊かさは物質生活の豊かさを基盤とする**。物質的生産が向上し，社会の富が豊かになることによって，学問・芸術といった生産活動に直接たずさわらない人々を社会全体でささえ，また，人々が余暇を精神生活の充実にあてることもできるようになるのである。すなわち，**企業は物質的生活を維持・向上させながら，精神生活の基盤をつくっていくのである**。

2-1-2　「企業は田圃である」

　このような企業の果たしている根本的な社会的役割を明らかにするたとえ

として，「**企業は田圃である**」と主張したい。

今日の企業は，高度に発達した経済社会の**社会的分業の一端**を担い，かつ，その**分業自体の内部でも複雑・高度な分業と協業**が形づくられている。そのため企業のなかで，**分業の細部的一端**を担っている個々の企業人にとって，企業の果たしている社会的役割の認識は，なかなか困難なことも多い。

それゆえ企業の社会的意義・役割を正しく認識するには，むしろ**社会的分業が単純だった時代**にたちかえって，**企業の「原点」**を考えるほうがよいのである。

そこで，われわれが200～300年前の江戸時代に逆戻りしたと考えてみよう。そうすると，今日の企業人は，江戸時代では主として「**百姓**」である。当時は**農業が生産のほとんど唯一の場**であったからである。

この時代には，**生産性は非常に低かった**から，増大する新しい労働人口に見合う働き場所―「**新田**」を開発することは，何より重要なことであった。そのため，苛斂誅求(かれんちゅうきゅう)を事とする領主でも「新田」の開発を重視したのである。これが保障されない場合は，「百姓」はやむをえぬ措置として，「間引き」などにより，**人為的に人口削減**をはからなければならなかった。

ところで，当時の農家は「**自給自足**」の体制で経済を営んでいた。食糧はもちろんのこと，みそ，醬油，肥料，衣料，さらには住宅に至るまで，すべてを基本的に農家の「自給自足」でまかなっていたのであった。

その後の経済の発達，文明の進歩は，この農家の「**自給自足**」が解体し，**社会的分業が拡大した**ことによる。

たとえば，かつては農家のなかで片手間に行われていた製糸が，1つの独立した職業になる。**独立した職業になれば，片手間の仕事に比べて，熟練が飛躍的に高まる**。慣れない片手間の仕事よりずっと高い生産性が実現される。そうなると農家は，自分の家で糸を紡ぐよりも，コストの安い製糸業者から糸を買ったほうが結局は得になる。こうなると製糸業はどんどん拡大する。はじめは**家内工業**，次は**マニュファクチュア**，次には**工場**へと，規模も拡大し，遂には高度な組織をもった**企業体**にまで発展する。

このように，かつては農家の「自給自足」の個々の構成部分であった仕事が，**つぎつぎと独立の職業**になり，**独立の家内工業**になり，最後には**独立の企業**になる。
　すなわち，社会的分業の拡大によって仕事は専門化し，一方では，**熟練の飛躍的向上**がなされ，反面では，**機械化**，**装置化**が飛躍的に進んだのである。この2つによって，**生産性**は，飛躍的に向上したのである。
　このような「自給自足の解体を通じた**社会的分業の拡大・複雑化，生産性の飛躍的向上**，それぞれの分業を結びつける**交換（売買）の発達**」こそが，経済の発展なのであった。
　ところで，このように，社会的分業が拡大し，無数の職業が生まれ，それが企業体にまで発達してくると，そこには，**新しい労働人口がどんどん吸収され**，雇用の機会はどんどん拡張された。かつては，食うや食わずの状態にあった**農家の次・三男は，新しい職業を身につけ，まともな暮らしができる**ようになり，新しい職業に習熟して，社会に有用な物資を生産するようになる。
　もはや，「**間引き**」は必要でなくなるのである。
　昔は，「**新田**」を開発しないことには，増大する労働人口に**働き場所を保障する**ことはできなかった。今日における企業の増加・発展は，昔でいえば「新田」がどんどん開発されたのに似ている。
　このように考えると，企業の社会的意義・役割は誰の目にも明瞭になる。それは，江戸時代の「**田圃**」「**新田**」と同じく，(1)働く場，収入を得る場であり，(2)社会的に有用な物資・サービスを生産する場なのである（次頁の図参照）。
　以上の意味で，その原点において，「**企業は田圃である**」といえるのである。
　かくて，「**企業＝悪**」「**企業などつぶれてもかまわぬ**」「**くたばれGNP（付加価値）**」などという論議がいかに馬鹿げたものであるかは明白になる。
　いったいこの世の中に，正気で「田圃＝悪」「田圃など水に流されてもか

図表2-1 企業は田園である

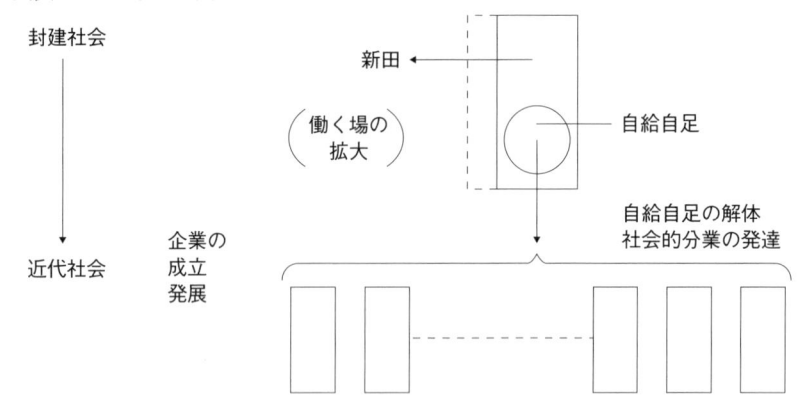

封建社会　　　　　　　　新田
　↓　　　　　　　（働く場の
　↓　　　　　　　　拡大）　　　　自給自足
　↓
　↓　　　　　　　　　　　　　　　自給自足の解体
近代社会　　企業の　　　　　　　　社会的分業の発達
　　　　　　成立
　　　　　　発展

まわぬ」「**くたばれ収穫**」といったことを口にする人がいるのだろうか。たしかに「百姓」の仕事は**エレガントでない**かもしれないし，また**高尚ではない**かもしれない。しかし「百姓」が働かないことには，昔は，誰も物質的生活を営むことはできなかったのである。

　坊主に，**武士**に，**学者**に，**芸術家**に，メシを食わせていたのは，実は「百姓」なのであった。今日のビジネスマン・企業人もまったく同じである。**企業人**こそが，人類の物質的生活水準の向上のために（そして，それを基礎にした精神文化の開花のために），日夜活動しているのである。

　以上のように，企業はわれわれの物質的生活の維持・向上のための場なのであって，そのようなものとして，いわば**「永遠」に存続しつづけなければならない**のである。

2-2　現代企業の存立要件

　企業は，「人間の物質的生活を維持・向上させる場」であり，そのようなものとして，存続し成長しつづけなければならない。それでは，現代の自由

主義経済下の企業は，いかなる条件・要件を満足させなければ，存立・存続できないのであろうか。本節では，この点についての理論的な検討・整理を行う。

2-2-1　企業の第一の存立要件＝「利益」

自由主義経済の下で，企業が存立できる条件は何か。誰しもまず第一に，それは「利益」であると答えるであろう。ところで，「利益」なくしては企業が存立しえないということは，きわめてあたりまえのこととして受けとられているあまり，その理由，すなわち，**なぜ利益なくしては企業が存立しえないかという理由は**，案外明らかにされていない。

利益は，売上から費用を差し引いた残余である。すなわち，売上－費用＝利益である。

(1) もし，すべての企業が，売上＝費用であったら，つまり，売上がちょうど費用をつぐなうだけであったら，次の年も同じ規模で経済活動が継続されるにすぎない。

(2) また，すべての企業が，売上＜費用であったら，すなわち，売上が費用をつぐなわなかったら，次の年の経済活動は縮小していかざるをえない。

(3) **売上が費用を上回り**（売上＞費用），**利益があがる場合にのみ，経済活動の拡大・成長は可能**になるのである。

この間の事情を簡単に例解してみると，次のようになる。単純化のため，減価償却費は一応無視し，費用としては，原材料費分が90単位，人件費分が10単位で，この費用で生産が始まるとする。

(1) もし生産物の価値・売上が100であれば，すなわち利益が0であれば，次年度も同じ規模の原材料費90，人件費10で生産を継続するほかはない（技術革新はないものとする）。経済規模は変わらず，人件費水準（生活水準）も変わらない。

(2) また，生産物の価値・売上が90にしかならなかったとすれば（そして

技術革新がなく，原材料費と人件費の比率が変わらなければ），すなわち損失が10でると，次の年は，原材料費81，人件費9で，生産を行わざるをえない。経済規模は縮小せざるをえず，人件費水準（生活水準）は低下せざるをえない。

(3)　生産物の価値・売上が，費用100を上まわって，110となったとき，すなわち，10の利益があがったときには，利益10のうち，9が原材料費の増加分，1が人件費の増加分として投下され，次の年は原材料費99，人件費11という拡大した規模をもって，生産を行うことができ，人件費（生活水準）は向上する。

(1)を年々同じ規模で経済活動が行われる**単純再生産**，(2)を年々経済活動の規模が縮小していく**縮小再生産**，(3)を年々経済活動の規模が拡大していく**拡大再生産**，と呼ぶ。単純再生産の下では，社会の富がふえもしなければ減りもしない。したがって，生活水準は下降もしないが上昇もしない。縮小再生産の下では，社会の富が減少の一途をたどり，生活水準が低下していく。**拡大再生産の場合にのみ，社会の富は増加し，新たに社会に送りこまれる増加労働人口分の雇用をまかない，生活水準を向上させていくことが可能となる**のである。

この拡大再生産を可能ならしめる原資が「利益」にほかならない。国民経済全体が，したがってまた，それを構成する個々の単位である企業が，「利益」をあげることなくしては，国民経済の発展，雇用の確保・拡大，生活水準の上昇は不可能なのである。

したがって，「利益」は（それがいかなる名称で呼ばれようとも），拡大再生産の原資として，経済成長とそれによる生活水準向上の原資として，**体制のいかんを問わず，歴史の時代のいかんを問わず，社会発展の不可欠の条件**なのである。

これが「利益」の基本的性格にほかならない（次頁の図参照）。利益をあげ，拡大再生産のための原資を確保するということは，**自由主義経済に固有のものではない。**共産主義体制下のソ連でも，利益を剰余（サープラス）と

図表2-2 利益の意味

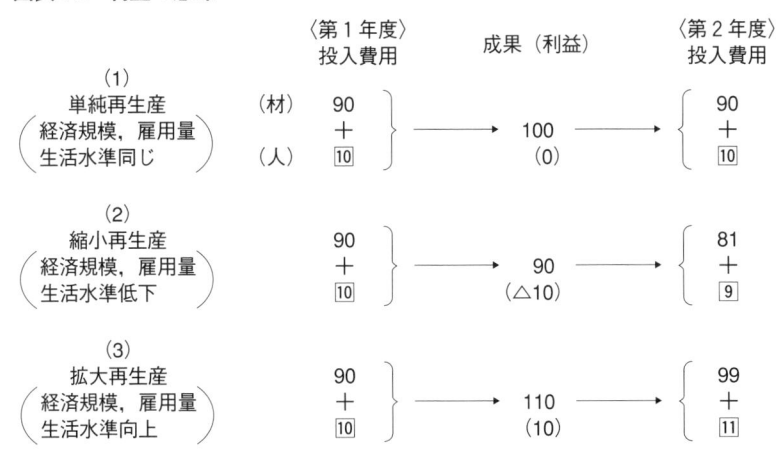

		〈第1年度〉投入費用	成果（利益）	〈第2年度〉投入費用
(1) 単純再生産（経済規模, 雇用量, 生活水準同じ）	(材)(人)	90 + 10	100 (0)	90 + 10
(2) 縮小再生産（経済規模, 雇用量, 生活水準低下）		90 + 10	90 (△10)	81 + 9
(3) 拡大再生産（経済規模, 雇用量, 生活水準向上）		90 + 10	110 (10)	99 + 11

呼び，剰余の増大のために必死になっていた。

上記のように，利益は経済成長のための不可欠の条件なのであって，自由主義経済の下では，この条件を確保するために，**利益のあがらぬ企業は存続させないという制度的約束**がなされているのである。

2-2-2　企業の第二の存立要件＝「従業者の幸福」

以上のように，利益は，将来にわたる経済成長・生活水準向上の原資にほかならないが，現代の企業は，「利益」さえあげれば存続できるであろうか。否である。

19世紀の企業は確かに「利益」さえあげれば存続できた。しかし，**20世紀の企業は，「利益」要件さえ満足させれば存続できるのではない**。現代の企業が「利益」だけで存続できるかのようにいうのは，(1)歴史的・理論的な思考が不足しているか，(2)または，19世紀の企業を固定化してとらえ，これが20世紀の企業にもあてはまるように考える**イデオロギー的偏見**にとらわれているかのいずれかである。

《19世紀の企業と20世紀の企業》

　現代の企業は，なぜ「利益」要件だけでは存立できないのか。この点を考えるためには，**19世紀の代表的な企業モデルと，20世紀の代表的な企業モデルを対比**してみるとよい。19世紀の代表的な企業モデルとしては，19世紀の経済大国イギリスの企業をとりあげ，20世紀の企業モデルとしては，20世紀のビッグ・ビジネスの原型がつくり出された，20世紀初頭のアメリカとドイツの企業をとりあげ，中心産業，産業の型，規模，企業の所有形態，経営の指揮，労働の型，労働組合の有無，という点についてまとめ対照させたのが，下表である。

図表2-3　19世紀の企業モデルと20世紀初頭の企業モデル

	19世紀中頃の企業（イギリス）		20世紀初頭の企業（ドイツ，アメリカ）	現代企業へ
1. 中心産業	綿工業（紡績・織布）	資本主義の変化　↑　第2次産業革命を原動力とする　蒸気→電力　軽工業→重化学工業	重化学工業（電機・鉄鋼・無機化学）	
2. 産業の型	労働集約型		資本集約型	
3. 規模	100名前後		10,000人前後	
4. 企業形態	個人所有		株式会社	
5. 経営の指揮	資本家		経営者	
6. 労働の型	肉体労働中心		知的ないし技能労働中心	
7. 労働組合	なし		あり	

　①　19世紀資本主義の下での代表的な企業は，軽工業たる綿工業を産業基盤としており，その技術的基礎も単純であって，労働集約型で規模も小さかった。適正規模が小さかったので，全額個人出資で企業が設立され，企業の所有は，個人所有を基本とし（例外的に合資会社があったにすぎない），企業を個人所有する資本家が，経営の指揮もとった。

　このような企業では，資本家のスタッフたる経理係，機械の保守修理のためのエンジニアを除いて，知的労働はなく，ほとんどが肉体労働者で占められていた。

労働組合は，社会的に認められず，団結そのものが刑法上の罪になり，ましてや争議行為などは刑法上，民法上の責を問われた。
　このような条件の下では，平均的な資本家が，所有の力にものをいわせ，労働組合が社会的に公認されていないことに助けられながら，労働者に正当な賃金を払わず，人件費を押し下げて利益をあげ，自分の個人資産たる企業を大きくすることにもっぱら関心をもったことは当然といえる。
　19世紀の企業は，そのような意味で**「利益」さえあげれば存続しえた**といってよい。
　②　ところが，20世紀初頭に成立した，**今日のビッグ・ビジネスの原型**は，このような**19世紀型の企業とは根本的に異なるもの**である。
《第一》に，19世紀後半の技術革新（第二次産業革命と呼ばれる電機・化学・鉄鋼を中心とした技術革新）をテコとして，産業構造は，重化学工業化し，産業は資本集約型となり，企業の適正規模は，巨大なものになった。個人出資では，もはや企業の設立は不可能となり，株式を発行して社会のすみずみから，広く資金を動員して，はじめて企業は設立できることとなった。すなわち，株式会社の成立である。**株式会社の成立とともに，所有は分散・流動化し，所有の力は後退し，**経営の指揮・統率が，複雑・高度化するにつれて，資本出資者とは区別された経営者の経営支配が成立する。企業はもはや特定個人の私物ではなく，**社会性を強める**のである。
《第二》に，上記のような企業構造の変化に対応し，19世紀後半から20世紀初頭にかけて，労働基本権が法的に確立し，**労働組合が社会的に認められることになった。**
　このような事情の下では，目先の私利私欲だけで経営を動かすことは，もはやできず，また，労働組合の存在を無視しては，経営を行いえなくなった。否，むしろ，労働組合と協力関係をとり結ぶことのできない企業は，労働組合の合法的な力を背景にした反抗によって，存続することさえできなくなるのである。

《労働組合との協力関係は現代企業の必須の存立条件》

したがって，**現代の企業は，労働組合との協力なくしては，存立できない**。目先の利益のために，従業員の物質的・精神的幸福を無視する企業は，労働組合の反抗によって，存続を危うくさせられる。すなわち，現代の企業は，「従業者の幸福」を「利益」とならんで，**不可欠の存立条件とする**のである。

ここで，「従業者の幸福」といったのは，単に賃金に代表される物質的側面での豊かさだけでなく，企業は従業者の**精神的な要求**をも満たすものでなければならない，という意味をこめてのことである。行動科学者たち（A.H. マズローら）がいうように，人間の欲求は，生存の欲求（生理的欲求，安全の欲求），社会的欲求，自己実現の欲求（自我の欲求），というように，社会全体の発展とともに，順次，高次化していく。もっぱら社会心理学的なアプローチで企業における人間のあり方が解けるかどうかは考えなければならないが，常識的な意味で，**今日の企業は，従業者が，自己実現の欲求を満たす場**でもなければならないことは確かであろう。また，ここに従業員ではなく「従業者」といったのは，経営者からオペレーターに至る**すべての企業人**を示すものとしてこれを使っているのである。株式会社の成立以後，所有の絶対的な力は後退し，企業を実際に動かすのは経営者となった。経営者からオペレーターに至るまで，今日の企業では，基本的に「**給与所得者**」として同一であり，同一の企業目的の実現のために活動するのである。この意味をこめて「**従業者**」というのである。

2-2-3 マルクス主義的企業観＝19世紀の遺物

ところで，今日の「左翼的ムード」による企業批判・企業敵視は，現代の企業が，利益要件を満たすだけでは存立できず，従業者の幸福をも存立要件とするという基本的事実を無視し，「企業は利益を生み出すための機構であって，企業人はそのための道具にすぎず，企業は利益のためなら，どんなことでもやる」という単純・卑俗，かつ，非科学的・独断的解釈をするところ

に特徴がある。

「左翼的ムード」による企業批判が，このように，20世紀以降の現代企業の存立要件をまったく無視してしまうのは，彼らのムードをささえる理論が，**19世紀のイギリスをモデルにした**マルクス理論に依存しているからにほかならない。**本質的に19世紀の理論である**マルクス理論を，20世紀の現代にまで，自由主義経済，資本主義経済の構造変化を見ることなく，イデオロギー的にあてはめるところに，左翼的企業批判の根本的な誤りがある。本項では，以上の点を簡潔に解明・整理しておく。

《マルクス主義の企業観》

マルクスの企業観の特徴は，大略，以下のような諸点にまとめることができる。

① 企業は，資本家階級と労働者階級によって構成される。2つの階級を分かつものは，**生産手段**（企業設備などのことを示す）**の所有関係**で，生産手段を所有する者が資本家であり，生産手段を所有せず，労働力を売る以外に生きる道のないのが労働者である。

② 資本家は，所有の力にものをいわせて，本来，**肉体労働者がつくり出した価値**から，労働者には正当な賃金以下の賃金しか支払わず，残りを利益として**搾取**し，富を蓄積する。資本家の側に富が蓄積されることは，反面，労働者の側に貧困が蓄積されることにほかならない。すなわち，2つの階級の経済的**利害は，根本的に対立**する。

③ したがって，労働者階級が経済的に解放され，貧困から脱却するためには，資本主義的な**生産手段の私的所有**を廃止し，これを労働者の支配する国家の所有に変革しなければならない。すなわち，政治革命・社会革命の必要がある。

《マルクス主義の企業観は19世紀資本主義をモデルにしたもの》

このようなマルクス的な企業観は，**マルクスの生きていた当時，すなわ**

ち，19世紀中葉のイギリス経済をささえた企業をモデルとしたものであることは明らかである（図表2-3を参照のこと）。

① 19世紀中葉のイギリスでは，企業は**個人所有**されていたから，企業の所有関係によって社会集団を区分するという考え方も成り立ちえた。事実，労働者は非常に貧困であったから，資本をたくわえて資本家に成り上がることなどは不可能に近かった。社会が，企業の所有関係によって2つの集団に分かれるという考え方も，現実性をもったのであった。

② しかも当時のイギリスでは，**労働組合が存在せず**，他方，資本家は自らの私物たる企業＝個人財産の増大に絶対的利害を感じていたから，資本家が労働者に正当な賃金をも支払わず，労働者が**貧困**にあえいだことも事実である。さらに，当時のイギリスの企業では，大半の労働が肉体労働によって占められていたから，価値はもっぱら**肉体労働**によって生み出されるという考え方（マルクスの価値論はこの点を出発点としているのである！）も，必ずしも非現実的とはいえなかったのである。そして，肉体労働者が生み出した価値を，労働しない資本家が，所有の力にものをいわせて，横からとりあげるという理解が生まれてもやむをえないような現実があったともいえよう。

《マルクス主義的企業観を過去のものにする20世紀資本主義の現実》

しかし，このような企業観が，20世紀の企業にあてはまるであろうか。断じて否である。

① 20世紀の企業の所有形態は，**株式会社が支配的**となった。株式会社においては，企業の所有が分散するだけではなく，株式市場での株式の売買によって不断に流動する。今日の**企業の所有関係は，著しく分散的かつ流動的**である。企業を所有する，しないということで，社会を2つの集団に分けるというような図式は，とうてい成り立ちえない。マルクス的階級図式は，完全に過去の理論となったのである。

② 20世紀以降，**労働組合が法的に公認**されるにいたって，労働者に正当

な賃金を支払わないというような事態は許されなくなり，他方，企業の実質的支配権を握った**経営者にとって，企業は自らの私物ではなく，労働組合と協調しつつ，企業を存続せしめることが，その基本任務**となるに至った。一方による他方の搾取と両者の絶対的対立という関係に代わって，利益ならびに賃金の原資（これが「付加価値」である）を協力して増大させ，公正な分配を実現することが，経営層と労働組合の基本関係となった。したがって，マルクス的な経済的利害の絶対的対立の図式は現実に合致しなくなったのである。しかも，20世紀の企業では，**知的労働**の占める割合は，ますます増大し，価値は肉体労働によって生み出されるというマルクス経済理論の前提が，完全にくつがえされてしまったのである（下図参照）。

図表2-4　マルクス主義的企業観の誤り

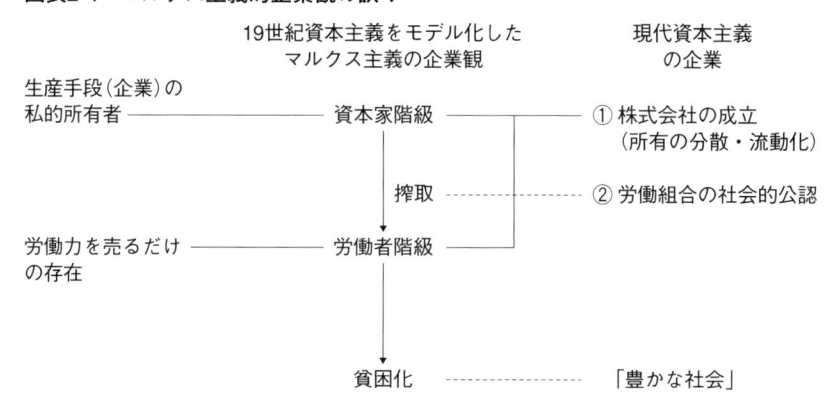

```
                19世紀資本主義をモデル化した         現代資本主義
                  マルクス主義の企業観              の企業
生産手段(企業)の
私的所有者 ────── 資本家階級 ──┐── ① 株式会社の成立
                      │           (所有の分散・流動化)
                     搾取 ‥‥‥‥── ② 労働組合の社会的公認
労働力を売るだけ               │
の存在    ────── 労働者階級 ──┘
                      │
                      ▼
                    貧困化  ‥‥‥‥‥ 「豊かな社会」
```

したがって，**マルクス的企業観は，19世紀の昔ならいざしらず，20世紀の企業に合致するものではない**。このようなことは，社会科学を少しでも知っている人には当然のことである。社会科学の対象は，歴史的に変化する社会なのであって，社会科学は，歴史科学たる一面をもつことは否定できない。19世紀に生きたマルクスなる人物が，20世紀の今日まで見通す理論をつくりあげたと考えること自体が**宗教的神秘主義**であり，科学のとるべき見地

とは無縁のものである。百歩譲ってマルクスが優れた社会科学者であったとしても，所詮は**マルクスも時代の子なのである**。マルクスの理論は，19世紀のイギリスの経済社会をモデルにした一理論なのであって，それ以上のものではないのである。

このようなことは，**欧米では常識**に属するが，残念ながら日本では必ずしも常識とはいえない。戦前の暴力的共産主義弾圧の反動として，戦前の全否定が善であるという戦後思潮の「ムード」に乗って，何か**親マルクス主義的であることが，進歩的であるかのようなムード**が，はなはだ濃厚であったのが戦後の日本であった。このような状況が，企業をめぐる思想状況を，はなはだ複雑なものにしているのであり，現代日本の企業人が「正しい，科学的な企業観」を確立することを困難ならしめているのである。したがって，**われわれは，マルクス的な企業観と左翼的イデオロギーによる誤った企業批判との対決・克服を通じて，企業観の確立をはからなければならない**。^(＊)

（＊）本項では，マルクス的な企業観の検討に課題を絞って論述を行ったが，マルクス理論全体の批判・検討に関しては，鍵山・太田著『企業および企業人』を参照されたい。

2-2-4　企業の第三の存立要件＝「社会的責任の遂行」

現代の企業は，「利益」要件さえ満たせば存立・存続しうるものではなく，「従業者の幸福」をはかり，労働組合と協力関係を結ぶことができなければ存立することができない。この点は2-2-1～2-2-3を通じて検討したとおりである。

しかし，現代の企業の存立要件は，これに尽きるものではない。**現代の企業は，企業体「内部」において，従業者の幸福をはかり，利益をあげて，自企業の成長をはかるだけでは，十分ではない**。20世紀初頭のビッグ・ビジネスの成立，それ以降の発展は，企業の社会的性格をいっそう強め，企業の**「社会的影響力」「対外的影響力」**をいっそう強めた。巨大企業の活動が，もし適切でない場合には，社会に与える損害ははなはだ大きくなる。とくに欧

米では，1930年代以降，市民の立場からの企業批判にも対応しながら，企業の**社会的に不適正な活動を法的に規制**する傾向が生まれてきた。たとえば過度の投機的行為の規制や，産業廃棄物に関する規制などがそれである。日本においても，とくに1970年代以降，このような動きが活発化するに至ったのである。

このような企業活動への社会的規制は，一般に**経済の高度な発展を前提とするもの**である。経済水準が低く，生活水準がまだ低い段階にあっては，企業の不適正な活動を規制することよりも，企業活動そのものを活発化せしめ，経済成長と生活水準を向上させることが，優先されざるをえない。

途上国では，公害規制よりも，企業活動をいわば無規制の状態において活発にし，雇用を拡大し，貧困を解決することが主要課題である。すなわち，経済水準が先進国化し，**貧困の問題が基本的に解決され，快適な市民生活の実現が経済の中心的な課題となるような段階**において，このような規制がはじめて問題となるのである。

欧米において1930年代に，また日本において1970年代に，企業の社会的規制が強まったのは，このような背景にもとづくものである。

このような事情を考えるとき，**現代の先進国における企業は，不適正な企業活動に対する社会的規制・国家的規制を遵守することなくしては，存立・存続することはできない。**

「**企業の社会的責任**」とは，企業が外部社会に対して果たす責任のことをいう。積極的には，企業が納税行為を通じて，国家社会を財政的にささえること，消極的には，社会に損害を与えないこと（最小限，法的規制を遵守すること）をいうものである。

現代の企業は，このような積極的・消極的な「社会的責任」を果たすことなくしては，存立・存続することができないのである。これが企業の**第三の存立要件**である。

以上，本節で展開してきたところをまとめれば，現代の企業の存立要件は

3つに要約される。

《第一の要件》は,「**利益**」をあげることである。企業は利益をあげ,蓄積し,これを再投資し,拡大再生産,経済成長を可能ならしめ,生活水準の向上を可能ならしめなければならない。

《第二の要件》は,「**従業者の幸福**」をはかることである。企業は,適正な賃金を支払うことをはじめとして,従業者の幸福をはかり,従業員・労働組合との協力関係を実現して企業の成果をあげ,その結果を公正に配分しなければならない。

《第三の要件》は,「**社会的責任**」を果たすことである。消極的な意味で社会に損害を及ぼさないことはもちろん,納税を通じて,積極的に国家・社会に貢献できなければならない。

2-3 付加価値と生産性

2-2で検討したように,現代の企業は,①「利益」をあげ,②「従業者の幸福」を実現し,③「社会的責任」を果たすことによって,その存立条件を充足することができる。そこで,次の検討課題は,**企業が自らの3つの存立条件をどの程度充足しているのかという度合を,包括的・定量的にはかる**ということである。

そのために,「従業者の幸福」を「**賃金**」に代表させ,「社会的責任」を「**税金**」に代表させる(「**利益**」はすでに定量化されている)。その上に立って「**利益,賃金,税金の原資となる価値**」を考えれば,**この価値をどれだけ生産しているかによって企業の存立要件の充足度(企業活動の成果)が,包括的・定量的に測定される**ことになろう。このような「利益,賃金,税金の原資となる価値」が,「付加価値」なのである。

本節では,この企業活動の成果たる「付加価値」の概念と,付加価値生産の効率,すなわち,「生産性」について検討することとする。

2-3-1 付加価値と生産性の概念

付加価値とは，「**一定の人間集団（今日では企業人）**が，すでに**地球上に存在する未加工・半加工の経済資源（原料や材料）に知的・肉体的労働を加えて新しくつくり出した価値（原料や材料としてすでに存在する経済価値に，付加した，付け加えた価値）**」のことである。

このようにして，「**生産**」された「**付加価値**」が，将来の蓄積分（今日では「利益」），現在の消費分（今日では「賃金」），社会活動の一般的な条件整備のための財源（今日では「税金」）に「**分配**」されることになる（今日の企業においては，「生産」された付加価値は，〔利益，減価償却費，金融費用，地代賃借料〕，〔賃金〕，〔税金〕に「分配」される）。

したがって，「付加価値」を多くあげれば，企業の３つの存立条件が同時に充足されることになる。

《付加価値の算出法》

上記のような「付加価値」概念から，付加価値の計算方法・算出方法が明らかになる。その方法には２つの方式が考えられる。

① 付加価値は，ある企業がすでに存在していた経済価値に働きかけ，付け加えた価値・新しくつくり出した価値であるから，企業の実現した価値の全体から，すでに存在していた価値の分を差し引けば，付加価値は求められる。すなわち「**売上高マイナス外部購入費用（企業が外部から購入した価値，すでに存在していた経済価値，原材料費・外注加工費・外部から購入した物品およびサービス費）**」で付加価値は求められる。これが「**控除法**」・「**減算法**」による付加価値算出方式である。

② 生産された付加価値は，利益，減価償却費，金融費用，地代賃借料，人件費，税金に配分されるのであるから，配分された付加価値の諸要素を加えていけば，付加価値の総額が求められる。すなわち，付加価値は「**利益プラス減価償却費プラス金融費用プラス地代賃借料プラス人件費プラス税金**」で求められる。これが「**加算法**」による付加価値算出方式

図表2-5 諸統計にみる付加価値算出法

統計名	計算法	算式
「法人企業統計年報」 (大蔵省)	加算法	＝ 要素費用（人件費，賃借料，減価償却費）＋ 営業純益 ＋ 租税公課
	控除法	＝ 売上高 ＋ 固定資産振替高 － 使用者費用
「日銀主要企業経営分析」	加算法	＝ 経常利益 ＋ 人件費 ＋ 賃借料 ＋ 租税公課 ＋ 減価償却費 ＋ 金融費用
「企業経営の分析」 (三菱経済研究所)	加算法	＝ 人件費 ＋ 賃借料 ＋ 減価償却費 ＋ 金融費用 ＋ 租税公課 ＋ 法人税引当金 ＋ 可処分純利益
「わが国企業の経営分析」 (通産省)	加算法	粗付加価値 ＝ 実質金融費用 ＋ 税引後利益 ＋ 人件費 ＋ 租税公課 ＋ 減価償却費
「付加価値分析」 (日本生産性本部)	控除法	＝ 純売上高 －｛(原材料費 ＋ 支払経費 ＋ 減価償却費) － 期首棚卸高 ＋ 期末棚卸高 ± 付加価値調整額｝
	加算法	＝ 労働収益 ＋ 営業利益
「中小企業の経営指標」 (中小企業庁)	控除法	加工高 ＝ 生産高 －（直接材料費 ＋ 購入部品費 ＋ 外注工賃 ＋ 間接材料費）
「本邦主要会社業績調査」 (興銀)	加算法	＝ 営業外費用 ＋ 人件費・労務費 ＋ 動産・不動産・賃借料 ＋ 租税公課
「日経経営指標」 (日本経済新聞)	加算法	＝ 人件費 ＋ 賃借料 ＋ 租税公課 ＋ 支払特許料 ＋ 減価償却費 ＋ 営業利益

である。

　付加価値計算の実際においては，**計算上の便宜から加算法**によることが多い。上表には，日本の代表的諸統計におけるさまざまな付加価値算出方法をまとめておいた。付加価値計算方式においては，「企業会計原則」のような統一された技法は確立されていない点で注意を要する。

《付加価値生産の効率》

　現代の企業の業績は，このように，付加価値によって測定されるのである

が，単なる付加価値の絶対額が問題なのではなく，**重要なのは「付加価値」生産の効率**である。

経済効率は一般に「**投入**（input）に対する**産出**（output）の割合」，いいかえれば，どれだけのものを投入することによって，どれだけのものが産出されたかという比率，によってはかられる。これが，最も広い意味での「生産性」である。**企業の本質的な意味での産出は，付加価値**であるが，この付加価値生産の効率を考える場合，何を**本質的な意味での投入**と考えるべきであろうか。そもそも付加価値は，すでに存在する経済資源に，**知的・肉体的労働**を加えて，新しく付け加えた価値である。したがって，「知的・肉体的労働を投入して，付加価値が産出されるという関係」が，付加価値生産の本質的な関係である。付加価値はモノがつくるのではなく人がつくるのである。

したがって，**付加価値生産の効率は，どれだけの知的・肉体的労働を投入して，どれだけの付加価値が産出されたかによって測定される**。知的・肉体的労働を従業者数に置き換えて定量化すれば，「付加価値生産の効率」，すなわち「生産性」は，従業者数に対する付加価値の割合ではかられることになる。生産性とは，従業員1人あたりの付加価値額を意味するのである。

$$\text{生産性（労働の付加価値生産性）} = \frac{\text{付加価値}}{\text{従業者数}}$$

生産性を高め，付加価値を効率よく増大させることを通じて，利益，賃金，税金の原資や，分配の原資を増大させ，分配のバランスを正しく実現することによって，現代の企業は，よく存続・成長できるのである。**「生産性」「付加価値」の概念は，現代の企業が，自らの存立・存続を実現する上での，最も基本的な定量的概念**なのである。

2-3-2 付加価値の生産と分配

生産性を高め，付加価値を効率よく生産し，さらに，それを適正なバラン

スをとって配分することにより，現代の企業は存立・存続することができる。**生産されない付加価値は，分配されようがないのであるから，付加価値の生産と分配において，第一義的な重要性をもつのは付加価値の効率のよい生産，生産性の向上である**ことはいうまでもない。ところが，付加価値の分配だけを一面化してみる誤ったイデオロギーがある。このような誤ったイデオロギーをも批判しながら，付加価値の生産と分配に関する検討を深めなければならない。

《付加価値をめぐる労使の関係》

　もし，一定の付加価値額を固定したものとしてとらえれば，企業と従業員は，付加価値の分配をめぐって対立する可能性がある。賃金を多くすれば，利益が減少し，利益を増大すれば，賃金は減少するからである（ここでは，議論をわかりやすくするために，付加価値は，利益と賃金にのみ配分されるものとする）。だからといって，「ゆえに，企業と従業員は，絶対的対立関係にある」と考えるのは，左翼イデオロギーに特徴的な誤りである。

　「付加価値の分配をめぐって企業と従業員が対立する可能性がある」というのは，あくまで「**一定の時点をとり出し，付加価値を固定した額と見た**」という前提の下でのみ正しい。この前提をぬきにして，「付加価値や賃金原資は**常に一定**であって，その分配をめぐって企業と従業員は**絶対的に対立**する」と主張することは，非科学的なイデオロギー的な独断である。なぜか。

　《**第一**》に，**生産性向上によって，付加価値は，効率よく増大しうる**のである。付加価値が効率よく増大すれば，それは，利益と賃金の原資そのものが大きくなることを意味し，そのことは，**企業にとっても，従業員にとってもプラス**である。すなわち，**生産性向上に関しては，企業と従業員の利害は一致している**のである。このような基本的事実があればこそ，企業と労働組合とが，協力関係を結びうるのである。この関係を図示したのが，次図である。

図表2-6　生産性向上と成果の配分

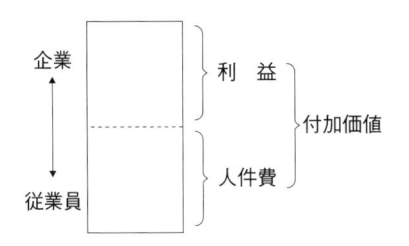

（図A）
付加価値を一定のものとみなせば，付加価値の配分をめぐって，企業と従業員は対立関係におかれる。

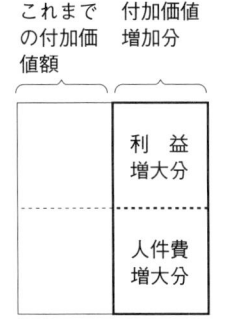

（図B）
生産性の向上によって，付加価値そのものが増大すれば利益も人件費もともに増大する。生産性向上は企業と従業員の双方にとっての利益となる。

《第二》に，それでは，「**分配において対立する可能性**」があることは事実であるから，生産性向上においては，企業と従業員の利害は一致するとしても，分配においては，絶対的にその利害が対立するのであろうか？　そして分配は「力関係」で決める以外にないのであろうか？　そうではない。賃金をいかなる水準に設定し，**付加価値からどれだけの額を賃金に分配するかには，労使双方が合意しうる客観的基準がある**。それは，賃金労働条件の**世間相場**である。日本では，個々の企業の労働条件は，この世間相場をめやすに，企業業績を勘案して決定される。アメリカでは，職務給の産業別相場を基準に決定される。労使双方が合意しうる客観的基準があればこそ「分配における対立の可能性」は，「絶対的対立」となることなく，「団体交渉で平和的な話合いにより解決される」のである。

したがって，**付加価値の生産と分配に関する企業と従業員，さらには，経営陣と労働組合との基本的関係**は，下記のとおりである。

① 付加価値の効率よい生産・生産性の向上は，賃金・利益双方の**原資の増大**を意味するから，企業と従業員，経営陣と労働組合の**利害は，この点で基本的に一致**する。

② 一定時点の付加価値の**分配**においては，一方を多くすると他方が少なくなるから，企業と従業員，経営陣と労働組合の利害は対立する可能性があるが，この可能性は，企業と従業員，経営陣と労働組合の双方にとって納得しうる**客観的（労働条件の世間相場）を基礎に，平和的な交渉で解決される**。

《生産性向上は人類共通の課題》

すでに見たとおり，付加価値の生産と分配を考える上で，第一義的に重要なことは，付加価値の生産である。生産されない付加価値は，分配されようがないからである。

今日の日本では，付加価値の生産よりも，分配の問題にもっぱら関心を集中する傾向が強い。たとえば，老人福祉の拡充といったことが一面的に声高に叫ばれるきらいがある。もちろん，社会福祉の充実それ自体は否定されるべきことではない。しかし，**国家財政を通じた福祉の充実は，企業活動が活発に行われ，生産性が向上し，付加価値が効率よく増大し，国家財政が豊かになることをとおして，はじめて実現される**。すなわち，企業の生産性が向上してこそ，社会的な規模での分配の改善・改良も可能になる。企業活動を通じた財源の形成をぬきにした分配の一面的強調は，結局は財政の破綻を招くことになる以外ないのである。また，行きすぎた福祉政策は，社会の活力をささえる層に過大な税負担，保険料負担を課し，勤労意欲を喪失させ，遂には，福祉充実の原資の形成を危うくしてしまうことを知らなければならない。このような基本的事実が，今日の日本では忘れられている傾向が強い。

資本主義の分配の不公平を攻撃する左翼の人々といえども，自らが政権の座につくや，いかにして付加価値を効率よく生産するか（生産性を高めるか）**に腐心せざるをえない**。社会革命を実現して企業を国有化し，土地を国有化して，高所得者の富を没収したところで，**それは社会のすでにある富を分配するにすぎない。すでにある社会的富を分けて，それを消費し尽くしてしまえば，それで終わりである**。

それ以上の分配の向上をはかるためには，分配の原資そのものを効率よく生産しなければならない。すなわち，生産性向上をはからざるをえないのである。**社会革命を通じて，実現された経済体制・経済システムがどれだけの生産性を達成できるかが，革命後の経済社会の分配の水準，生活水準を決めるのである。**

ゆえに，人々の現在ならびに将来の生活水準を維持・向上させることが，あらゆる経済体制の共通の目的であるとすれば，**生産性向上は，経済体制の違いをこえた人類共通の課題**といえるのである。経済体制・経済システムの違いとは，付加価値の生産ならびに分配の方式・様式の違いなのであり，その共通の課題は生産性の向上であり，したがってまた，経済体制・経済システムの優劣は，どちらが高い生産性の水準・高い生活水準を実現しているかによって判断されるのである。

そして，先進資本主義国の高い生産性と「豊かな社会」をささえるのが，われわれ企業人の努力なのである。

2-4　現代企業の経営理念のあり方

2-1から2-3をとおして，われわれは，次の事柄を確認してきた。

《第一》に，企業は人類の物質的生活の維持・向上に欠くことのできない役割を果たしており，そのようなものとして存続しつづけなければならないこと。

《第二》に，現代の企業が存続しつづけるために，(1)利益をあげ，(2)従業者の幸福を実現し，(3)社会的責任を果たす，という3つの存立条件を充足する必要があること。

《第三》に，この3つの存立条件を充足するためには，企業は付加価値を効率よく生産しなければならないこと。

本節では，このような基礎的な事実をふまえながら，現代企業の経営理念

はいかにあるべきかを検討のテーマとする。企業経営の根本理念を考えるにあたっては，現代企業に課せられた3つの存立条件を，企業活動の自由に課せられた制約であるというようにとらえる思考では，決定的に不十分である。「利益をあげつつ従業者の幸福を実現し，社会的責任を果たすこと」を，単なる企業活動への制約と考えるのではなく，**積極的に企業の目的としてとらえ**，「人類の物質的生活の維持向上」を，単なる企業の事実として果たしている役割というにとどまらず，**積極的に果たすべき企業の根本使命**ととらえるような思考が求められるところである。

　現代企業の経営理念を正しくつかむためには，19世紀の初期資本主義時代の経営理念と，現代企業の経営理念を対比することが必要である。

2-4-1　19世紀型の経営理念―「純利益志向の経営」

　すでに2-2で検討したように，19世紀型の経営は「利益」要件さえ満たせば存続できたのであった。軽工業主体で企業規模は小さく，企業は個人所有がふつうの姿であったから，えてして，私利私欲の手段となりやすく，それに加えて「労働組合」は存在しなかったから，従業員を搾取し，酷使して利益をあげることも可能であった。このような条件の下では，企業経営は「純利益」を唯一の目的とし，価値判断の基準（理念）として行われることになるのがふつうの姿であったといえる。すなわち「純利益志向」の経営理念が一般的だったのである。

「純利益志向」の経営理念とは，売上から諸費用を差し引いた残りである純利益の極大化を目的とし，これを根本的な判断基準として経営を行う考えである。

① このような経営理念の下では，諸費用を削減すればするほど，企業目的は達成されることになるが，重要なことは，この**諸費用のなかには，付加価値計算でいう外部費用と同じ次元で，「人件費」も含まれている**ということである。したがって，従業員を酷使・搾取して人件費を削減し，利益を増大させることも重要な方法となる。

② この経営理念の下では，諸費用を投下し，これを手段として利益を産出することを目的とする。諸費用のなかには，**材料費も人件費も同一の次元**で含まれている。すなわち，この志向の下では，人間を「モノ」と同一視し，**人間を手段として**，利益を生むという考え方に陥りやすい。

したがって，この経営理念の下では，高賃金を求める従業員の志向と，高利益を求める経営の志向は**対立せざるをえず**，また，**働きがい・生きがいを求める従業員の志向と，従業員を手段として利益を追求する経営の志向は対立せざるをえない**。このような経営理念のもとでは，労使協力は実現されえないのである。

事実，19世紀の初期資本主義の下では，実態としても，また考え方や理念においても，**労使は対立関係にあった**と考えられるのである。

2-4-2　現代の経営理念──「付加価値志向の経営」

このような19世紀的・初期資本主義的経営理念との対比のなかで，現代の企業がとるべき経営理念が明確になるのである。

2-2で検討したように，20世紀初頭以降の企業は，「利益要件」さえ満たせば存続できるのではない。「利益」をあげながら，「従業員の幸福」を満たし，「社会的責任」を果たすことによって，はじめて現代の企業は存続できるのであった。

20世紀を代表する企業は，重化学工業を基盤とするビッグ・ビジネスであり，企業の所有形態は，株式会社が支配的となり，企業所有は著しく分散・流動化し，企業は社会性を深め，また所有の力の後退とともに，経営を指揮する専門職能としての経営者の経営支配が成立し，いかなる意味でも経営は特定個人の私物ではなくなる。さらに20世紀になり，労働組合が法的・社会的に公認され，労働組合との協力関係なくしては，企業は存続できなくなる。

このような背景の下では，もはや純利益志向の経営を維持することはできない。**20世紀の企業環境に適合する経営理念は，「付加価値志向の経営」理念でなければならない**のである。

「付加価値志向の経営理念」とは，売上高から外部費用を差し引いた，企業が新たにつくり出した価値，利益・賃金・税などの分配の原資となる付加価値を極大化し，もって利益を向上させ，企業成長・経済成長を可能にして将来の生活向上に資するとともに，賃金を向上させ，現在の生活を保障し，さらに納税などを通じて，国家社会に貢献することをめざす経営理念をいう。「付加価値志向の経営」とは，かかる理念，価値判断の基準に導かれた経営のことである。

純利益志向の経営との対比でいえば，付加価値志向の経営は次のような特徴がある。

① 付加価値志向の経営の下では，人件費をも含む費用をきりつめて純利益をあげることが目的ではなく，**利益と人件費の双方の原資となる付加価値を極大化**することが目的である。生産性が向上して，付加価値が効率よくふえれば，利益の向上と賃金の上昇の双方を両立させることができる。この経営理念では，**高賃金，高利益の両立**をめざすのである（純利益志向の経営の下では，高利益，低賃金をいわば当然のこととするのである！）。

② 付加価値志向の経営の下では，純利益志向の経営のように「人間」を材料費と同じ平面において，これを手段として利益という「モノ」をあげることが目的ではなく，「人間」が外部費用に働きかけ，外部費用を手段として付加価値を生み出し，「人間」の現在および将来の生活向上を可能ならしめることが目的である。すなわち，**「人間」は手段ではなく「目的」**なのである。

したがって，この経営理念の下では，高賃金を求める従業員の志向と高利益を求める経営の志向を，両立させることができ，従業員の働きがい，生きがいの実現は経営目的の１つとなるのであって，**この経営理念の確立によって，はじめて企業と従業員の協力，経営陣と労働組合の協力が可能となる**のである（純利益志向の経営では，企業と従業員，経営陣と労働組合の対立は不可避であったことと対比して考えればよい）。

現代の経営においては，付加価値志向の経営理念を確立し，これを全従業員に周知徹底させ，生産性向上・付加価値の効率よい生産における，企業と従業員の協力体制・経営陣と労働組合の協力体制を実現し，付加価値生産の共同体を形成し，経営の成果をあげることが，求められるところとなるのである。

2-5　現代日本の企業の経営理念のあり方

　2-2から2-4をとおして，われわれは現代の自由主義経済・資本主義経済一般の下での，企業の存立条件・経営理念を検討してきた。今日の日本が，先進的な自由主義経済体制にある以上，これまでの検討は，日本の企業にもあてはまることはいうまでもない。

　しかし，**日本の企業には「自由主義先進国下の企業」一般にはとどまらない独自の特質があることも事実**である。すなわち，欧米の企業とは根本的に異なった特質が，日本の企業には存在する。この点をしっかり認識することは，日本の企業人の企業観の確立にとってきわめて重要である。

　日本経済が先進国化しながら欧米とは完全には同化せず，企業構造の「特質」として残ったもの，それは**「封鎖的労働市場」を基盤とする終身雇用の慣行**にほかならない(*)。

　(*)　終身雇用慣行をふまえた日本的経営のあり方については，鍵山・太田著『企業および企業人』，人事管理のあり方については『日本型人事管理学大全』，『日本型賃金』を参照されたい。

2-5-1　日本の運命共同体的企業構造

　日本と欧米の企業構造の根本的な差異（企業規模の大小とか技術力の優劣といった量的な差異をこえた本質的な差異）の要因は，**「労働市場」の差異**に求められる。

欧米では「職務ごとに労働の需給に応じて企業間，あるいは企業の内外を労働力が移動」し，企業間を貫く横断的な労働移動が比較的自由に行われる，転職の活発な労働市場が形成されている。これを「**横断的労働市場**」と呼ぶ。

欧米では，被雇用者はある職務について自己能力を発揮し，しかるべき報酬・対価を得るために求職し，企業は特定の職務を遂行するために必要な要員を求人する。被雇用者は適正な対価が得られなければどんどん退職し，適正な対価の得られる企業に転職するし，企業では，採用した要員が職務を全うできなければ解雇し，別の適切な要員を採用し，あるいは，売上・生産量が減少すれば，過剰人員はどんどん解雇（レイオフ）し，再び売上・生産量が増大すれば要員を採用する。

このような労働市場のあり方は，わが国では考えられない。日本では，基幹社員については「新規学卒で特定企業に入社し，定年退職まで同一企業に勤務し，労働移動は原則としてない」，転職の少ない「**封鎖的労働市場**」が一流企業では支配的である。

わが国では，新規学卒者は，ある特定職務を遂行するために求職するのではなく，一生を送るにふさわしいと思う会社を求めるし，企業も特定職務の担い手を求人するのではなく，採用者の潜在能力や人柄を期待して求人することになり，さらには企業存続の絶対的危機でないかぎり，過剰人員が発生しても解雇は行われない。

したがって，日本と欧米では，労働市場の差異にもとづいた企業構造上の基本的な差異が存在することになる。そして，日本の企業構造の特徴をふまえた場合，**日本の企業においては，個々の企業とそこに働く従業員の関係が，欧米には見られぬほど密接に結びついていること**がわかるのである。

企業活動を通じて生産性が向上し，付加価値が効率よく増大しないことには，企業に働く人々の生活の維持・向上はありえない。これは洋の東西の違い，さらにはまた，体制の違いをこえた基本的な事実である。共産圏においても，国有化された企業の全体をとおして付加価値が効率よくふえなけれ

ば，分配の改善をはかり，勤労者の生活を向上させることはできない。欧米においても，産業全体で生産性が向上しなければ，その産業に働く人々の生活は向上できない。

しかし欧米では，産業を構成する個々の企業の業績と個々の企業の従業員の生活は，直接に結びついているとはいえない。勤労者の生活は産業別の職務給相場で決まってくるし，それは個々の企業の業績とは一応切りはなされて決定されるものである。また企業は，売上・生産が減少したり停滞したりした場合には，過剰人員はどしどしレイオフする。従業員の側でも，処遇上有利でないと考えればどんどん転職するし，そのことによって，何らの不利もこうむらないのである。

ところが，わが国では欧米とは異なって，**個々の企業の業績・生産性とそこに働く従業員生活が，きわめて密接に結びついている**のである。

わが国では，企業の業績・生産性が向上すれば，まず第一に**賞与**が世間並み以上になり，第二に**昇給**も世間並み＋αとなるのが通常であり，従業員の生活向上の上で決定的なプラスとなる。また企業が順調に成長すれば，組織も大きくなり，役職ポストや高度な専門職のポストもふえるなど**昇進上も非常に有利**となり，**働きがいも大いに増してくる**。

逆に，企業の業績・生産性の向上が思わしくなく，停滞を余儀なくされるようになると，賞与も世間水準を下回り，昇給も世間並みマイナスアルファとなってしまう。そうなったとしても欧米とは違って，**業績のよい会社に転職するわけにもいかない**。わが国では一般に，（大企業になるほど）**中途採用が比較的稀**であり，運よく中途入社できても，例外的なスカウトというような場合を除いて，**勤続がゼロに近いところから再スタートすることになり，処遇上著しい不利をこうむる**からである。事態がさらに悪化して企業が衰退に向かい，過剰人員をかかえこむようなことになった場合，無理な賃上げを強要して企業が倒産し，自らも失業し，転職のやむなきに至って処遇上著しい不利を招くよりは，昇給ゼロか若干の賃金カットに耐えて，会社の回復を待ったほうが，生活上まだしもデメリットが少ない。労働組合として

も，このような場合，**賃上げよりも雇用を優先せざるをえないのである**。もちろん，企業成長が思うにまかせなければ，従業員としても昇進も思うにまかせないということにならざるをえない。

このようにわが国では，よい場合にも悪い場合にも，個々の企業の業績・生産性・企業の成長と，そこに働く従業員の生活の現在と将来は**事実として**密接に結びついているのである。すなわち，わが国では，個々の企業とそこに働く従業員は経済的に強く結びついた，**事実としての「運命共同体」的関係にある**といえるのである。

以上のような，日本の運命共同体的企業構造を正しく認識することが，今日の日本企業の経営理念を考える上で，きわめて重要なのである。

2-5-2　日本的「近代的経営共同体」の理念

わが国においては，個々の企業の業績・成長とそこに働く従業員の生活は，分かちがたく結びついており，事実として運命共同体を成している。理念としてそうあるべきだということでなく，**事実として，運命共同体なのである**。

欧米，とくにドイツなどでは，戦前から「経営共同体」理念が，理論的に追求され，産業界の実践でもそのような理念が経営の指針になってきた。このような「経営共同体」理念は，付加価値生産・生産性向上をめぐる企業と従業員の利害の一般的一致を基礎にした付加価値生産の共同体を主張するものである。もちろん，付加価値生産をめぐって企業と従業員の利害が一致し，共同体を形成するという主張は一般的には正しい。しかし，注意すべきことは，ドイツでは，個々の企業とそこに働く従業員の利害は，事実として，直接に結びついているわけではないことである。いかに経営共同体を主張しても，不況になれば，レイオフは行われるし，従業員も正当な報酬が得られないとなれば，どんどん転職する。したがって，個々の企業での「共同体」の主張は，多分に，事実的基礎の薄弱な，単に理念として主張されるものにとどまらざるをえないのである。

日本においては，個々の企業に関して，企業と従業員が，事実として運命共同体関係になっている。したがって，**経営共同体の理念は，日本においてこそ，事実的基礎を明確にもつことになる**のである。しかるに，日本においては（事実として運命共同体的構造が存在するにもかかわらず）**理念としての経営共同体**の主張が，全般に弱いのが現状であるように思われる。

　日本においてこそ，経営共同体の理念が明確にされ，主張されるべきであるにもかかわらず，必ずしもそうではない，という現状の問題点を解明しながら，これからのわが国の「近代的経営共同体」理念のあり方を検討することが本節の課題である。

《戦前の「経営家族主義」理念》

　戦前，わが国においては，職員層（ホワイトカラー）と工員層（ブルーカラー）の「身分差」が存在し，職員層は終身雇用であったが，工員層は終身雇用ではなかった。したがって，企業と従業員のあいだの運命共同体的関係は，もっぱら，企業と職員層のあいだにあったといえる。このような企業と職員層のあいだの運命共同体的関係を基礎に「経営共同体」の観念・理念が形成されていた。

　戦前の「経営共同体」の観念・理念は，**企業を「家」という共同体に擬するものである。企業を「家」に，経営陣を「家父長」に，従業員（職員）を「家族構成員」に**それぞれ擬し，戦前の家父長的な家族共同体における家父長と家族構成員の関係で，経営陣と従業員の関係をとらえる観念・理念が，「経営家族主義」である。すなわち，**家族構成員たる職員層は，家父長たる経営陣に「絶対的忠誠」を尽くし，家父長たる経営陣は，家族構成員たる職員層に「恩恵」を施す**という半封建的な意識・観念で，経営陣と職員層とが関係づけられていた。また，**家族のなかで，力のある者が，力の弱い者を助けるように「集団的な助け合い」**で，職務が遂行され，戦前の家族では年長者が敬われたように，経営のなかでも，**年功**の順に序列がつけられた。

　このように，前近代的・半封建的な「経営家族主義」の観念・理念という

形態で，戦前の日本の企業は，企業と職員層の運命共同体的構造を表現したのであった。

《戦後の経営理念の混乱》

戦後になって，職工員の身分差は廃止されて同等の従業員となり，終身雇用慣行は，全従業員に拡大され，**企業別組合**の成立とも相まって，終身雇用は，名実ともに確立された姿をとるに至った。かくて，企業と従業員の運命共同体的構造も確立されたのである。

他方，戦後のいわゆる「**民主化**」のなかで，とくに戦前の全否定が善であり，正義であるようなムードにも加速されて，**家父長的な経営家族主義の下での，下から上への「絶対的忠誠」，上から下への「恩恵の賦与」という観念は，半封建的・前近代的なものとして排斥された**。

前近代的経営家族主義が排斥されたこと自体は，必ずしも誤りではないとしても，それでは，これに代わる「近代的な経営共同体」の理念が形成されたかといえば，必ずしもそうではなかった。

《第一》に，かつての下から上への「無条件的・絶対的忠誠」が，前近代的なものとして否定された代わりに，「**民主主義**」**の名の下に，下から上への「権利要求主義」が横行**することとなった。おのれをむなしくして，上に対して絶対的忠誠を尽くすことの裏返しとして，おのれの権利を，上に対して徹底的に主張することが，「民主主義」と考えられたのである。

《第二》に，このような「民主主義」の錦の御旗の下に行われる，下からの「権利要求主義」に対して，**経営陣は，かつての経営家族主義理念の崩壊によってなすすべを知らず，「理念喪失」**に陥ってしまった。

《第三》に，このような意識・観念の変質にもかかわらず，「集団的助け合い」的職務遂行は，「義務先行」を忘れた権利主張に都合よく「**集団もたれあい**」，「**ぶら下がり**」**式の職務遂行**として温存・維持され，年功的処遇序列も年「**功**」ならぬ年「**数**」序列にまで，安直化されながら維持されることになった。

このように，戦後期の日本においては，**事実としての運命共同体的構造が確立されたにもかかわらず，それを適切に表現する理念形態，経営共同体理念はむしろ著しく後退し，混乱**するような様相を呈したのである。

《これからの日本の企業の経営理念のあり方》

　敗戦後，すでに半世紀以上の歳月がたち，一般的にいって，現在は，いわゆる**戦後的価値観の反省期**に入っているといってよいであろう。いわゆる**戦後的な価値観ないしは思考の傾向・風潮は，戦前の裏返しを是とすることを基本的な特徴**とする。戦前の国家主義に対する戦後の国家忘却（コスモポリタニズム），戦前の軍国主義に対する戦後の絶対平和主義，戦前の精神主義に対する戦後の唯物主義，など。戦後の一時期においては，戦前的価値観を否定するため，その単純な裏返しを強調することも必要であったろう。しかし，戦前を裏返すことが，正義や善や真理を保証することにはならないし，正しい実践を保証するものでもない。**戦前が１つの極端に走って誤りを犯したとすれば，逆の極端に走ることも同質の誤り**に陥る場合が多いのである。戦前の軍国主義が，国家・国民の安全を保障するゆえんでなかったことは確かであるが，戦後の絶対平和主義もまた，国家・国民の安全を保障するものではないのである。われわれは，単純な戦前の全否定としての戦後的思潮を根本的に見直し，正しい思考の確立をめざさなければならない。[*]

　（*）このような「今日の日本人の思考様式」のあり方の詳細な検討は，鍵山・太田著『企業および企業人』を参照されたい。

　したがって，単なる経営家族主義を全否定するだけで，近代的な経営共同体の観念を喪失してしまうような思考を克服し，**日本の企業における運命共同体的構造をふまえながら，真に「近代的」な経営共同体の理念を確立する**のでなければならない。

　「近代的」経営理念とは，**近代的な個人主義・自由主義・民主制の社会思潮と適合する経営理念**をいう。戦前の経営理念が「前近代的」であったのは，《第一》に，個の確立を前提とせず，個人が家族的共同体のうちに埋没

しており，《第二》に，企業と従業員の相互関係が，忠誠・奉公とそれに対する恩恵の賦与という封建的主従関係を軸に観念化されていたことによる。

近代的な経営共同体の観念にあっては，《第一》に**個の確立**が前提となり，《第二》に，そのような**諸個人の権利・義務関係，契約関係，**によって経営集団が形成されていると考えることが，基礎的な前提となる。

よって，まず，企業を形成する諸個人の職務＝義務が極力明確にされ，その義務の遂行にともなう，権利＝対価たる賃金の請求権が発生するという，**権利・義務関係とその観念，契約関係とその観念が，基本的に確立されなければならない**のである。もちろん，わが国では，終身雇用制のために，どうしても，もち駒がかぎられたなかで配置せざるをえない事情があるから，職

図表2-7　これからの日本の企業の経営理念のあり方

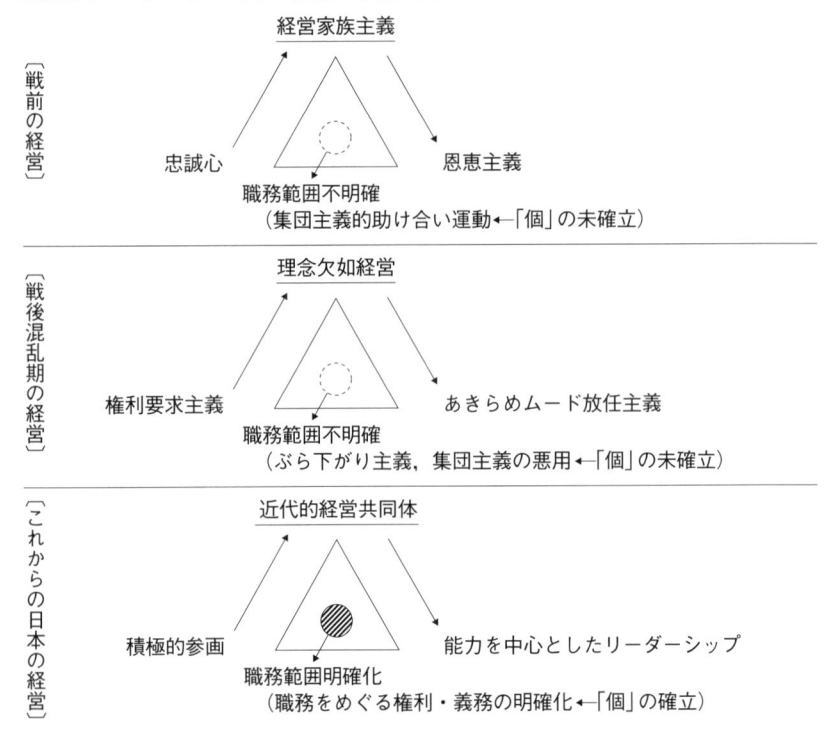

〔戦前の経営〕
　　　　　　　　経営家族主義
　　忠誠心　　　　　　　　　　恩恵主義
　　　　　　　職務範囲不明確
　　　　　（集団主義的助け合い運動←「個」の未確立）

〔戦後混乱期の経営〕
　　　　　　　　理念欠如経営
　　権利要求主義　　　　　　あきらめムード放任主義
　　　　　　　職務範囲不明確
　　　　　（ぶら下がり主義，集団主義の悪用←「個」の未確立）

〔これからの日本の経営〕
　　　　　　　　近代的経営共同体
　　積極的参画　　　　　　　能力を中心としたリーダーシップ
　　　　　　　職務範囲明確化
　　　　　（職務をめぐる権利・義務の明確化←「個」の確立）

務範囲が担当者の能力によって，ある程度可変的になり，また，賃金，処遇も100％労働の対価という合理的性格では必ずしも割り切れない事情があることは事実である。しかし基本は，職務とその遂行度に応じた賃金の決定という，権利・義務関係，契約の観念でなければならない。それによって，かつての「集団主義的・家族主義的助け合いと年功的処遇」と，それをささえた前近代的・半封建的家族主義や，戦後の**悪しき**「**集団ぶら下がり主義と年数序列的処遇**」とそれをささえた，**誤れる権利要求主義的・戦後民主主義的観念を克服しなければならないのである。**

　このような，近代的な契約関係を経営のなかで明確にしながら，事実としての運命共同体的関係を基礎に，⑴**従業員諸個人は，自らの生活の現在・将来のために，経営全体の成長・発展に積極的に参画し**，⑵**経営陣は，経営全体を正しく指導**することによって，企業発展と従業員の生活向上に貢献するという，双方の自覚のなかで，経営が共同体としての内実をもつものとならなければならない。すなわち，**下から上へは「積極的な経営参画」によって，上から下へは，「経営能力にもとづいたリーダーシップ」によって積極的にかつ自覚的に維持される経営共同体が形成されなければならない。**これが，これからの日本の近代的経営共同体の観念であり，理念でなければならないのである。以上の事柄を，わかりやすく図解したのが前頁の図である。^(＊)

　（＊）この節で展開した主張の詳細は，鍵山・太田著『企業および企業人』を参照されたい。

第3章 経営者と管理者

■本章の内容
1 経営の見方・考え方
2 経営の体系―経営者と管理者

　第3章では,「経営とは何か」を主たる検討の対象とする。本章の検討の目的は次の三点にある。

　《第一》に,すでに第1章で明らかにしたとおり,日本の管理者には,経営陣のよき補佐役たることが求められる。それゆえ,日本の管理職は**経営陣の補佐機能**を適切に果たすに足るだけの知識・技能をもたなければならない。このような観点から,**「経営の基本的な見方・考え方」「経営者の果たすべき基本的機能」**を概括的に検討する必要がある。本章ではまず,これについて論ずる。

　《第二》に,本章では,経営活動の全体を概念的につかみ,「経営方針」「組織」「運営」「統制」などの概念を整理することをとおして,**企業経営における経営陣**(トップ・マネジメント)**と管理者層**(ミドル・マネジメント)**の**

果たす役割の違い，管理者層の企業経営における位置と役割を検討することをテーマとする。これは，管理者が，「組織論」的にいって，「分業と協業の結節点」に位置するということを，経営活動全体という観点から見て，改めて位置づけ直したものということができる。

3-1 経営の見方・考え方

第2章で解明したとおり，企業は，人類の物質的生活の維持・向上に不可欠の役割を果たしており，現代の企業は，利益をあげて企業成長・経済成長を可能にし，将来の生活向上に資し，従業員に適正な賃金を支払い，納税を通じて国家社会に貢献している。とりわけ日本の企業は，終身雇用の慣行ゆえに，文字どおり，そこに働く従業員の生活の基盤そのものたる位置をもっている。かかるものとして，企業はいわば**永遠に存続しつづけなければならない**のである。企業にとって決定的に重要なことは，短期の業績，目先の利益ではなく，**長期にわたる存続**である。長期にわたって存続することによって，はじめて企業に課せられた使命を実現することができるのである。

3-1-1 企業の存続・成長を決める2つの要因

それでは，企業の存続・成長を決定する基本的要因は，何であろうか。**企業の存続・成長は，(1)環境条件（一企業の力ではコントロールできない外部的な諸条件），(2)企業の能力・努力（経営陣を中心とした企業の内部の能力・努力）という2つの要因によって，基本的に左右される**。すなわち，

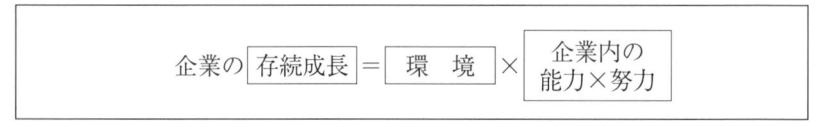

$$\text{企業の}\boxed{\text{存続成長}} = \boxed{\text{環　境}} \times \boxed{\begin{array}{c}\text{企業内の}\\ \text{能力×努力}\end{array}}$$

経営の実際においては，**環境条件に左右されるところがはなはだ大きい**。日本の**家電業界**では，戦後大きく成長した企業が多いが，これには企業努

力もさることながら，高度成長時代をとおして日本の賃金水準や生活水準が急上昇し，家電需要が急拡大したという環境条件によったところが大きいと考えられる。

また，日本の**自動車業界**でも，戦後急成長して巨大企業になった会社が少なからずあるが，これもまた，企業努力もさることながら，高度成長後期に日本の1人あたり国民所得が1,000ドルをこえて先進国化し，マイカー時代が到来し，オイル・ショック以降の省エネルギー時代に，たまたま先行していた小型車開発がマッチしたという環境条件によるところが大きいと考えられよう。

仮に，家庭電器や自動車業界の会社と同程度・同水準の企業努力を払ったとしても，環境条件が繊維業界のように良好でなかった場合には，家電や自動車業界の有力企業のような急成長は達成できなかったに違いないのである。

逆の例は，昭和30年代の**石炭産業**の会社である。戦前期・終戦期をとおして花形産業であった石炭産業の会社の人材は，日本の平均的会社より相当優秀であったと考えられ，企業の内部的な能力は比較的高かったと考えてよいが，それにしても，エネルギー革命という巨大な環境条件の変動には抗すべくもなく，石炭会社は衰退を余儀なくされたのであった。

すなわち，**企業の長期にわたる存続・成長は，一企業の力ではコントロールできない，左右しえない環境条件によるところが大きい**のである。

ところが，この点が実際には，なかなか正確に認識されない。大きく飛躍し，成長した会社は，世間一般からは，企業の能力や努力が高いことによったものと**過大に評価**される。あまつさえ，急成長会社では，当の経営者自身さえ，成長がもっぱら自らの手腕によるかのような錯覚に陥ったりする。逆に企業が停滞気味であるときは，世間一般からは企業の能力・努力が不十分だと**過度に酷評**される。当の企業の経営者は反対に，企業の停滞をもっぱら環境のみのせいにし，**自らを慰め**たりする。このような意味で環境要因と内部努力の相関を定期的に見きわめることは困難であるが，いずれにせよ，環境条件が企業の存続・成長を大きく左右することは疑いのないところである。

3-1-2　経営能力の本質

《経営能力の核心》

　それでは，企業は企業の左右できない環境条件に左右されざるをえず，環境の変動とともに浮沈を繰り返さざるをえないのであろうか。もしそうだとすれば，企業の長期にわたる存続は期し難い。重要なことは，**環境条件は，一企業の力ではコントロールし動かすことは，とうていできないとしても，この環境の変動を「予測し，洞察する」ことは，可能**だということである。環境の変動を予測し，洞察することができれば，これにしかるべく対処するために，企業を構造的に改革すべき長期的・戦略的方策を実行し，環境の変動に適応して，企業を存続せしめることができるのである。したがって，**企業を長期にわたり存続・成長させるために，核心的に重要なことは，**

> 変転する企業環境を予測・洞察し，これに対応するために企業を構造的に変革すべき長期的戦略を立案・実行すること

にあるといえる。これが「経営能力」の本質であり，経営者の果たすべき本質的な職務なのである。

《経営学が教えるのは枠組みだけ》

　このような意味での**「経営能力」の育成は**，知識的にいっても，**単に，「経営学」の習得だけで果たされるものではない**。「経営学」の教えるところは，環境の予測・洞察とそれに対応する戦略の立案・実行のために，いかなる手順で検討をなすべきかという「枠組み(フレームワーク)」だけであって，その内容までをも教えるものではない。経営学は，種々多様な経営の実践のなかから，抽象的・一般的な経営活動の諸原則を理論化したものであるから，実際に経営を行うにあたっては，適切な経営活動の一般的指針にはなりえても，個々の経営の方針そのものを教えるものではないのである。

経営学の教えるところを一般的な指針としつつ，環境の洞察・予測を適切に行うためには，むしろ，**経済史，経済学，技術史，などの，該博な知識・教養が重要**といえる。したがって，本来の「経営能力」の発揮のためには，経営学にとどまらない該博な知識・理論をもち，かつ**それを経営をめぐる具体的状況に適用できるだけの思考力**が要求される。こうした意味で，本来の「経営能力」はきわめて高度な能力を要求するものである。このような「経営能力」に裏づけられない経営の成功は，多分に「環境条件」に「運よく」助けられたものであることを知らなければならない。したがって，結果としての経営の成功に幻惑されて，経営能力の向上を怠ることがあってはならないのである。

《今日がなければ明日はない。しかし今日があるからといって明日があるとはかぎらない！》
　実際の経営にあっては，短期的な企業の成功に慢心し，長期的な企業の存続のために何をなすべきかを忘却してしまったために，とりかえしのつかぬ事態を招いた場合が少なからずある。
　もちろん，赤字に見舞われ，存続の危機に陥っている企業では，まず短期の業績回復が必須であり，これをはかってはじめて，長期の存続のための課題の検討も可能になる。その意味で，企業にとっては「今日がなければ明日はない」のであり，現在が危機であれば，その突破のために主力をそそがなければならない。しかし，逆に現在の業績がよければ，将来にわたっても，企業の安泰が保証されているということにはならない。「今日がなければ明日はない」としても，「今日があれば明日もある」ということにはならないのである。
　昭和25年には日本の石炭産業の会社は「今日がある」という状態であったが，10年後には「今日がない」というところまで転落していた。短期的に業績がよくても，企業環境の長期的変動に対する対応を怠れば，長期にわたっての存続・成長を脅かされることになる。すなわち，企業経営の現実にあっ

ては、「今日がなければ明日はない。しかし今日があるからといって明日があるとはかぎらない」のである。

　このことを肝に銘じて、**短期的な業績のよさに油断し、慢心してはならない**のである。長期にわたる企業の存続をはかるための企業環境の変動に対応する企業の構造的改革（たとえば、多角化とか、人材の育成・強化のような課題）は、必ず長い時間と多くの資金を要する。したがって、このような改革を実行しうるのは、時間と資金に余裕がある、「今日がある」という状態でなければ不可能であって、「今日の存続が危うい」という局面になってからでは、企業の構造改革は、時すでに遅し、である。「今日がある」ときに、「明日もある」ためには、どうしたらよいか、何をなすべきか、をしっかり考え、企業の長期的改革を推進することが、企業の存続のために決定的に重要なのである。

3-2　経営の体系——経営者と管理者

　これまでに検討したとおり、経営活動とは、企業の長期にわたる存続・成長のために、「環境を予測・洞察し、企業の構造的改革をとおして、これに対応・適応すること」である。

3-2-1　経営活動の全体像

《航海の例》

　このような**経営活動の全体像**を平易につかむためには、経営を「航海」にたとえて考えてみるとよい（次図参照）。

図表3　経営は航海にたとえられる

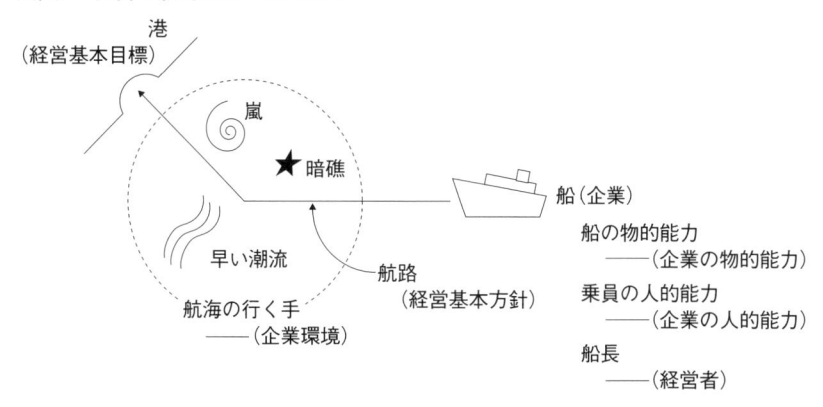

港
（経営基本目標）

嵐

★暗礁

早い潮流

航路
（経営基本方針）

航海の行く手
——（企業環境）

船（企業）

船の物的能力
　　——（企業の物的能力）

乗員の人的能力
　　——（企業の人的能力）

船長
　　——（経営者）

　航海の「**目的**」は所期の港に到達することであり，しかも「**迅速かつ安全に**」それを果たさなければならない。所期の港に，迅速かつ安全に到達するための**航路**を決めるには，まず，航海の行方を「**予測**」しなければならない。天候はどうか，潮流はどうか，暗礁はどこにあるか，などを予測しなければならないであろう。さらに，船の**性能**，乗員の**能力**をもよく考慮しなければならない。仮に，台風の接近が予測されたとしても，船が高性能であれば，迅速な目標達成のためには，これを回避する必要はないということになる。また仮に，潮流の速い場所があったとしても，乗員の能力が高ければ，これを避けて通る必要もなくなる。したがって，船の「進むべき方向」を定めるためには，航海の行方を「予測」しつつ，同時に，船の「**物的・人的能力**」を勘案しなければならない。

　さらにこのような進路を「**時間的・量的に具体化**」すること，すなわち，何月何日何時までに，どこまで到達するかという航海の「**計画**」を立てることが必要になる。

　次に，この航海の計画を実行するために，どのような要員を，どのような部署に配置するのが最適かという「**配置**」を決定しなければならない。同時に配置した要員が所定の部署で，どのような方法で任務を果たすべきかという「**基準**」を設定する必要がある。このようにして進路が「計画」に具体化

され，配置が決まり，活動の基準が設定されたら，実際の活動が基準どおりなされているかどうかを，しっかりチェック・コントロールし，「**統制**」する。これが正しく行われれば，計画は実現され，船は港をめざして，迅速かつ安全に航海することになるのである。

　「**船長**」は，船の「方向」・「進路」を定め，これを航海の「計画」に具体化し，計画実現のための「要員配置」を設定し，各部署での活動「基準」を設定し，実際に基準どおりに活動がなされているかどうかをコントロールし，活動を「統制」し，計画の実現をはかり，所期の目標を達成する。**航海士，機関士**などは，「船長」の設定した活動「基準」にしたがって，部下の船員を使いながら，船の「**運営**」をはかる。

《経営活動の全体像》
　「航海」とはこのようなものであるが，これは「経営」とよく似ている。経営とは，企業の外部環境の構造的変動に対応し，企業を存続・成長させることであるが，これを「航海」のたとえを念頭におきつつ，少々詳しく検討してみよう。

　航海の目的たる所期の港にあたるものが「**経営基本目標**」（経営ヴィジョン）である。すなわち，「どのような経営姿勢で，どのような社会理念をもって，またどのような管理哲学をもって，どのような業界で，どのような位置を占めようとするのか」というヴィジョンが「経営基本目標」である。

　このような「経営基本目標」を迅速かつ安全に達成する進路を設定するために，航海の行く手の予測にあたる「**環境予測**」と，船の人的・物的能力の評価にあたる「**企業の人的・物的能力の評価**」を行わなければならない。「環境予測」では「世界，日本の政治・経済環境を中心にしたマクロ的予測」をふまえ，「業界の需要予測ならびに供給予測，需給バランスと競争状況の予測」を明らかにする。「企業の人的・物的能力の評価」では，企業の競争力の評価を行う。

　航海では，所期の港に迅速かつ安全に入港するために，航海の行方を予測

し，船の物的・人的能力を勘案しつつ，航路を定めるのであるが，この航路にあたるのが「**経営基本方針**」である。すなわち「**経営基本方針**」とは，「経営基本目標」を，迅速かつ安全に達成するために，「環境予測」をふまえ，「自社の人的・物的能力の評価」を勘案し，経営を基本的に方向づけたものである。「経営基本方針」では，「**販売方針，研究開発方針，調達方針，人事方針，財務方針**」が明らかにされなければならない。

　企業の内部努力（研究・開発，調達，人事，財務などの諸活動）の結果が，社会的に認められるか，社会に受容されるかどうかは，販売の成否を通じて判定される。研究・開発した製品を，効率よく調達し，全社員が高いモラールで担当分業の達成に努力し，それらいっさいの活動のための資金を効率よく管理する。そのようなすべての内部努力を通じて，企業が世に問うのは「**製品**」である。その「製品」が社会に有用なもので，**企業の内部努力が社会的に有意味であるかどうかは，販売の成功によって，はじめて立証される**。また，販売の成功によってのみ，内部努力に費やされた資金を回収でき，信用経済の下での企業存続が可能となるのである。

　販売の不成功は，企業の内部努力が社会（すなわち，消費者・ユーザー）に有用なものと認められなかったことを意味し，社会的に無駄な内部努力を費やしたことになり，かつ，内部資金に投下された資金が回収できず，信用経済下に金融的に行き詰まることになる。「**販売なくして経営なし**」といわれるゆえんである。そこで，経営の基本方向の決定は，まず「**販売方針**」を明らかにし，そして次に売るべきものを「**研究開発**」していくための基本方針を明らかにする。企業にとって重要なことは「つくったものをどう売るか」ということでなく，「売れるものをいかに企画・構想し，それを調達するか」ということであり，販売方針がまず明らかにされ，それをとりそろえるという観点から「**調達方針**」が明らかになるのである。このような方針を実現するための基礎となる人的条件，物的条件のあり方を決めたのが，「**人事方針**」「**財務方針**」である。

　航路の方向を時間的，量的に具体化することが，航海には必要であったよ

うに,「**経営基本方針を時間的・定量的に具体化したもの**」が「**長期経営計画**」である。航路を実現するために,職務の体系とそこへの要員配置を決めたように,「長期経営計画」を実現するためには,職務の体系と,要員配置が明確にされなければならない。これが「**組織方針**」である。**組織方針**とは「**長期計画実現のための最適の職務構成と要員配置(戦闘配置)**」のことである。

職務体系と要員配置の基本が明確にされた後には,要員の**職務活動**の「**基準**」が明らかにされなければならない。この「**基準**」に即して,**経営活動が実行される**。これを「**運営**」という。そして,その運営で実際の成果が計画どおりあがったかどうかチェックし,計画どおりになるようにすることを「**統制**」という。「統制」のためによく用いられている手段が「予算統制」である。

経営活動とは？
① 「経営基本目標」を迅速かつ安全に達成するために,
② 「環境を予測しつつ」,「自社の物的・人的能力」をも勘案して「経営基本方針」を決定し,
③ これを「長期経営計画」として時間的・量的に具体化し,
④ 長期経営計画実現のための戦闘配置たる「組織」を設定し,
⑤ 組織構成員に職務の「基準」を設定して,これを行わしめ(「運営」),その結果を「統制」し,かくて所期の目的を達成すること,である。

3-2-2 経営者と管理者

《広義の経営管理と狭義の経営管理》

「**広義のマネジメント**」とは,(1)トップ・マネジメント,経営者が,(2)前述の①〜⑤の各ステップを経て,企業環境の構造的変動に対応しながら,企業目的を達成し,企業を存続・成長させること,かつ,そのために企業組織

を指揮することをいう。

これに対し「**狭義のマネジメント**」とは，(1)ミドル・マネジメント，管理者が，(2)前述の①～⑤を前提とし，与えられた「**組織**」と「**運用基準**」の下で，企業の日常的な「**運営**」をはかること，かつ，それを部下を通じて行うこと，をいうのである。

トップ・マネジメント，「経営者」の基本職能は①～⑤の各ステップを経て，「**広義のマネジメント**」を実現することにあり，ミドル・マネジメント，「管理者」の基本職能は，①～⑤を前提として，「**狭義のマネジメント**」を実現することにあるといえる。

《日本のトップとミドル》

ところが，日本の企業（とくに中堅企業以下の企業）では，一方では**トップ・マネジメント，経営者の職能の確立が不十分**であり，他方では**トップ・マネジメント，経営者が，本来のミドル・マネジメント，管理者の領域たる「運営」にしばしば介入**したり，場合によってはそれに熱中（！）したりする。そのためにミドル・マネジメント，管理者の機能・職能の確立も不十分になりがちである。

日本の企業では，第1章で述べたように，ミドル・マネジメント，管理者が，トップ・マネジメント，経営者の補佐機能を果たさねばならぬという事情があるとはいえ，それは，**トップ・マネジメントとミドル・マネジメントの機能が明確に分化される必要**があることを否定するものではない。それは本来のミドル・マネジメントの職能を果たしつつ，同時にトップ・マネジメントの補佐機能を果たさなければならない，ということを意味するのである。

《ミドルに要求される「標準」性》

トップ・マネジメント，経営者の職務には「個性的・創造的」な性格が強く求められる。企業環境の洞察力，独創的な戦略の立案能力，組織全体を統合しながら指揮する能力など，いずれをとっても，強い個性と独創的な能力

がその職務の本性上求められる。しかし，**ミドル・マネジメント，管理者は，個性的であるよりは「標準的」であることが，むしろ求められる**。

その理由は《第一》に，ミドル・マネジメント，管理者の本来の職務は，所与の「組織」「職務基準」を前提にした**経営の日常的「運営」**を部下を通じて行うことにあり，**職務の中心は「運営」**なのであるから，「基準」に忠実であることが求められるためである。

《第二》に，ミドル・マネジメントは企業組織内で，1つの階層（集団）を成しており，かつ，それぞれが**分業と協業の結節点に立つ存在である**から，管理者の管理のあり方は，標準化され，統一されていなければ，つまり，組織の運用にせよ，部下の指導にせよ，自分勝手であったとすれば，全社的な協業の成果をあげ難いためである。

そのような意味で，ミドル・マネジメントにおいては，企業経営の「運営」面で，「標準化された知識・技能」が求められるところとなる。このような「標準化されたミドル・マネジメントの共通の知識・技能」の主要部分が，いわゆる「管理知識・技能」にほかならないのである。

ところで，以上は，日本の経営でも欧米の経営でもいいうるところであるが，日本の経営における，トップとミドル（経営者と管理者）の関係には，次のような特色があることに留意しなければならない。

《日本的経営における経営者と管理者》——「提案権」の行使について

「権限がないから，やりたいこともできない」という管理者がよくいる。しかし，この人は，日本的経営，および，日本的な意思決定システムをよく理解していない。

日本の経営を，意思決定のメカニズムに焦点をあてて分析すると，次の特徴がある。

① 欧米においては，職務遂行は個人ベースが基準であり，職務範囲や責任権限を，できるかぎり個人にはっきり分解して割り当てようとする傾向がある。しかし，日本においては，責任権限は，部・課・係に大枠と

して割り当てられ，そこの属する集団で責任を連帯しようとする傾向が強い。

② したがって職務権限の規定は存在しないか，あるいはあっても，抽象的である。それゆえ，職務権限の規定で明らかに「自分の権限」だと判定できる「権限」は非常に低く狭いものであることが多い。

③ おのおのの分業単位がいずれも明確かつ規定化された十分な権限をもっていないのであるから，重要な権限はトップに収斂する。

④ 上記の状況のなかで，日本的意思決定システムとして「稟議」がある。稟議を起案した者は，関連部署とも，打診・調整などもして，稟議を提出する。承認を得た稟議は，社長はじめ関連役員の合意を得ているトップの合意承認書である。そして，その提案を実現するために必要な権限が実行者に与えられる。この場合，実行者として最も適当なのは，稟議の起案者本人であることがほとんどだから，起案者は，この時点で，大きな権限を得ることになる。

以上のごとく，**日本の管理者自身が，自分だけで最終的に決定できるものを「権限」と考えるならば，それは非常に小さい。今日，大企業における部長クラスでさえ，稟議にも回さず，上司の承認も得ず，自分自身で最終決定できるのは，金額でいえば十万円にも満たないかもしれない。**

しかし，この部長が部下に命じて計画書をつくり，これを稟議の形で提案し，承諾を得るならば，彼は数十億，数百億の投資計画すら，「実質上」自らが中心となって「実行」できる。

日本の管理者には，稟議等の形で，トップに対して「提案」を行う道が広く開かれていることを考えると，その権限は欧米よりはるかに大きいとも考えられる。すなわち，トップの承認を得さえすれば，その実施者としてトップに代わって権限を行使することができるからである。

このようになるのは，

《第一》に，日本における管理者（とくに優秀な幹部）は，「現在の経営陣の後継者」である。したがって，次代の経営陣として育成する必要があるた

め，経営陣の戦略的な意思決定に参画し，経営陣の「幕僚」としての任務を果たすことが任務として求められているからである。

《第二》に，日本の経営にあたっては，伝統的に，トップ・マネジメントの機能が，欧米に比べて弱いという事情がある。

すなわち，日本の経営にあっては，欧米では常識である本来的なトップの職能たる「戦略的意思決定」をトップ・マネジメントが遂行しているとはいい難い場合が多い。むしろ，「戦略的意思決定」に関する企画立案は，ミドル・マネジメント層において主として行われ，トップはそれに承認を与えるだけであり，その遂行もミドル・マネジメントが主体となる場合が多い。

それゆえ，日本の経営では，ミドル・マネジメントが戦略的意思決定の企画・立案を行い，トップに「提案」してこれの「承認」をとり，自ら実行していくことを自分の職務として考えないと，経営のなかで，いつまでたっても戦略的意思決定が行われないということになりかねないのである。

（＊）第3章，とくに3-2-1の詳細については鍵山・太田共著『経営方針と経営戦略』を参照されたい。

その意味で，日本における優秀な管理者――すなわち，**経営陣を補佐しつつ次世代の経営陣たることを準備すべき管理者は，担当分業の枠内での「改善」（いわゆる「仕事の改善」）に留まらず，上位職を動かしつつ，「改革」を志向しなければならない。**

確かに管理者が，自らの担当分野で，標準以上の成果をあげることは，優秀な管理者としての必要条件である。しかしこれは十分条件ではない。

標準以上の成果をあげ，欠くべからざる存在であることを証明することは，実は，自らの提言を上層部にとって耳を傾けざるをえないものとするためにこそ必要なのである。

すなわち，**担当分業での成果をテコに，改革を提言しその実行をリードできることが，優秀な管理者たることの十分条件**にほかならないのである。

この点を銘記することが日本の管理者にとってはとくに重要である。

第2部

管理の考え方と技法

第4章　管理概説

■本章の内容
1　管理とは何か，管理知識とは何か
2　管理知識・技能習得上の重要な留意点

4-1　管理とは何か，管理知識とは何か

　第1部では，「総論」として，「日本における管理者の位置と果たすべき役割」を明らかにしてきた。
　第2部では，「各論」として，「管理の考え方と技法」を解説する。

　「管理知識・技能」の詳細を検討するに先立って，まず「管理」とは何か，を明らかにしておく必要がある。
　「**管理**」(Management) とは，「**作業**」(Operation) と対で使われる概念であって，「**自ら仕事を行う**」ことを「**作業**」というのに対して，「**部下を通じて仕事を行う**」ことを「**管理**」という。

一般に，組織の階層が上へ行くにしたがって，「管理」のウエイトは高まり，「作業」のウエイトは減少するのがふつうである（下図参照）。

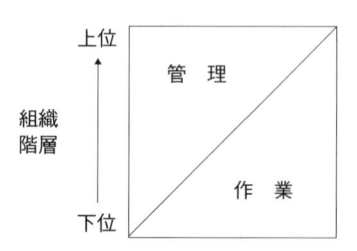

```
        上位
         ↑    ┌─────────┐
              │ 管　理 ╱ │
  組織         │    ╱    │
  階層         │  ╱      │
              │╱  作　業 │
         ↓    └─────────┘
        下位
```

トップが自ら書類を作成すれば，それは「作業」であるが，秘書に命じて書類を作成させれば，それは「管理」である。「管理」はこのような意味で使われる。

ところが，わが国では，「品質管理」・「予算管理」というような場合でも「管理」という言葉を使う。しかし，この場合の「管理」は，本来はControlすなわち「統制」であり，Managementではない。「統制」は，設定された基準に対して，諸活動を制御することである。日本語ではこのあたりが混乱しているので注意を要する。

第2部でとりあげるテーマは，以上のような意味における「管理」にあたる者，すなわち**「部下を通じて仕事をする」管理者にとって，共通的に必要な知識・技能の内容**である。このような「管理知識・技能」は，ふつう次の**5つの分野**に分けられている。

〔管理知識・技能の分野〕　　〔第2部の対応する章〕
Ⅰ　組織の原則と運用……………第5章　組織の運用
Ⅱ　仕事の管理…………………第6章　計画の立て方
　　　　　　　　　　　　　　　　第7章　指揮のあり方
　　　　　　　　　　　　　　　　第8章　会議の指導
Ⅲ　仕事の改善…………………第9章　仕事の改善

Ⅳ　部下の教育 …………………第10章　部下の育成
　Ⅴ　人間関係論的管理 …………第11章　人間関係論的管理
　　　　　　　　　　　　　　　第12章　良好な労使関係の形成
　管理知識・技能をこのような五分野に分ける意味は，次のような点にあると考えられる。
　(Ⅰ)　管理者は，「分業と協業の結節点に立ち，部下を通じて仕事をする」存在であるから，まず，**近代組織の原則**を知り，それが**運用**できなければならない。
　(Ⅱ)　管理者の管理者たるゆえんは，「部下を通じて仕事をする」というところにある。人間の行動は，経営における行動を含めて，計画（Plan）→実行（Do）→チェック（Check）というサイクルを循環するが，「管理」の特徴は，Plan, Checkをする人間（管理者）と，Doする人間（部下）が人的に分離するところにある。したがって，「管理」がしっかり行われるためには，
　(1)　管理者が，部下のなすべき行動をあらかじめはっきり「計画」すること，
　(2)　その「計画」にしたがって，部下を行動させるよう「動機づけ」，適切な「指示・命令」を与えること，
　(3)　部下に，行動の結果をしっかり「報告」させ，チェックすること，
　が必要である。「**仕事の管理**」とは，このような内容をさしている。
　(Ⅲ)　管理者が，「計画→実行→チェック」という管理サイクルの循環を同じ基準と尺度で繰り返しているとすれば，生産性は同じであり，企業はやがて死滅する。自分や部下の賃金は毎年上昇するのであるから，この上昇分以上の生産性向上が絶対必要である。これが「**仕事の改善**」である。
　(Ⅳ)　ところで，「部下を通じて仕事をする」といっても，部下にその「能力」がなければ，仕事は達成できない。また，改善や業務のレベルアップのためにも，部下の能力向上が前提となる。これが「**部下の教育**」である。
　(Ⅴ)　以上の諸点では，主として「仕事をする」という観点からの「管理」であり，そのかぎりにおいて，部下を「仕事を実行する存在」としてとらえ

ているのであるが，実際には，部下は，「理性と感情をもった独立の人格」として仕事を行うのである。したがって，「管理」にあたって，部下を使う際には，このような観点がふまえられなければならない。とくに部下の心理をふまえて管理を行うことが**人間関係論的管理**である。

　第2部では，原則として，以上のような考え方にもとづき，「管理知識・技能」を，理論的に明らかにする。

4-2　管理知識・技能習得上の重要な留意点

　以下の諸章では，「管理知識・技法」を各論として検討するが，この際，次の点に留意する必要がある。

《日本的管理知識・技法にも注目する！》
　《第一》に，われわれの習得すべき「管理知識・技法」は，MTPのような，**万国共通の「管理知識・技法」を基本**とするが，同時に，**終身雇用という独特の慣行を基盤とする日本の企業において特殊に重視され必要とされるべき「管理知識・技法」をも加味**しなければならない。

　たとえば，「**部下の教育指導**」を考えてみると，MTP的・アメリカ的管理知識・技法における「部下の教育指導」の教えるところは，短期雇用，即戦力用の部下（一般に作業者を想定）に仕事を割り当てて，部下の能力とギャップがあるときに，その部下を即戦力にするために，どのような管理技法を用いるのが標準的か，ということである。このような技法は，日常，仕事をやらせる上で不可欠であり（日本式の「習うより慣れろ」式の無手勝流部下教育はきわめて非能率である！），また，パートタイマーなど，**即戦力用の短期雇用者の教育**では，とくに有効である。

　しかし，日本での**終身雇用社員に対する**「**部下の教育指導**」においては，これだけでは十分ではない。終身雇用社員は長期勤続する以上，勤続ととも

に能力が向上し，それにともなって処遇もあがるのでなければ，社員本人にとっても情けないことであり，会社の期待値にも反することになる。すなわち，即戦力として現在の仕事ができるための部下指導だけでは，まったく不十分であり，同時に，将来より高い仕事が可能となるような部下の教育指導が実現されなければならないことになる。したがって，「部下の教育指導」では，アメリカ式管理技法を使っていれば，それで十分というわけにはいかないのである。

すなわち，「**日本的経営**」を念頭においたとき，MTPをベースにした「管理知識・技法」だけでは，必ずしも十分ではないのであり，その理由は主として下記のような点にある。

① 「計画」という場合でも，日本の管理者には，自らの担当分業単位に関する計画だけではなく，「経営陣の補佐役」という立場から「**全社的計画」への関与・参画**が求められる。

② 「**集団主義**」的雰囲気が強い日本の企業では，とくに「**合意**」づくりが重要であり，「**会議**」が特殊な重要性をもつ。

③ 「部下の育成」にあたっては，欧米とは異なって，終身雇用を慣行とするため，「**長期的観点」に立っての育成**が重要になる。

④ 日本的経営の強みを生かすためにも，企業団結心の発揮は，絶対必要であり，一般的な「人間関係」にとどまらず，**良好な「労使関係」を形成するための管理者の活動**が期待される。

《新技法が実践的に有効とはかぎらず！》
《第二》に「管理知識・技法」においては，実践的に有効であることが重要であり，単純に新しい技法に安直に飛びつく態度は正しいとはいえない。

新しい技法の導入については，その技法がいかなる目的の役に立ち，いかなる条件で効果を発揮するかをよく調べ，自社の必要とマッチしているかどうかをよく調査し，少数厳選して着実に定着させる努力を払うことが，個々の企業のあり方では正しい。これと同じく「標準化された管理知識・技法」

に関しても，新しい技法については，実践的に有効性が検証されたものだけを，従来の確立された技法に付け加えることにすべきである。われわれは経営の実践を，学者の仮説の実験のために行うのでは断じてない。経営の実践を確実かつ効率よく行うために，**管理技法を駆使する**のである。したがって，それは，確実に成果のあがる「技法」でなければならない（但し，新しい技法の研究を怠らないことは重要であり，これを怠ると「新しい」ものを常に疑惑の念をもってのみ観る保守退嬰的経営になりかねない点で注意を要する）。

《管理知識・技法は「使」えなければ駄目》

《第三》に，非常に重要なことだが，「管理知識・技法」は知っているだけでは何の役にも立たないのであって，**しっかり習得し，実際に駆使できなければならない**という点である。「管理知識・技法」は，一般に高遠な理論を基礎とするものではなく，きわめて**常識的なもの**が多い。したがって，それを頭で一応理解することは比較的たやすい。しかし，**頭で一応理解できるということと，実際にそれが使え駆使できるということは，まったく別の事柄**である。

たとえば，「**部下の叱り方**」の技法を考えてみる。部下を叱るということは，上司が怒りをぶちまけ，部下に辱しめを与え，私情をはらすことが目的ではない（部下は上司の私物ではないのだから，部下がうっぷんのはけ口である道理がないのである）。そうではなくて，誤りを正し，誤りを繰り返すことなく，正しく仕事ができるようにするためである。だから，他人の面前で叱ってはならない。そのようなことをしても，部下に恥をかかせるだけの効果しかないからである。そこで「部下の叱り方」の原則の１つに，叱るときには他人の面前で叱ってはならず，部下と一対一の場で，気持ちをおちつけて叱らなければならない，ということがある。これは，叱ることの目的と，ふつうの人間の心理を考えればまったく当然のことであり，誰にもわかるはずのことである。

しかし、「わかる」ことと「できる」ことは別の事柄である。頭のなかで一応叱り方の原則を知っていても、実際に「叱る」べきときに、他人の大勢いるなかで、部下にどなり散らすということでは何にもならない。常識的に「わかる」ことでも、いざ、「実行」するとなると、なかなかできない。管理者といえども、第一に「私情」にかられることはあるし、第二に、管理者も大勢いるなかでは、「性格」も千差万別、「品性」の高いものも、あまり高くないものもあり、粗野な管理者はえてして非常識なことをするからである。

しかも、管理技法はこれを実行してもしなくてもよいというようなものではない。前例のように「叱り方」の原則を守らず、他人の面前でどなったりすれば、部下は恥をかかされ、意欲を失い、意気阻喪するだけである。これでは、部下のモラールを低下させるために活動しているようもので、**「百害あって一利なし」**である。したがって、**正しく理解し、習得し、駆使することができる**ということが、「管理知識・技法」においてはきわめて重要なのである。

日本の一応の知的レベルにある管理者・幹部のなかには、「管理知識・技法」があまりにも常識的であるために、これを「軽蔑の念」をもってあしらう傾向がなきにしもあらずである。「頭のなか」で理解することは簡単であるが、実際には正しい「叱り方」1つ実行できず、やってはいけないはずの「どなり散らす」行為をして、管理者として「失格者」となる「頭脳明晰」な社員も多いのである。

「知行合一」は、管理技法の場合、とくに大切である。

（＊）第2部の編集にあたっては、MTPをベースとしつつ、以下の文献をも参考にした（文中に注記した参照文献は除く）。

部課長の手帖	産業能率大学編	経 林 書 房
経営学出門	新居崎邦宜著	日本能率協会
新・経営幹部読本	尾 関 守 著	日本経営出版会

日本の管理職	池沢章雄著	経林書房
統帥綱領	大橋武夫解説	建帛社
計画の科学	加藤昭吉著	講談社
会議の開き方・進め方	江口恒男著	中央経済社

第5章　組織の運用

■本章の内容
1　組織の設定と運用
2　組織の四原則
3　組織の型
4　ラインとスタッフ
5　組織の合理性と日本的経営

5-1　組織の設定と運用

　企業経営において組織が問題とされる場合，「**組織の設定**」と「**組織の運用**」という2つの事柄が区別されなければならない。

　「**組織**」とは，「**トップ・マネジメントが，経営方針・経営計画を実現するための戦闘配置**である」ということができる。事業の多角化は，事業部制組織を必要とするであろうし，企業が基礎研究・応用研究を戦略的に重視すれば，研究所組織が必要とされるであろう。企業をめぐる環境は変化するし，それに応じて企業の方針・計画も変化していく。それにつれて，方針・計画実現のための組織も変化するのである。このような意味での「組織の設定」は，「経営陣」，トップ・マネジメントの仕事でなければならない。

「組織の運用」とは，上述のように「経営陣」（トップ・マネジメント）によって設定された組織を，管理者（ミドル・マネジメント）が組織原則にしたがって運用することをいう。すなわち，与えられた組織の下での，その組織の運用をいう。われわれが本章を通じて検討しようというのは，この「組織の運用」に関する知識・技能の諸原則についてである。

もちろん，「組織の運用」が正しく行われるためには，組織そのものがどのような原則にしたがって「設定」されるのか，また，なぜそのような原則が必要なのかを知らなければならない。このような原則をふまえ，かつ，組織原則を運用する際の留意点をもふまえて，組織の正しい運用が可能となるのである。

企業組織をも含めた**組織**を抽象的に定義すれば，「**多数の人間を，同一の目的を達成するために，分業と協業の体系として配置したもの**」ということができる。したがって「組織の設定」にあたっては，分業と協業が合理的に設定されなければならない。また，組織の運用にあたっては，分業単位の完遂とその協業としての結合に留意しなければならない。このような点を考えれば，**分業と協業の体系たる組織の設定，ならびに運用にはいくつかの基本原則**（組織原則）**がある**ことがわかる。

次節では，このような「組織原則，ならびにその運用上の留意点」を明らかにすることが中心課題である。組織原則は，あらゆる組織に通じるものであるが，とくに「効率」を追求する組織たる企業においては，重要な原則となるものである。

5-2　組織の四原則

組織原則は，通常4つの原則にまとめられる。以下の項では，それぞれの組織原則の解説と運用上の留意点を述べる。

5-2-1 「指令系統の統一」の原則

① この原則は，Ⓐ「**各人は，自分を指揮する人，また，自分が指揮する人をはっきりと知らなければならない**」（すなわち，自分は誰から指揮・命令を受け，自分が指揮・命令を下すのは誰かを知らなければならない）ということ，ならびにⒷ「**各人の直接上司は１人でなければならない**」（すなわち，直属上司１人からのみ命令がくるのでなければならない）ということ，をその内容としている。

② この原則が必要なのは，同時に多数の命令が同一の部下に下されれば，部下は何を優先させて分業を遂行すればよいのかわからなくなり，**混乱を招くか**，あるいは命令の優先順位判断を部下に委ねることになり，分業の遂行に支障をきたし，協業の成果があげられないためである。

③ この原則の「**例外**」は，Ⓐ「**指揮すべき人が不在であり，かつ緊急を要する場合**」，およびⒷ「**あらかじめ，当該管理者と了解がついている場合**」とである。

　Ⓐの場合には，**直属上司の上司**が指揮をとることになる。なぜなら，ある管理者Mの指揮命令の権限は，その管理者の直属上司M′から委譲されたものであり，不在かつ緊急の場合には，委譲した権限をM′が再び自らのものとするのが当然だからである。ただし，この場合，不在かつ緊急という事態が解消した後に，不在かつ緊急を条件としてM′自らのものとした指揮・命令の権限を，再びMに委譲することの確認を含めて，M′がMに了解を求めることが必要である。

　Ⓑの場合は，管理者間で了解ができており，部下にもそれが理解されていれば，**特定期間ないしは特定事項**については，直属上司以外から命令がきても混乱をきたさない，ということである。しかし，この場合も特定事項にかぎること，または特定期間にかぎることが必要である。

④ この原則の「**運用上の留意点**」は次のような点である。直属上司Mの直属上司M′（ないしは，さらにM′の直属上司のM″，M‴……）からMの部下Ｓに「指示」がなされた場合，Ｓは，この「指示」を，組織原則

にいう指示・命令と思いやすい。しかし組織原則からいえば，直属上司Mからくるもの以外は，「指示・命令」ではない。したがって，**直属上司Mの上司M′以上のところからの「指示」は，その口調が指示・命令のような感じがあったとしても，また，命令に近い権威をともなったものであったとしても，組織原則上の本質は「勧告・助言」**であり，その「勧告・助言」を受け入れ実行するか否かは，部下S本人の責任に属する事柄（勧告・助言者M′には，実行結果に公的な責任はない）である。この点では，「指揮・命令を受ける側の自主性と組織原則の正しい理解」が必要である。

　もちろん，実際問題としては，聞くべき「勧告・助言」が多いのであって，指示・命令でないことをもって，一括してそれを**無視してよい**というのではない。「賢明な部下」としては，聞くべき「勧告・助言」であるとすれば，直属上司Mに相談し，正式の指示・命令として，改めてその内容を発してもらい，しかる後に実行すべきであろう。

　また上司としては，直属の部下Mの部下Sに指示・命令と誤られるような言動は厳に慎むべきであって，もしSの仕事上に問題点を見い出した場合は，その直属上司Mに改善の指示を与えることが正しい。**上から組織原則を崩すようなことがあってはならない**のである（図参照のこと）。

図表5-1　指令系統の統一の原則

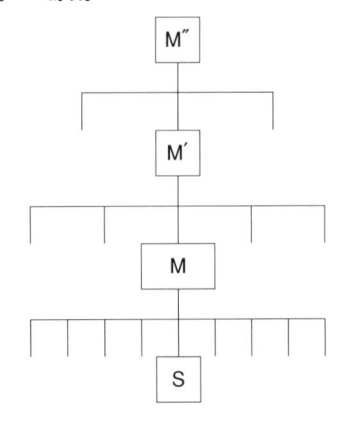

5-2-2 「統制の限界」の原則

① この原則は，Ⓐ「監督が有効に行われるためには，1人の管理者の直接の部下の数が適切な数でなければならない」ということ，ならびに，Ⓑ「1人の監督者が監督しうる直接の部下の数は，距離，地域的広がり，時間，施設，機械，設備，部下の職務の性質によって変わる」ということを意味している。

② この原則が必要なのは，分業と協業の接点に立ち，分業単位を適切に指導し，その成果を協業に結集させる役割をもつ**管理者が，直接**に指導**する部下の数にはおのずから限界**があるためである。自らは直接作業をしない監督職（ノンワーキング・フォアマン）で，熟練作業者やセールスマンなら15人前後，単純作業者なら30～45人程度が，経験的に「統制の限界」であるといわれている。Ⅳ等級以上の管理者を使うのであれば，3～7人くらいが統制の限界といわれる。これらは原則のⒷにいう諸条件によって，いろいろ変わりうることはもちろんである。

5-2-3 「同質的な職務割り当て」の原則

① この原則は，Ⓐ「職務を割り当て（割りつけ）る際には，**同質的な仕事**にまとめて割り当てなければならない」，Ⓑ「その場合，**具体的に**はっきり割り当てなければならない」，Ⓒ「**脱落や重複のないように**割り当てなければならない」，Ⓓ「**特定個人**に明確に割り当てなければならない」，Ⓔ「**適量**を割り当てなければならない」，ということである。

② この原則のいわんとするところ，とくにⒶは，Ⅰ・Ⅱ・Ⅲ・Ⅳのそれぞれの等級レベルの単位業務（同質的ではなく異なるレベルの単位業務）で1つの職務を構成して部下に割り当てることは誤りである―なぜならば，この1つの職務を完遂するためにはⅣ等級の能力が必要になるが，この能力の保有者にⅠ・Ⅱ・Ⅲ等級レベルの業務をやらせるのは能力の無駄使いになるから―ということである。Ⅳ等級レベルの同質的な単位業務をまとめてⅣ等級の能力のある部下に割り当てなければならな

い。Ⓑ〜Ⓔは，Ⓐを基本原則とした上での留意点である。
③　この原則の「運用」にあたっては，まず**わが国では，職務範囲が欧米と異なって，概して不明確な場合が多いこと**を考慮に入れておかなければならない。

　欧米のように「職務ごとに労働の需給に応じて企業間を労働力が比較的自由に移動する」横断的労働市場が形成され，職務に応じて給与が定められる職務給体系が成立している世界では，職務（分業単位）の合理的設定は当然のことであって，たとえば，原則Ⓐのように同質的な仕事をまとめず，異質の仕事が混在した形で職務をまとめると，職務中の困難度の高い仕事にひきずられて職務等級が高くなり，高い職務給を支払わなければならなくなり，不合理となる。また，ⒹⒺのように職務の要求する能力（J）と担当者の能力（A）のバランスがとられなければならないのも，職務給の世界では当然である。もしJ＞Aとなれば，Jで給与を決めるから，企業にとって損であり，J＝Aとなるような従業員を採用し，J＞Aであるような従業員は解雇することになる。J＜Aとなれば，その従業員は能力以下の給与しか得られないから損なので，J＝AとなるJを求めて転職する。このように**欧米では，「同質的な職務割り当て」が実現されやすい経営構造**になっている。

　ところが，わが国のように「新規学卒で入社し定年退職まで同一企業に勤続する」終身雇用慣習が強く，労働市場が封鎖的であり，かつ，処遇も能力を基本としつつ年功も加味して決められる世界では，この組織原則の文字どおりの適用はなかなか困難である。わが国では，J≧Aのような場合でも，J＝Aとなるような「働き」が，労働市場からいって乏しい。そこで，職務範囲が担当者の能力によって広くなったり狭くなったりして，分業単位設定の合理性からだけでは割り切れなくなり，かつ，適材適所の配置が100％は貫かれにくい（終身雇用であるから，単純に解雇―中途採用をやるわけにはいかない）。

　しかし，**これからの日本の企業では，高賃金化の下で，賃金のコスト**

パフォーマンスを高めるためにも，極力，職務範囲，責任権限を明確にし，その遂行度を基本に処遇を決定するあり方が求められよう。

　以上のような事情をふまえつつも，日本の企業といえどもIV等級能力の保有者に，Ⅰ～Ⅲレベルの単位業務を混在させるような，**非同質的職務割り当ては人の能力の無駄使い**であり，極力回避すべきである。しかしまた，日本では，欧米とは異なり，勤続にともなう能力向上・育成の必要があるから，IV等級能力保有者は将来V等級にあげていかなければならない。それをやるためには，**IV等級レベルの単位業務にV等級レベルの単位業務を付加し，OJTで育成する必要**がでてくるのである。

　すなわち，**下方混在型の非同質的職務割り当ては日本でも極力回避すべき**だが，**上方混在型の非同質的職務割り当ては，OJT育成上むしろ行わなければならない**。

　その意味で，部下に仕事を割り当てる際，同質的職務割り当ては基本であるが，100％これだけですむというものではない。

5-2-4　「権限の委譲」の原則

① この原則は，Ⓐ「**仕事をさせるためには，必要な権限を与えなければならない**」こと，Ⓑ「**部下が創意を発揮しうるような機会を与えなければならない**」こと，Ⓒ「**委譲すべき権限の性質と範囲には限界がある**」こと，を具体的な内容としている。

② 組織は分業と協業の体系である。もともと1人でやっていたことを分業化したほうが，習熟度も早まり，全体の達成の効率もよくなるので，元来は1人の人間に属していた職務ならびに職務遂行のための権限を分割して，いく人かの人間に割り当てたのである。これが基本的にいって「権限の委譲」が必要な理由である（このことを述べたのが，この原則のⒶの部分である）。仕事をやらせる以上は，それを行いうる権限を与えなければならない。コピーをとれと命ずるからには，コピーの機械を

使ってよいという権限を与えなければならないということは誰が考えても当然である。しかしたとえばライン管理者に利益責任をとれという仕事の与え方をした場合には，投入費用をコントロールできる権限を与えなければならないはずだが，このあたりになってくると「権限の委譲」が少々あいまいになってくる場合が多い。上位職ほど仕事をめぐる責任・権限はしっかり設定しなければならない。

③　ⒷⒸは主として育成上の観点から権限を委譲する場合について述べている。「権限の委譲」に関しては，留意すべき点がいくつかある。

《第一》に，「**権限の委譲」と「権限の放棄」は区別されなければならない**ということである。

たとえば，課長は部長から委譲された権限の一部を係長に委譲するという形で分業が成り立っている。この場合，課長は部長に対して，係長に委譲した権限をも含めて責任を負う。したがって課長は，係長に**委譲した権限に対して，「指導・監督」の責任・権限は残る**（係長の側からいえば「報告の義務」が生ずる）のである。**指導・監督を行わず，報告を義務づけることもしないのは「権限の放棄」であり，「権限の委譲」ではない。**

《第二》に，だからといって，**過剰に指導・監督し報告を過度に求めると，実質的に「権限の委譲」がなされていないに等しくなる**ことに注意しなければならない。権限が委譲されているということは，委譲された職務に関し，「**部下の権限で自主的に意思決定を成しうること**」である（この場合でも，結果報告の責任はもちろんある）。

ところが，いったん権限を委譲しながら，**過剰に指導・監督したり，過度に報告を求めたりすると，部下は逆に「自ら意思決定」しようとせず，つねに事前に上司に「伺い」を立てるようになる。**これでは実質的には，委譲されたはずの権限が，とりあげられたことになる。

また，部下が委譲された権限に属する職務の意思決定に関し，上司に「**伺い」を立てるようなときも，上司はすぐに「答え」を出すことは極**

力さしひかえ，できうるだけ「自主的に意思決定をする」習慣をつけさせるように訓練しなければならない。

　これが，「権限の委譲」の原則Ⓑのいわんとするところである。

《第三》に，「権限の委譲」の原則Ⓒにいうとおり，**権限の委譲にあたっては，部下の能力をよくふまえなければならない**。あまりに重すぎる権限を委譲すれば，部下はその重圧の前に押しつぶされてしまう。

　第二，第三に述べた点については，「権限の委譲」が分業と協業の体系における当然の要件というだけではなく，部下により高い仕事を与え，その能力を高めるという**「教育的効果」をも目的としている**ことに留意しておく必要がある。

　以上が，組織の運用にあたってふまえるべき，4つの原則と留意点である。

5-3　組織の型

　5-2で検討した組織原則ならびに運用上の留意点は，直接には組織の原型となる「ライン組織」と呼ばれる組織にあてはまるものである。しかし，**今日の組織は，ライン組織を原型としつつ，「ライン-スタッフ組織」を基本とする**ものになっている。このような組織では，5-2で検討した組織原則だけでなく，ラインとスタッフの関係の組織上の原則，運用上の留意点をも正しく把握することが必要となってくる。このような検討を進めるために，まず本節では，「組織の型」についての整理，すなわち，「ライン組織」と「ライン-スタッフ組織」に関する整理を行う。

5-3-1　「ライン組織」

　あらゆる組織の原型となるのは1本の指揮命令系統（ライン）が末端まで

貫かれる「ライン組織」である。この原型はまた，企業組織の発生上の出発点でもある。

企業組織は，1人で仕事を行うより，これを分割し，分業単位に分け，それを協業として統合したほうが，効率上はるかに有利であるという認識にもとづくものである。

また，従来は1人の職人が始めから終わりまでやっていた労働を，いくつかの工程に分け，それを結合して，効率をあげたところに近代企業組織の発生があった。事実，初期資本主義の企業組織は単純で，資本家＝経営者のもとに職長を兼ねた熟練工が10～15人くらいおり，それらの熟練工が7～8人の単純作業補助者を使うという形であった。

その意味で，組織の原型・出発点は，1本の指令系統が末端まで貫かれるピラミッド型の分業と協業の編成であり，このような組織がライン組織と呼ばれる（図表5-2参照）。

図表5-2　ライン組織

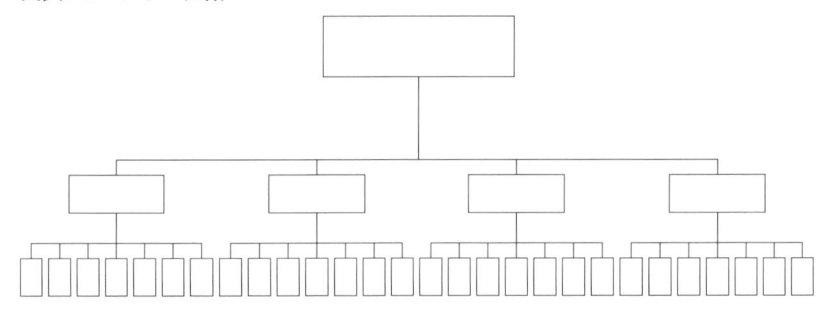

このライン組織は，先に検討した組織原則どおり，「同質的な職務割り当て」と「権限の委譲」によって分業が形成され，「統制の限界」にもとづいて指揮・命令者（管理者）が設定され，「指令系統の統一」の原則のみにしたがって，分業と協業の体系として運用されるものである。

このような「**ライン組織**」は，今日の複雑な企業組織でも，それが分業と協業の体系として設定されているという意味では，**組織の基本として存在し**

ている。また，今日でも，小規模な企業には，ライン組織だけで成り立っているものもある（このような企業は，近代企業の発生期の名残りをとどめているわけである）。

5-3-2 「ライン-スタッフ組織」

企業規模が大きくなり，企業活動が複雑になってくると，単純な指示・命令だけで組織を運用することが困難となり，**適切な指示・命令が行われるためには，その指示・命令の内容をよく研究し，適切な命令を準備することがどうしても必要となってくる。**

また，その指示・命令にしたがってラインが活動するとき，その活動方法をより効果的にするために，専門的に研究している参謀の「勧告・助言」があれば，ラインはより効率的に活動できるはずである。

このように，**指令系統（ライン）に即して，適切な指令が行われるために「勧告・助言」を行う機能を果たすものが「スタッフ」**である。**近代企業は，「ライン-スタッフ組織」を基本とする**（図表5-3参照）。

そもそも組織原則は，軍事組織（軍隊）において意識され，かつ，自覚的に運用されてきたものである。軍隊では，生死を賭けた戦闘の際に，大集団が統一的な意思の下に行動しなければならず，指令系統の混乱は，組織された軍隊を烏合の衆と化し，戦闘の敗北を意味したからである。軍隊では，指令系統の統一の原則は，みごとに訓練され，かつ，運用されている。

図表5-3 ライン-スタッフ組織

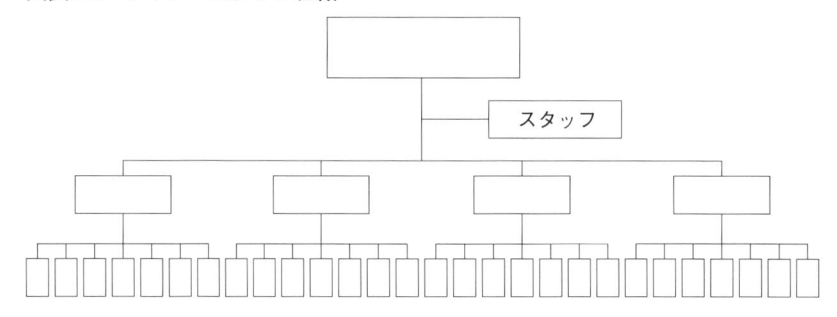

ところで，「ライン-スタッフ組織」が，自覚的に運用されたのもまた**軍事組織**においてであった。昔の軍隊は，大将の指揮下で全軍が動くという単純な「ライン組織」であった。18世紀以降の兵器の発達，市民革命を契機とした義務兵役制と，大軍隊の出現により，戦闘の指揮・命令は，きわめて高度かつ複雑となった。このような時代に生まれたのが「参謀」である。参謀は，ライン長が適切な指揮・命令を行いうるよう作戦を企画・立案し，これを勧告・助言する。この「参謀」のスタッフ機能により，近代軍隊のライン組織は，適切に行動をとりえたのである。

　企業も，19世紀後半の第二次技術革新（電機・鉄鋼・有機化学技術の成立，内燃機関の実用化，石油のエネルギー源としての利用などの技術革新）を契機とした**技術の高度化，**ならびに**大規模企業**（いわゆるビッグ・ビジネス）の成立による企業の指揮の複雑化と高度化を基礎に，「ライン-スタッフ組織」を形成してきた。

　以上のように，「ライン組織」が単純に，1本の指令系統が末端まで貫かれることによってだけ成り立つ組織であるのに対し，「ライン-スタッフ組織」は，ラインの指令が適切に行われるよう勧告・助言する機能をもった組織ということができる。**「ライン」とは，指揮・命令（指令）の系統であり，「スタッフ」とは，勧告・助言の機能の担い手をいう。**

　場合によっては，ライン-スタッフを**より職能的・実体的にとらえて，「直接の付加価値生産部門（すなわち，製造と販売部門）」を「ライン」と呼び，それ以外の部門を「スタッフ」と呼ぶ場合もある。**しかし，ライン-スタッフは，原則的には，組織論上の観点から，すなわち，指揮命令機能と勧告・助言機能の区別という観点から区分されるべきであろう。

　上記の「ライン組織」「ライン-スタッフ組織」のほかに，組織の型として「ファンクショナル組織」があげられることがある。「ファンクショナル組織」とは，**同一職務（機能）内の職務（機能）要素ごとに，別々の系統から**

図表5-4　ファンクショナル組織

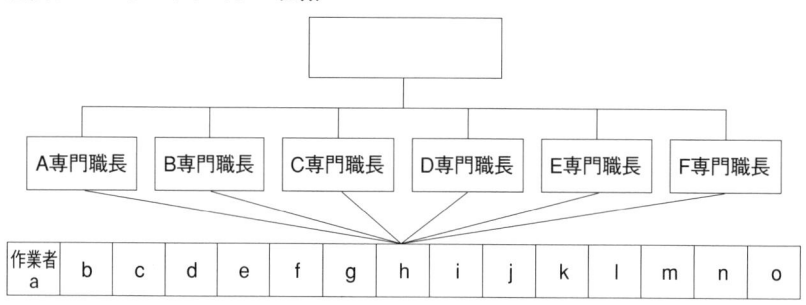

	A専門職長	B専門職長	C専門職長	D専門職長	E専門職長	F専門職長

| 作業者 a | b | c | d | e | f | g | h | i | j | k | l | m | n | o |

指令が下される形で編成された組織である（図表5-4参照）。このような組織はF.W.テーラーによって提唱されたもので，ライン末端の作業職務を単純化し，判断業務の諸要素を独立させようとした意図にもとづくものである。

このような組織では，工場長の下に，たとえば，工程計画，準備，日程，製作，検査といった職能ごとの職長をおき，それぞれの職長が，担当職能ごとに，ライン末端に指令を下す形がとられる。この組織では，工程，準備，製造，検査などの機能を専門の職長に指導させることにより，職長はその専門につき早く高度に熟達しうるはずであり，そのため，作業者に従来以上に適切な「指示」「命令」が出されることが期待されたのである。

ところが，この組織方法は，**「指令系統の統一」の原則に反する組織**であり，**運用上の難点が多く**，ほとんど使われていない。

5-3-3　プロジェクト・チーム

企業の「日常業務」は，ライン-スタッフ組織を通じて遂行されるが，経営のなかで，戦略的課題の遂行が重要性を増すにつれて，**「短期間で特定テーマを遂行するための組織」を機動的に編成する必要性**が生じてきた。これが**「プロジェクト・チーム」**である。

「プロジェクト・チーム」方式には，次のような特徴がある。

① **特定テーマを遂行**するために編成される。
② **一定の期間**を区切って編成される。

第5章●組織の運用　107

③　プロジェクト・メンバーは，「**兼任**」の形をとることが多い。

「プロジェクト・チーム」方式は，より具体的にいえば，大略，**次のような場合に編成される。**
　①　**研究・開発部門**のように，特定テーマを遂行するために，組織を，機動的・弾力的に編成する必要がある場合……研究・開発部門などでは，追求するテーマごとに，いくつかのプロジェクトが編成され，テーマ完了とともに新しいテーマの遂行のために，新たにプロジェクトが編成される。ある場合には，1人のスタッフが，複数のプロジェクトに関与することもある。
　②　**長期経営計画策定委員会**のように，企画スタッフを中心としながら，ライン長にスタッフ機能を兼務させてチームを編成する場合（戦略的な全社課題，部門間にまたがる戦略的課題などの企画立案に，関係ライン長を動員する場合）……日本の企業では，一般に，ライン長にトップの補佐機能（トップのゼネラル・スタッフ機能）が期待されるから，長期経営計画などの策定の際には，ライン長を関与させるのがふつうである。このような場合，ライン長は，特定期間，プロジェクト・チームの一員を「兼務」することになる。

「プロジェクト・チーム」では多くの場合，プロジェクト・メンバーは，兼務体制になる。たとえば，研究・開発の2つのチームに同時に参加したり，ライン長がプロジェクト・メンバーをも兼ねる，といった形である。ライン長がプロジェクト・メンバーを兼ねる形を考えてみると，これは，「**指令系統の統一の原則**」からはずれることとなる。なぜならば，ライン長は，
　①　ライン長としては，直属上司の指示・命令を受け，
　②　プロジェクト・メンバーとしては，プロジェクト・リーダーの指示・命令を受ける，
ことになるからである。
　「指令系統の統一の原則」が必要であったのは，これがなければ，指示・

命令が重複し，組織が混乱するおそれがあるからであった。**もし，指示・命令を受けとる側の能力が高く，指示が重複しても，正しく優先順位が判断できれば，「指令系統の統一の原則」からはずれた組織の設定・運用をはかっても，混乱は生じないはずである。**

「プロジェクト・チーム」を編成する場合，プロジェクト・メンバーに期待されているのは，実は，この点なのである。長期経営計画策定プロジェクトなどで，よくライン長から，「日常業務に追われて，プロジェクトの仕事ができない」などという発言を聞くことがあるが，このような「泣き言」をいうようでは，プロジェクト・メンバーとして失格である。**プロジェクト・メンバーには，兼務をこなし，重複した指示をこなすだけの「能力」が求められているのである**^(*)。

(*) このような「指令系統の統一の原則」に反した組織編成が可能であることをもって，一部の行動科学者には，「指令系統の統一の原則」が「古い」，「前近代的である」と主張する向きがある。しかし，これは適切でない。「プロジェクト・チーム」方式で，組織が混乱をきたさないのは，プロジェクト・メンバーの「高い能力」が前提とされているからである。一般の組織構成員に，プロジェクト・メンバー並みの「高い能力」を期待するのは「理想」であっても「現実」ではない。このような点で，「最新」の主張には留意が必要である。

なお，プロジェクト・チームは，特定テーマを遂行するための機動的な組織であるから，**「期間をかぎる」**のが原則である。会社によっては，このあたりの運用があいまいで，いつまでもズルズルとプロジェクト・チームを存続させている場合があるが，これは妥当ではない。プロジェクト・チームの使命は，戦略的なテーマの企画・立案・遂行にある。戦略的課題が実行され，軌道に乗れば，ラインの日常業務にひきわたすべきであって，プロジェクト・チームが日常業務に流れるようでは，プロジェクトを編成する意義はなくなる。

第5章●組織の運用　109

5-3-4 事業部組織

　企業組織は，ライン組織→ライン-スタッフ組織，という形で発展してきたのであるが，**近代企業組織の最も発展した形が**「**事業部組織**」である。

　「事業部組織」では，企業組織の複合体が企業全体の組織である形となり，**多数のライン-スタッフ組織の結合体**が企業全体の組織となる。

　このような「事業部組織」は，**以下のような事情の下に生まれてきた**。

　①　企業が発展してくるにつれ，**製品ラインが，単一のものから，多様化**してくる。製品ラインが多様化すれば，顧客層も競合条件も質的に異なったものになってくる。これを，従来のような単一型のライン-スタッフ組織で遂行すると，異なった顧客・競争条件をもった別個の製品ラインを，同一の開発部門，製品部門，販売部門で扱うことになり，マーケティング上大きな失敗を招くことになる（製品ラインが違えば，違った思考のもとで，開発・製造・販売を行わなければならないからである）。

　そこで，顧客層，競争条件の質的な違いをもった製品ラインごとに，事業部を編成し，1人の事業部長の下に，製造・販売（場合によっては開発・改良を含む）を統合して，マーケティング責任を負わせる必要が生じてくる。

　②　企業組織が大規模化するにつれて，企業の基本単位のコントロールがむずかしくなる。これに対し，「事業部制」をとり，「事業部」に「**独立採算制度**」を設定して採算責任を与えれば，コントロールが容易になる。

　③　マーケティング責任を負った独立採算単位としての「事業部」を設定すれば，いわば会社のなかに会社がある形になり，事業部長は，事業部門では「社長」に近い権限をもち，またその能力が要求される。したがって，**トップ人材を育成**するという困難な課題の解決のためにも，「事業部組織」が有効である。

　ただし，事業部組織は，別会社をつくるということとは根本的に異なる。事業部組織の設定は，独立のマーケティング責任をもった採算単位を設定す

るということであって，あくまでも企業としては，**統一的な意思のもとに，運営されなければならない**。したがって，事業部組織においては，**本社の統合機能が決定的に重要**である。本社の統合機能には，通常，下記の諸機能があげられる。

① **戦略の企画立案統制機能**（通常，「企画室」というような形で組織化される）……ここでは，各事業分野の戦略的なコントロールを行い，各事業部の方向づけ，予算設定などを行う。

② **財務機能**（通常，「財務部」といった形で組織化される）……全社的な資金の調達・運用を行う。

③ **人事機能**（「人事部」として組織化される）……とくにわが国の企業では，終身雇用の慣行のために，採用は戦略的重要性をもっているので，採用は，本社機能となることが多い。また，処遇のシステムの設定・運用も，同一企業であるので同一システムをとることが原則であり，これも本社機能となる。

以上のような，本社の統合機能が確立されていなければ，「分権」化ならぬ，事業部「独立王国化」が生じ，企業としての「統合力」が生きないことになるので，留意が必要である（事業部組織について図表5-5参照）。

図表5-5　事業部組織

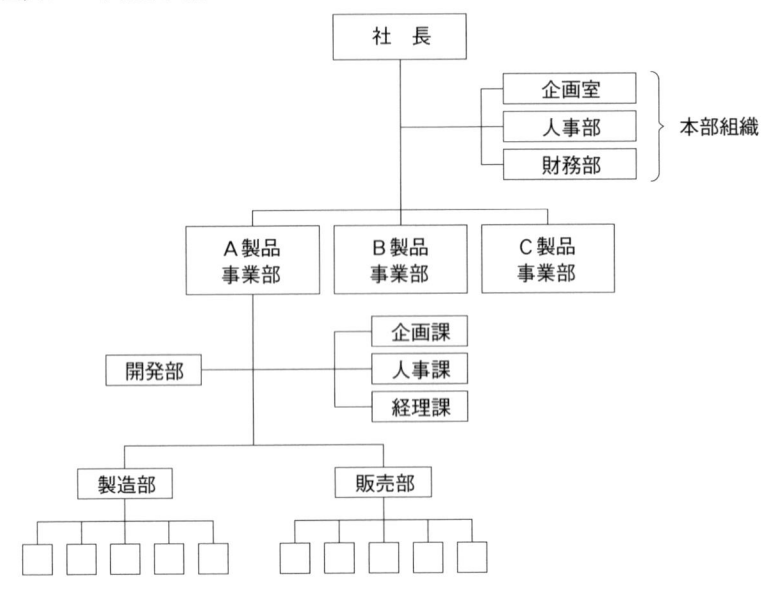

```
                    社　長
                      │
                      ├──── 企画室  ┐
                      ├──── 人事部  ├ 本部組織
                      ├──── 財務部  ┘
                      │
        ┌─────────────┼─────────────┐
     A製品          B製品          C製品
     事業部         事業部         事業部
        │
        ├──────────── 企画課
    開発部 ──────── 人事課
        │            経理課
        │
    ┌───┴───┐
  製造部   販売部
  □□□□□ □□□□□
```

　なお，本節のしめくくりとして，「**組織図の書き方**」をまとめておいたので，参照されたい。

組織図の書き方要領

① 一般の組織は四階層くらいを書く。中心となる階層から上に一階層，下に二階層を記載するのが適当である。
② 中心となる階層は，一番大きく，長四角で表わし，順次階層が下がるにしたがって長四角を小さくしていく。ただし，中心となる階層のすぐ上の階層は，中心となる階層よりもやや小さめの長四角とする。
③ 等位にある階層は同じ大きさ，同じ水平面に併記する。
④ 一番下の階層は並列しないで，縦にならべて書く。
⑤ スタッフ（研究・企画系統）は通常図の右上にまとめて書く。
この際，ライン（作業実行系統）の階層と等位にあたるものは，おのおの同じ大きさの長四角で表さなければならない。
⑥ 命令機能は実線で表す。技術的な監督関係，サービス提供関係，協調関係は点線で表すが，通常表記しない。
　技術的な監督関係では，書面による命令または規則の裏づけを必要とするのが通例である。
⑦ 長四角の底辺と右側の線を太くするのは，組織図を魅力的にひきたてるためである。
⑧ 組織図の種類
　(1) 部，課，組織図
　　　局，部；局，部，課；部，課，係といった表し方であるが，簡素で実用に供されることが多い。
　　　必要によっては，該当する長四角のなかに，所属人名を記入することがある。
　(2) 職位組織図
　　　部，課の名称は使用しないで，職種・職名を記入する。人名を入れることもある（最も一般に用いられる）。
　(3) 機能組織図
　　　部，課，あるいは，機構員各自の主要職務を示すのが目的である。したがって，長四角は大きなものとなり，図そのものが大きなものとなる。

図表5-6　職位組織図の一例（某社大阪支店の組織図）

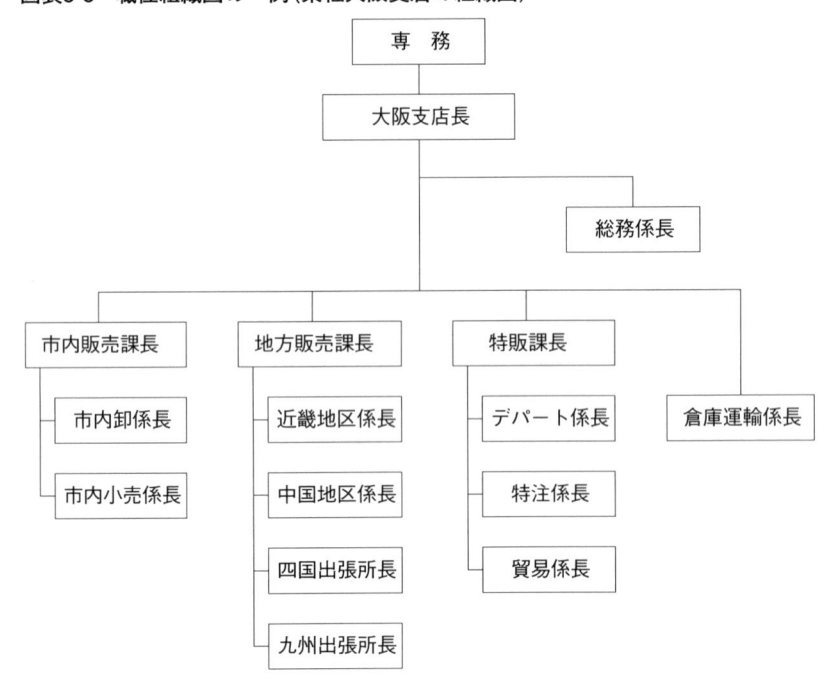

```
                    専　務
                      │
                  大阪支店長
                      │
                      ├──────────── 総務係長
                      │
      ┌───────┬───────┼───────┬───────┐
   市内販売課長  地方販売課長  特販課長        倉庫運輸係長
      │          │          │
   ├市内卸係長  ├近畿地区係長 ├デパート係長
   │          │          │
   └市内小売係長 ├中国地区係長 ├特注係長
              │          │
              ├四国出張所長 └貿易係長
              │
              └九州出張所長
```

5-4　ラインとスタッフ

《ライン-スタッフと組織原則》

　5-3でみたように，スタッフはラインの指揮・命令が適正に行われるよう勧告・助言する機能をもつ。したがって**原則として，スタッフがラインに対し，指揮・命令することはできない**。これは，「指令系統の統一」という原則のためである。

　例外として，ライン長LのスタッフSは，Lの部下に対してLの特定の機能を代行して，Lの部下に指令を下すことができる（軍隊式にいえば「依命伝達」である）。たとえば人事部長が，社長の「人事」に関する権限を代行する形で，ラインに一定の手順にしたがい人事考課を行ってこれを提出する

よう指令するような場合，がそれである。この場合も，このような事項に関してスタッフが例外的に指令を下しうることが，ライン長（この場合は，社長）とその部下（この場合は，各部長）に，了解されていることが必要である。

《スタッフの武器は説得力》
　ところで，スタッフは，ラインに「指揮」・「命令」することはできず，「勧告」・「助言」を行うのみであった。すなわち，勧告・助言を受け入れ，実行するか否かは，ラインの判断によっている。**しかしこのことは，スタッフは勧告・助言さえしていればよく，それが実行されるか否かはラインしだいだということを，意味するものではない。**
　《第一》に，スタッフの勧告・助言は，ラインで実行されてもされなくとも，よいようなものではありえず，それなくしてはラインの指示・命令が適切に行われないものなのである。各ライン長が多忙のなか，あれこれ考えている以上のすぐれた「案」を，スタッフは専門的に研究し，立案しているはずである（でなければ，スタッフなどつくらないはずである）。その意味でスタッフは，すぐれた「案」を企画・立案する「責任」があり，**自らの「勧告」・「助言」の内容には，当然，全責任を負うべきもの**である。
　《第二》に，スタッフは，それなくしてはラインの指示・命令は適切に行われないという確信の下に，**自らの勧告・助言をラインに受け入れさせ実行させるために，強力な説得を行うべきである**。ラインが実行しないスタッフの勧告・助言は空文にすぎず，勧告・助言のために費やした時間や費用は，まったくの空費となる。**スタッフは，自らの企画力と説得力を武器として，ラインを動かす能力をもたなければならないのである。**

《ラインはスタッフを活用すること》
　反面，ラインはスタッフを正しく活用できる力をもつ必要がある。世の管理者のなかには，自らの職務はもっぱら「仕事の管理」だけであって，「部

下の教育指導」は人事スタッフが考えるべきことであり,「仕事の改善」はIEスタッフや,生産技術スタッフが行うべきことと誤解している人も少なからずある。これは誤りであって,管理者の管理職務には,「部下の教育指導」「仕事の改善」が不可欠の部分として含まれる。ラインがスタッフに援助を求めるのは,これらの管理職務遂行上の専門知識・技能を要する部分についてである。このような部分に関しては,ラインは,積極的にスタッフを活用して,高度なラインの達成目標を必達しなければならない。

以上が,「ライン-スタッフ組織」を前提にした組織原則,ならびに,運用上の留意点に対して追加されるべき諸点である。

5-5 組織の合理性と日本的経営

5-1から5-4まで検討してきたところは,「分業と協業の体系」としての組織の「合理的設定と運用」に関する諸原則および留意点であった。注意すべきことは**日本的経営,すなわち,終身雇用を前提とし,基盤とした経営では,組織の合理性が貫かれにくい事情が働く**ということである（これに関する事柄は,5-2で一部検討を加えた。すなわち,4つの組織原則のうち第三のもの――「同質的な職務の割り当て」の原則は,解雇・中途採用が慣行上制限されている終身雇用の社会では,文字どおりには実現しにくいことをわれわれは検討したのであった）。

日本の人事管理においては,ある人を正当に処遇するという場合に,職務遂行能力を基本とし,それに見合った適切な「賃金」を支払う,というだけでは十分ではない。その人の能力に見合った,**適切な「序列」に位置づけ,それとともに適切な「賃金」を支払うということでなければ,処遇として十分でない**のである。

そして,これまでの**日本企業では,この「序列構成」が,「分業と協業の

体系」たる「組織構成」と同一視されてきたのであった。部長は課長よりも「えらく」，課長は係長よりも「えらい」といった意識に典型的に見られるように，組織構成上の上下を，序列構成上の上下と同一視し，組織構成上の上位に位置づけることをもって昇進とし，処遇するという考え方が強かったのである。

ところで「組織構成」は，「分業と協業」という組織原則からいって，必ず下に広くなる「ピラミッド型」の構成をとることになる。

もし，**従業員の「能力構成」**が，単純な職務に従事し能力が低い者が多く，高能力者に従って漸次数が少なくなるという「ピラミッド型」の構成をとっているとすれば，「能力」を基本においた「処遇序列」を「組織構成」でつけるというやり方も，必ずしも不合理とはいえない。

しかし，**企業の従業員の「能力構成」が「ピラミッド型」をとるということは，今日の企業にとって望ましいこととは全然いえないし，企業の進歩の方向ともいえない**。従業員の「能力構成」が，「ピラミット型」をとるということは，単純反復業務の従業員が圧倒的に多い**「労働集約型」の企業であることを意味する**。日本が高賃金になり，高学歴が進み高齢化が進むなかでは，「労働集約型」の企業では存続できないことは明らかである。

これからの日本の世界一の高賃金化，さらには高学歴化・高齢化を考えれば，企業に求められる方向は，開発，生産技術，販売，管理などの職務を中心とする知的労働を主体とした「知識集約型経営」にほかならない。従来の企業が，職務構成・能力構成からいって，単純反復業務から高度判断業務に職務の能力レベルがあがるにつれ，その従事者が少なくなるピラミッド型の構成をとっていたとすれば，これからの企業は，単純反復業務を省人化・無人化し，これをゼロへ近づけ，高度判断業務従事者・知的労働者を多数かかえる企業にならなければならないし，また現に，先進的企業では急速にそうなりつつあるといえる（図表5-7参照）。

図表5-7　職務等級別人員構成の変化想定図

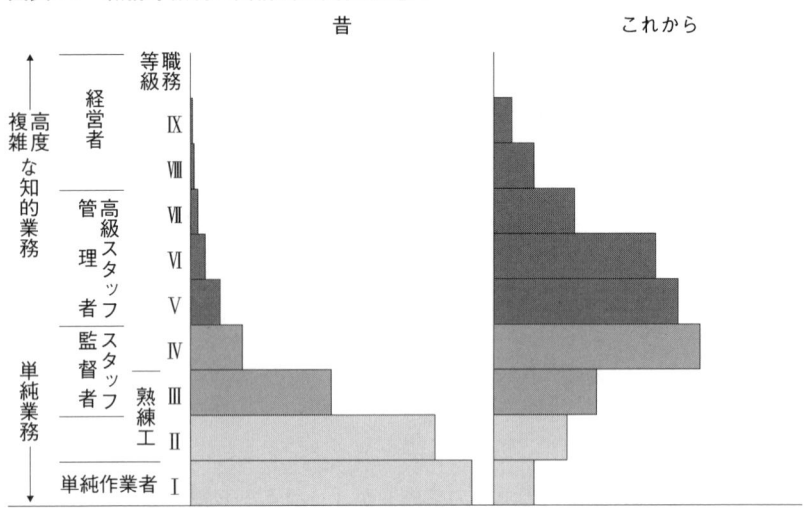

 これからの企業が，中程度以上の高度な職務従事者の多い中ふくらみの「能力構成」をもってくることを考えれば，このような従業員の能力構成に対応した「処遇序列」を，ピラミッド型の「組織構成」でつけることはもはや不可能となる。

 この段階において，なお「組織構成」で「処遇序列」をつけようとすると，組織運用上大きな支障をきたすことになる。「能力構成」が中ふくらみで，「組織構成」＝「処遇序列」はピラミッド型であると，「能力構成」と「処遇序列」に不一致が生じ，能力者の処遇上困難をきたす。すなわち，有能な者でも「役職」につけず，適正な序列で処遇することが困難になる。そこで，この困難を回避するために，組織上の合理的必要性がないのに，「役職」（「管理職」）をふやさざるをえない。かくして，**一部長のもとに一課長というような「分業と協業」の原則に反した組織が生まれたり，課長代理，課長補佐といった組織系統上不明確な役職が乱発され，指令系統が混乱**したりして，組織の能率的・合理的運用が阻害されることになる。

 上記のような事情があるために，日本の企業においては，組織の合理的運

用が阻害されやすい。このような問題が発生するのは，「組織構成」を「処遇序列」としたためである。**本来，「組織構成」を「処遇序列」としなければならないという理由はないのであり，これを分離し，「組織構成」は「組織原則」のもとに合理的に設定し，「処遇序列」は，「組織構成」とは別途に設定することが適切である**。すなわち「処遇序列」は，組織上の役職とは区別された**「資格」**によって**設定し**，「能力」に対応した資格を賦与することで処遇をはかり，「組織構成」は純粋な組織原則上の合理性によって，これを設定することが必要とされるのである。

以上のように，**日本の経営においては，「資格制度」による処遇序列の明確な設定がないと，「組織原則」に即した組織の合理的運用は期し難い**のである。

そして，そのことは，高度成長時代でもそうであったが，今日のように低成長で，しかも，高賃金，高学歴・高齢化社会となり，企業の**「知識集約化」**がますます進行する時代には，なおさらなのである。(*)

(*) 本節のより詳細な解明は，鍵山・太田著『日本型人事管理学大全』を参照されたい。

第6章 計画の立て方

■本章の内容

1 「仕事の管理」における「計画」の重要性
2 「計画」とは何か
3 目的・目標について
4 調査・予測
5 計画の立案
6 全社的計画への参画

6-1 「仕事の管理」における「計画」の重要性

6-1-1 「管理」における「計画」の重要性

　管理とは,「計画(Plan)→実行(Do)→チェック(Check)というサークルを回転させること」である,といった理解のし方が一部にある。これは正確ではない。「**Plan→Do→Check**」は,**人間が,意識的に行動しているかぎり**(**夢遊病でもないかぎり**),**必ずとっている行動パターン**である。たとえば,今日は,出社をいつもより30分早くしなければならないというとき,少し余裕をみていつもより40分早く家を出ようと考える(Plan)。実際行ってみると(Do),ラッシュ時前であったので50分も早く会社についてしまった。そこで,次にはせいぜい20分も前に家を出ればよいのだと考える(Check)。

このように，人間の行動は，意識的であるかぎりは，必ず，「Plan→Do→Check」というサークル（輪）をまわしているのである。

むしろ「管理」に独特のことは，計画（Plan）し，チェック（Check）する人間（管理者）と，実行（Do）する人間（部下）が異なるという点なのである。

すなわち，下の図解のような関係になる。

```
管理者      Plan……Do（指示・命令）……Check（チェック）
                ↘         ↓          ↗
部 下                  Do（実    行）
```

したがって，管理者は，あたかも自らが仕事をするかのように部下に仕事をさせるだけの，しっかりした計画を立てる必要がある。管理者の計画が混乱していたのでは，その指示を受ける部下はいっそう混乱するばかりである。自らが事を行う「作業」であれば，「計画」は自分の頭のなかにだけあればよい。**「管理」では，部下を通じて仕事をするのであるから，部下が効率よく実行できるハッキリした計画をもち，指示を与えなければならない。計画の論理性，体系性が，明確に求められる**ことになるのである。

ここに，「管理」における「計画」の重要性がある。

6-1-2　日本の管理者と「計画」

以上のような意味で，管理者には，計画を立てる力，立案能力が，一般的にいって必要であるが，同時に，日本の管理者においては，担当職務に即した計画力以上の計画力が要求されることを考える必要がある。

すなわち，第1章で検討したとおり，日本の管理者には，「トップの補佐役」としての位置づけがあるから，**全社的な経営計画（短期・長期）への関与が求められる**ことがあるからである。したがって，日本の管理者には，全社的なレベルでの計画に関与できうるだけの計画力が必要とされる。

以上の観点から，本章では，一般的に「計画」とは何かを，広く考えるこ

とをふまえて，計画の立て方を検討し，さらに，全社的計画への参画についても検討を加えることにする。

6-2 「計画」とは何か

　計画とはそもそも何であるか。**計画とは，所期の目的・目標を達成するため，その諸手段を，現在以後の将来へ向かっての時間軸の上に，体系化して構成したものである**，ということができるだろう。

　計画とは何かをイメージし計画の本質を考える上で，PERTを検討することが有意義である。
　PERTとはProgram Evaluation and Review Techniqueの略である。
　1958年ごろ，アメリカは，ソ連の誘導ミサイル技術の優位に危機感をいだき，何とかこれを凌駕する技術開発をすべく必死になっていた。それが**ポラリス・ミサイルの開発**であった。このポラリス・ミサイル開発計画には，きわめて多くの分野の研究開発活動，製造活動などが含まれており，その総数は，数万といわれた。これらの活動は，相互に網の目のように入りくみ，また，順序関係も複雑であった。そのため海軍は，コンサルタント・チームを編成して，その諸活動の日程を計画し，進行を管理することにした。そこで開発されたのが，PERTという合理的で，きわめて機能的な日程計画法であった。
　その後，この手法は，新規プロジェクト（量産または繰り返しタイプの仕事と異なる）の計画や実施において，その諸問題を科学的に解決していくために，幅広く活用されるようになってきている。
　それらのプロジェクトは，大は国家的な事業から，小はオフィスの改造に至るまで多様である。その共通点は「**現在から将来にわたって行動を起こす場合，その行動には，人員，資材，費用，機械，方法がともない，また，不**

確定な要素も含まれている」という点にある。これを調和的に，しかも，**最少期間**で，**最少コスト**で完成するように計画し，計画どおりに統制していくのに，PERTの手法が有効なのである。

　PERTでは，個々の作業を矢線（アロー）で表す。その順序関係を織り込んで，全工程をアロー・ダイヤグラム（矢線図）で作成する。次に，各アローの所要日数を見積もり，全体工期を計算する。その結果，クリティカル・パス（Critical Path）──最も時間のかかる問題の道すじ──が明らかになる。
　次に，PERT図例をあげる。

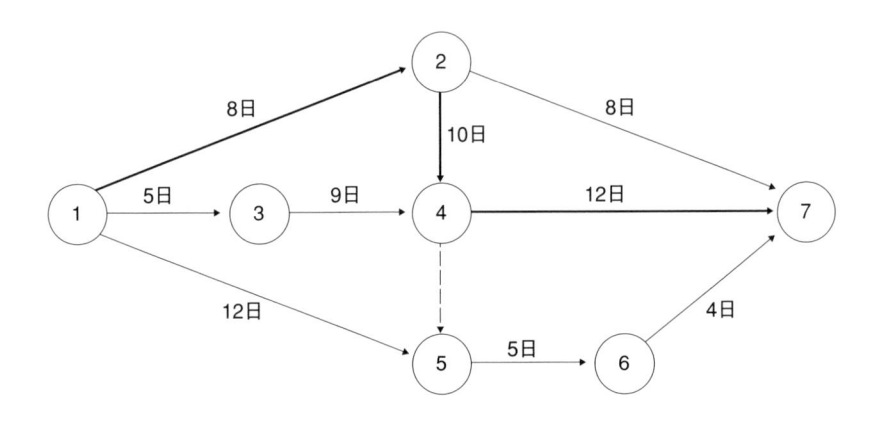

　上図で，矢印をアクティビティといい，要素作業を示す。丸を，イベントといい，要素作業の区分点であり，結合点である。丸の数字は，作業区分の通し番号である。矢印上の数字は，作業の所要日数（時間）である。破線（点線）は，ダミーといい，作業そのものではなく，順序関係を示している。太線は，前述のクリティカル・パスを示している。
　計画は，管理者の管理行動の武器となるものである。とくに，非定常的で，新規のプロジェクトの管理が，最もむずかしい。すなわち，目的の設定も，また，そのための方策の決定，および，方策どおりに諸資源を投入し，

進捗をはかることも，繰り返し性の高いものよりもむずかしい。計画とは，このような管理活動を行っていく上で，「**その実施に先立って，最少期間，最少コストで目的が達成できるように，各種の作業の組み合せを，現在以後の将来の時間帯のなかに，体系的に順序立てて構成したもの**」であり，「**その計画どおりに実施していく過程で，その進捗をチェックし，管理行動をとる手掛かりを与え，そして，内外条件の変化に応じて，当初計画を修正していく**」ために作成するものである。

この意味で，PERTは，まさに，計画の最も本質的な性格をよく表しているといえるのである。

6-3　目的・目標について

6-3-1　目標とは原則として必要最小水準の設定である

計画とはPERTにイメージされるように，「所期の目的・目標を達成するための諸手段を時間軸の上に組み立てたものである」とすれば，**そもそも計画の出発点はまず目的・目標の設定**である。

企業は，不断の生産性向上を追求し，改善・改革を推進する。一般に自由競争の下では，現状維持志向は維持ではなく退歩につながる。これが，われわれの自由経済の進歩向上の原動力である。

したがって，**企業の目標は原則として，現状維持ではなく，より高い目標，革新的・挑戦的目標でなければならない。**

企業が分業と協業の体系であり，管理者はその結節点に立つものであることをふまえれば，管理者にとっての目的・目標は，上位目的・目標の正しい理解を前提とし，その担当分業単位における具体化・細分化として存在する。

したがって，**全社目的・目標を正しく理解することが，管理者としての目

標設定の大前提となる。

　管理者が年度の自らのセクションの目標を設定し，計画を立案するとき，その目標は全社目標の達成に貢献すべきものであることは当然であり，担当セクションの目標が全社目標とは別の次元で設定されることはありえない。目標は結局のところ，全社的視点からのみ設定され，正当化されるものである。

　管理者のなかには，しばしば見積りと目標ー計画をはきちがえている人がいるのは，大いに問題とすべきことである。

　たとえば，業界の大勢の動向からいって，10％増益の必達が全社の必要水準の目標として設定され，各セクションごとの環境条件は考慮するとして，これに準拠する目標設定が求められたとする。

　現状で考えて，1年間にかくかくの手段をとれば，このくらいの結果になる。それが5％の増益水準であったとしよう ── これは現状で考えた見積りである。その見積り結果は，全社的観点での目標水準をクリアーしていない。だからどうなのか？──道は2つある。

　1つは，現状で目標を達成する手段が考えつかないから，目標が切り下げられるべきであると考える。

　もう1つは，**見積りをベースに目標とのギャップをうめるための課題を設定し，1年間の尺度で考えつづけて達成を追求する。**

　前者が全社目標への貢献の放棄であることは明白であり，後者の道が選択されなければならない（ここでは特定のセクションが非常に困難な環境条件に直面していて，全社ターゲットのクリアーがどう考えてもむずかしいというような特殊ケースを問題にしているのではない。あくまで発想・考え方を問題にしているのである）。

　計画設定の前提となる目標設定は，あくまで全社の必要性によって設定される。もちろん，**必要性は単なる願望であってはならない**。先ほどの例でいえば，100％増益が10％増益より望ましいことは自明である。だからといっ

て，とても達成しえない非現実的な目標を設定しても，そもそも誰も挑戦しようとはしないし（これでは目標の意味がなくなる），仮に挑戦したとしても，**結果は未達で敗北感が残るだけ**のことになる。それゆえ，目標設定にあたっては，現実性が考慮されなければならない。しかしまた，現実性は少なくとも必要水準をクリアーしなければ，そもそも目標とはいえない（なぜなら，それを達成したところで必要な結果は得られないから）。

そこで，結論は何かといえば，**目標は必要最小限ライン，ミニマム・エッセンシャルズで設定されるべきである**，ということである。

このように考えた場合，通常，目標・設定時点で目標達成の手段がすべて設定しきれるということはないであろう。むしろそれが当然であり，手段がすべて設定しきれるのであれば，計画設定時にのみ頭を使い，あとは頭をカラにして実行するのみという奇怪な想定になってしまう。

これでは，「計画」とは，「手取り足取りの『解答集』であり，これができたら，あとは何も考えずに，ただ，そのとおりやれば，容易に目標は『達成』できる」と考えているに等しい。

ところが，そもそも将来のことを，現時点で，全部見とおして決めてしまうことは，人間にできるはずはない。

よい「計画」とは，将来の条件の多少の変化のなかで，さらによい手段の検討を含めて，これをガイドしうる「道案内」である。すなわち，このことに盛られていることを「実現」できれば，必ず「目的」に「到達」できるという「問題集」なのである。

よい「計画」とは，たとえていえば，「この問題集が十分解けるようになれば，合格まちがいなし」と保証できるような，よい「問題集」のようなものである。

6-3-2 小目標は改善を促進し，大目標は改革を促進する

一般に，現状＋αの目標を設定すると，現状の大枠の構造を前提とし，小

改善を累積させる方向になる。

　飛躍的な目標を設定すると，現状の大枠の構造そのものを検討の対象とせざるをえなくなり，改革を促進する。

　目標設定にあたっては，このような点も考慮しなければならない。目標は原則として，ミニマム・エッセンシャルズで設定するが，こればかりにこだわると小改善累積志向になり，改革を阻害する危険性があることも知らなければならない。

　具体的な例で以上を考えてみよう。一般に苦境に陥った会社などでは，この苦境が何とか少しでもよくならないかと考え，その具体的実現可能な「方法」はないか，と「方法」ばかり考える傾向がある。

　水深10mの底で死ぬのも，水深2mまで浮上してそこで息絶えて死ぬのも死ぬことに変わりはない。問題は浮上して「生きる」ことである（「黒字」にすることである）。

　〔図A〕で見ると，

①の発想は，現在の苦境から一歩でもはい出すことを事実上の目標とし，そのための「方法」はないかと考える発想法であり，

②の発想法では，水面にあがった状態はどんな状態か（正しい到達目標）をまず明確にし，それと現在とのギャップを測定し，そのギャップを克服できる「方法」を考える発想である。

　①と②の発想法の差を図示すると〔図B〕のようになる。

　ピンチに陥って堂々めぐりをしている人達の発想は，一般にほとんど①の発想である。

　①の発想では，

(1)　目先のすぐできそうな「方法」を必死に求め，それが見つかると何か少しよくなった（改善できた）つもりになって小休止することが多い。

(2)　しかし，しばらくするとそれではまだ水面下であることがわかってまた騒ぎ出す。それでもなお，「具体的」「実現可能な」よい「方法」にこ

図A

②の発想法
水面に出た状態（＝黒字），はどんな状態か
（＝到達すべき目標）
　　　　　→その目標に到達するにはどうしたら
　　　　　　よいか（方法）

黒字
水面
赤字

少し上がった　（しかし水面下＝赤字であることは変りない）
あった！

①の発想法
何とか少しでも，この苦しみ＝赤字から
抜け出す方法はないか

現在　苦しい

図B

①の発想法
できるだけ上へ
方法　方法
方法　方法　方法
（小改善累積）

②の発想法
到達すべき目標
この目標に到達するにはどうしたらよいか。「方法」を考える。
方法　方法
（構造改革）

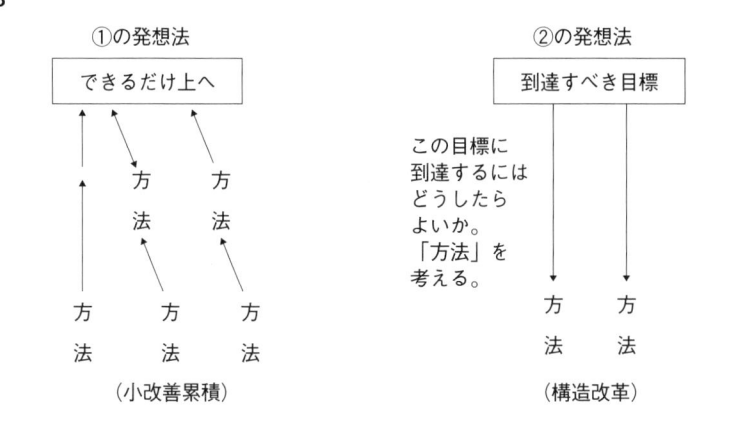

だわり，何度でも同じことを繰り返す。しかし，水面上へ浮上できず，やがて息絶える。

そうなるのは，そもそも目標の設定が誤っているからで，**現状＋αの目標**

第6章●計画の立て方

を誤って立てるために，小改善の累積しか発想できず，構造の改革ができないからである。

②の発想では，
(1) 最低限どこまで到達しなければならないか，現実とのギャップが明確である。しかし，それにふさわしい「方法」は，すぐは見つからない（必死に考える，時間がかかる）。
(2) 1つ2つ具体的な「方法」が見つかっても，それでは不十分なことが明確だから，水面上に浮上できるまでさらに考えることをやめない（考えて，考えて，考えぬく！）。

それ以上にこの発想では，**目標が高いがゆえに現状の構造を打破し，改革する発想をとらざるをえない。**ゆえに，浮上できるのである。

目標設定は，したがって，時と状況により，大目標を立てることが正しいこともある。

6-3-3　具体的な目的・目標の設定

部門の管理者の立場で，部門の業務計画を，自ら作成したり，部下に作成させる場合の目的・目標設定のあり方・要点をまとめておく。

① **会社の経営方針や上級の管理者の目的・方針を調べる**
分業と協業のなかで，管理者は，その任務を果たそうとしているのである。経営方針，上級の管理者の方針からはずれた計画を策定したのでは，多くの費用と時間の浪費だけでなく，場合によっては，会社全体の「足を引っぱる」マイナスさえ起こす。

② **自分の使命や任務を考える**
自分は，上司の指示・命令によって，任務が与えられ，これを果たそうとする立場にある。上司は，どう考え，何をどのように実施したいと考えている

か，上司の考え方・動き方に対して，自分は部下としてどう動けばよいのか，これを考えることが計画の目的の明確化には不可欠である。

③ 問題を明らかにする

何を解決することが大切か，これを明らかにする。この解決すべきテーマを設定することで，自分の思考の成果を，計画にはっきりと結びつけることができる。テーマは，上司から与えられる場合もある。しかし，多くの場合，自分で考えて設定するものである。

④ 他の，または関連する計画を調べる

たとえば販売計画を組むときに，利益計画，回収計画，販売計画，広告計画，商品開発計画，生産計画，組織・人事計画をあわせて調査し，検討しなければならない。計画の上位目的は，協業のなかで実現されていくものであるからである。

⑤ 規程や手続を調べる

管理者の計画は，全社的な規程や手続（それが合理性のあるものであることを前提として）に反したものではならない。また，全社的な規程や手続には必ずその「目的」がある。それをふまえることによって，計画の上位目的を知ることができる。

6-4　調査・予測

6-4-1　計画の前提としての予測について

計画は，「**未来の目標を実現するための現在の時点での意思決定**」であるから，必然的に**予測**を前提とする。ビジネスの意思決定は，基本的に，**すべて将来へ向かっての意思決定**なのであって，**すべての意思決定は，予測を前**

提とし，予測なしには行えない。

このような意味で，正しい予測こそ，ビジネスにとって最も重要であり，よい計画は，正しい予測なくして成立するものではない。

ところで予測とは，「**将来において起こるべき事象を，現在**において**手に入る情報**をもとに，**意思決定者**が**推測**すること」である。

すなわち，「現在」「手に入る情報」をもとに，「意思決定者」のもつ，「知識」「理論」「性格」「人格」などの凝集した「決断力」によって，「推測」するのである。

従って，「予測」は，必ず不確実性をともなう。なぜなら，現在，**手に入る情報**は，必ず不十分であり，必要なもの全部が手に入るわけではないからである。また，その情報は，当然のことながら，**現在の情報**であって，将来の時点での情報ではないからでもある。さらに，また「情報」は，見聞する人によって，変わった意味になる。意思決定者に到達するまでに，情報は，**伝達する人によって，変質されていることも多い**。そして，その情報を最終的に受けとめる**意思決定者により，また大きな差がでてくる**。「猫に小判」ということも起こる。逆に「誤った情報に振り回されたり」，「枝葉末節の情報にこだわる」人もいる。このように，**同じ情報**であったものが，**同じ意味**にはならないのである。

したがって，予測能力を高める努力が，計画策定者には肝要である。
そこで予測に関する原理を整理すると，次の2つの原則があげられる。
① 原因と結果の原理
現在以後の将来にかけて発生する事象は，偶発的・突発的に現れることは大変少なく，必ず先行して，何らかの**兆候**が現れることが多い。すなわち，将来において起こる現象は，過去から現在までに起こっていることが原因となり，結果となり，関連をもっていることが多いのである。

この点に着目して，予測の精度を高めることができる。各種の歴史学が，

研究される実践的なねらいは，まさにここにあるのである。

② 漸進的変動の原理

一見して急速に変化したようにみえることでも，よく分析してみると，かなり長期にわたって変化が起こっていることがわかる。1973年暮の突発的に見えた「オイル・ショック」でさえも，これを惹起する要因は，徐々に強まっていたのである。大きな変化をもたらす重要な要素を見落とさない眼力が必要である。それが予測能力を飛躍的に高める。

この原則をふまえたとき，予測能力を高めるためには，下記の諸点が重要であるといえよう。

① 過去の教訓から学ぶことである

「歴史は繰り返す」という。大戦争は数十年ごとに，ほぼ繰り返されてきた。中国の春秋戦国時代の教訓は，現代のわが国にもいきいきと精彩を放つ，きわめて多くの戒めを与えてくれるのである。このように歴史から学ぶことは予測能力を高める。

② 先人の獲得した「原理」を知る

自然科学や社会科学の原理として，確定していることを知っていれば，その理論が及ぶ範囲においては，知っていない場合に比べ，決定的に差のある正しい予測をすることができる。

③ 「目安法，平均法，加重平均法，変動指数法，最小自乗法，相関分析，」などを使う

これらの「傾向」や「関連」を見分ける数学的手法に通じていると，たとえば，「もし，このままの傾向が続けば3年後はこうなる」といった「想定図」を描いてみせることができる。これらも「予測能力」を高める有力な方法の1つである。

④ 予測しようとする期間よりも長い期間について，予測をしておくことである

このように長期に予測すると当面する期間の予測を，より容易にしてくれ

る。
　また，予測しようとする事柄を，より大きな構図のなかでとらえなおすことである。「森を見て，木を見る」ようにすることが，「木」のあり場所を正しく教えてくれるのである。

　一般的にいって予測には「不確実性」は避け難い。この「不確実性」を避けようとすれば，極力情報を集めることが確かに望ましいことであろう。すなわち，
　より多くの情報が，予測の精度を高める
といえる。
　デルファイ法という予測の手法がある。すなわち，きわめて多くの特定の予測者に，将来を予測してもらう。その集計結果を，くだんの予測者にリポートし，改めて予測してもらう。これを何回も繰り返すのである。これは，きわめて多くの情報を集めながら，予測に結びつけていく有力な方法である。手法はともかく，より多くの情報を集め，分析することが予測の精度を高める上で重要である。
　しかし反面，
　予測には，見切りが大切である
ということをふまえることが肝心である。
　予測は，**現在**手に入る「情報」をもとにしている。手に入る「情報」は多いほどいいが，未来の予測である以上**決定する現在時点**で100％の確実な情報が入るはずはない。すなわち，**決定**とは不確実，不十分な情報のなかで，タイミングを失しない時点で**見切りをつけ**，意思決定することである。

　ところで，「計画」は「予測」を前提とし，「予測」には「不確実性」が必然的にともなうから，「計画」はしばしば，はずれる。「はずれる」のであれば，「計画を立てても無駄だ」という意見がときとしてある。その意見は，正しいだろうか。この意見の正誤を検討するには，「計画を作成しなかった

ら，どうなるか」，「それは，計画を作成した場合と，何がどう違うか」を考えれば十分である。

　計画とは，すでに述べたように，**多くのイベント**を時間軸に体系的にならべたものである。計画がはずれるとはいっても，何から何まではずれるわけではない。想定したイベントの10～15％もはずれることなどほとんどない。「イベント」の**組み合わせ**や，**タイミング**が予測とずれるというケースが多いのである。残りの85～90％のイベントは，予測どおりということなのである。ということは，計画がはずれたとしても，10～15％の部分に対して，手を打てばいいということになる。逆に，もし計画をつくっていなかったら，そのつど100％考え直すことになる。10～15％見直すのと，100％見直すのと，どちらが事態に対応しやすいか，答は明らかである。このように，**計画を立てていれば計画の組替えが早くできるので，臨機応変の措置がとりやすい**のである。

　また，万一，計画がはずれて，計画を大幅に変更しなければならないとしても，計画を作成することにはもう1つ大きな意義がある。計画を立てないということは，**未来への挑戦**をしないということである。あるいは，未来に対して，その場しのぎで対応するということである。ところが，われわれの企業活動というのは，決して，過去に対して働きかけるものではない。あくまでも「未来」に対して働きかけるものである。未来において，より以上の成果をあげることこそ，われわれの企業活動の意義なのである。**未来において望ましい成果をあげるためには，将来を予測する力を，企業幹部が高め，これを計画に反映し，現在以降，より妥当な計画にしたがって活動をすることが肝心である。**

　では，この**予測能力**を高めるためには，どうしたらよいか。これには種々の予測の原理をマスターすることが役立つ。しかし，その原理を，どう活用したら予測能力は高まるのであろうか。それは，**それらの知識を実践してみて，経験を積むこと**である。**予測し，計画を作成し，それを実行し，実績と比較対照することを通じて，予測の正否，その影響を痛感できるのである。**

計画を作成しなければ，予測も計画も，たんなる知識でしかない。計画を作成し，それがはずれ，変更することを通じて，予測能力・計画能力は，レベルアップするのである。

このように，万一，変更を繰り返さなければならないとしても，われわれビジネスマン（とりわけ，管理者）にとって，最も重要な予測・計画能力を高めることに役立つのである。

6-4-2　事実の調査

計画は，現在以後の未来のなかに，目的を実現するために，現在時点で，その方法とタイミングを工夫し，決定するものである。決して空想的なものであってはならない。あくまでも，現実性が特性でなければならない。

したがって，「事実」の確かめが必要である。しかも，経済性の制約はあるものの，できるかぎり正確であり，しかも，必要な事実はすべて網羅されていることが望ましい（しかし，必要な事実情報が全部手に入るまで待つことは，現実として不可能である。「必要最小限」は何かをしっかりつかむことが大切である）。

「事実をつかむ」上での重要ポイントは次のとおりである。

①　目的を決める場合に得た事実を整理する

重大な事実誤認はないか，必要な事実は確かめたか，カギとなる事実は正確か，事実関係に誤りはないか，などを確かめるのである。

②　過去の記録や他の例を調べる

同じような計画を，かつて検討したことはなかったか，実施したことがあれば，それはどうだったか，実施に至らなかったとすれば，それはどうしてか，ほかに似たような事例はないか，それから学びとるべき事実は何か，などを検討するのである。

③　関係者と打ち合わせをして，その意見や考えを聞く

　自分が検討している計画が，もし審議されるとしたら，その審議に参加すると思われる人，また計画が実施されることになるとしたら，それに携わることになる人に，それぞれの立場での意見を聞くと，計画策定がより促進される。また，計画策定に経験が深く，計画策定能力の高い人（多くの場合は，専門家ということになる）の意見を聞くと，成功する計画を作成しやすい。

④　人員，技術，技能度，材料，設備，時間，経費などの事実を調査する

　計画は，各種の「資源」を投入することになる。資源が調達不能なものであれば，これを計画に組み入れることはできない。調達可能な資源で，いかにして目的を達成するか，これが計画の要諦である。そのために，資源にかかわる事実を，できるかぎり正確につかむ必要がある。

⑤　目的や問題に照らして適切な「事実情報」を選ぶ

　この点については前述もしたが，ただやたらに，事実が多ければいいというものではない。目的や問題に照らして必要な事実がなくて，いくら多くの**不要の事実情報**がもたらされても，何の値打ちもない。事実を集め，分析し，確かめるのには，多大の人手と時間とコストがかかるという「事実」を正しく認識しておかねばならない。

⑥　事実について重要度を考える

　必要な事実のなかにも，重要度の差はある。最重要な事実が得られずに，重要度の低い事実が山のように積まれてもよい計画はつくれない。

6-5　計画の立案

6-5-1　計画の設定

計画とは,
「目的と手段の体系」を徹底的に吟味し，選択し，構成したものである。

ある目的に到達するための「手段C」は，その手法を手に入れるための「手段a」からすれば，「目的」となり，さらに，「手段a」は，「手段α」から見れば，「目的」となる（図表6-1参照）。

ここで注目すべきことは，最終目的へ到達する手段（＝方法）は，1つではなく，A，B，Cの3つあることである。ここでは，そのうちのCを「選択」したのである。さらに，このCを「手に入れる」ための手段（方法）は，a，b，c，dの4つある。そのうち，「a」を「選択」したのである。さらに，この「a」を「手に入れる」ために，「手段」はα，β，γの3つある。

このように，ある目的を達する「手段」（方法，手順，道順）は，1つではなくいくつもある。だから，**1つの手段がだめなときには**，「手段」のみ考えるより，その「手段」の目的をもう一度思い出し，さらに，その上の「目的」にまでさかのぼると，広い「手段」選択の展望が開けることが多い。

「計画」とは，この「目的と手段の体系」を徹底的に考察し，創意・工夫し，とるべき手段を選択し，これを体系的に整理・構成したものということができる。

図表6-1　目的と手段の体系

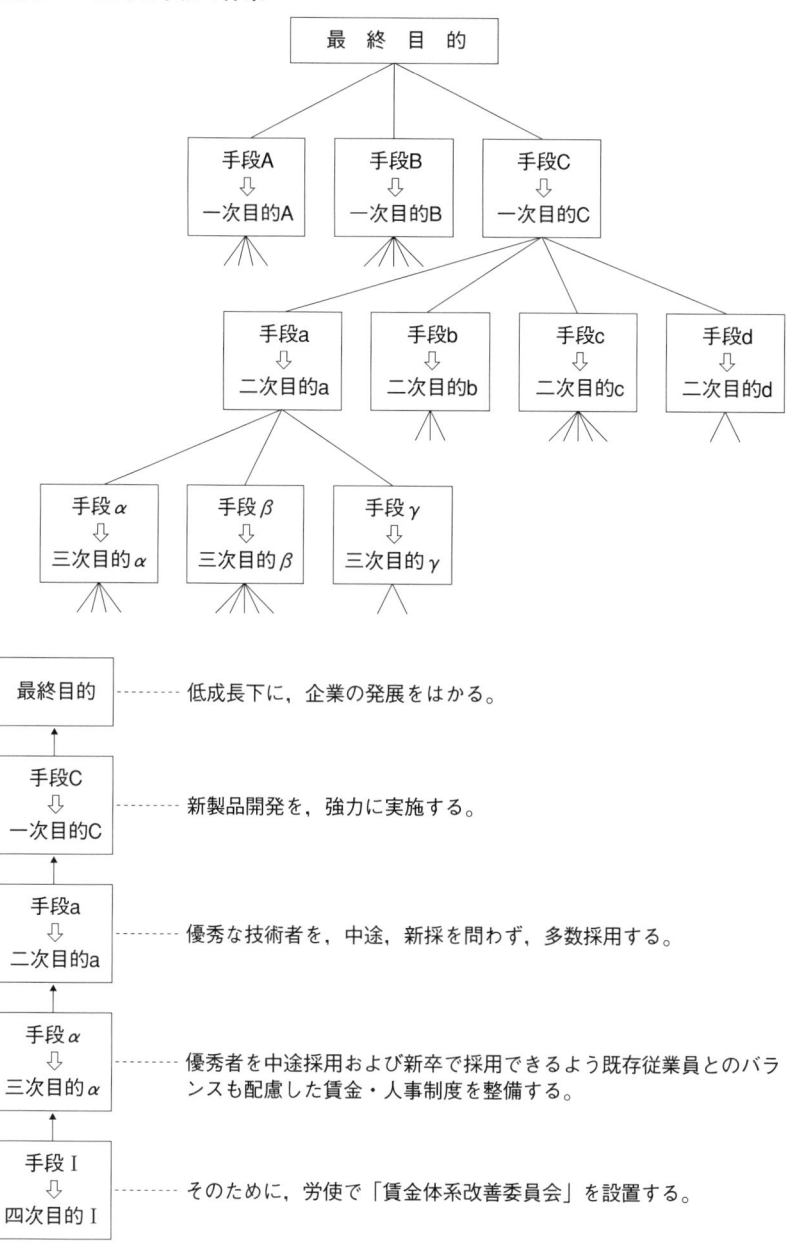

```
                    ┌─────────┐
                    │ 最 終 目 的 │
                    └─────────┘
           ┌───────────┼───────────┐
        ┌────┐      ┌────┐      ┌────┐
        │手段A│      │手段B│      │手段C│
        │ ⇩  │      │ ⇩  │      │ ⇩  │
        │一次目的A│   │一次目的B│   │一次目的C│
        └────┘      └────┘      └────┘
                              ┌──────┼──────┬──────┐
                           ┌────┐ ┌────┐ ┌────┐ ┌────┐
                           │手段a│ │手段b│ │手段c│ │手段d│
                           │ ⇩ │ │ ⇩ │ │ ⇩ │ │ ⇩ │
                           │二次目的a│二次目的b│二次目的c│二次目的d│
                           └────┘ └────┘ └────┘ └────┘
                    ┌──────┼──────┐
                 ┌────┐ ┌────┐ ┌────┐
                 │手段α│ │手段β│ │手段γ│
                 │ ⇩ │ │ ⇩ │ │ ⇩ │
                 │三次目的α│三次目的β│三次目的γ│
                 └────┘ └────┘ └────┘
```

最終目的	低成長下に，企業の発展をはかる。
手段C ⇩ 一次目的C	新製品開発を，強力に実施する。
手段a ⇩ 二次目的a	優秀な技術者を，中途，新採を問わず，多数採用する。
手段α ⇩ 三次目的α	優秀者を中途採用および新卒で採用できるよう既存従業員とのバランスも配慮した賃金・人事制度を整備する。
手段Ⅰ ⇩ 四次目的Ⅰ	そのために，労使で「賃金体系改善委員会」を設置する。

第6章●計画の立て方

6-5-2　計画の決定

次のマトリックスのすべての空欄についてチェック・検討した上で，計画を決定する。

充足すべき要件　　5W1H→ ↓	1 Why 目　的	2 What 必要事項	3 Where 場所・設備	4 Who 人員・責任者	5 When 時　間	6 How 方　法
A 経　済　性	A−1	A−2	A−3	A−4	A−5	A−6
B 安　全　性	B−1	B−2	B−3	B−4	B−5	B−6
C 正　確　性	C−1	C−2	C−3	C−4	C−5	C−6
D タイミング	D−1	D−2	D−3	D−4	D−5	D−6
E 容　易　性	E−1	E−2	E−3	E−4	E−5	E−6
F 優　先　度	F−1	F−2	F−3	F−4	F−5	F−6
G 環境条件等与件への適合度	G−1	G−2	G−3	G−4	G−5	G−6

6-6　全社的計画への参画

日本の管理者は，主として自らの担当分業単位に関する「計画の立て方」についての諸技法を駆使できるだけでなく，「経営陣の補佐役」として，全社的な計画に参画し，しかるべき役割を果たすことが期待される。したがって本節では，「経営計画の体系」と「計画策定組織」と「計画への参画」について述べる。

6-6-1　経営計画の体系

管理者が参画する全社の経営計画には，次の種類がある。

① 総合計画――――――部分計画
　　全社計画　　　　部門計画
　　　　　　　　　　機能計画
　　　　　　　　　　個別計画

　文字どおり，**総合計画**は全社の計画であり，そのなかに，上記の右半分のすべてが含まれているものをいう。

　右半分のうちの**部門計画**の部門とは，組織上の部門をさす。

　機能計画は，経営機能別（たとえば，販売，開発，生産，人事，財務など）の計画を示す。

　個別計画は，別名をプロジェクト計画という。たとえば，ある新商品の開発とか，ある工場の建設などの計画をいう。

② **長期計画**　――――――　（中期計画）　――――――　**短期計画**
・1カ年を超えるもの　　・一般には2～3年の計画　　・1カ年以内の期間計画
・一般には5カ年，10カ年の計画　　・これ以上の計画を長期計画ということもある

　長期計画は，文字どおり長期間を要しなければ達成しえない目的をもつ計画であり，内容は，戦略中心のものになる（通常は5年以上）。

　中期計画は，年間計画では短すぎるし，5年以上の長期計画では長すぎる。さしあたり，2～3年で，長期計画的な意味合いを含めて考えてみようといったときに用いられる（通常3年前後）。

　短期計画は，主として，短期間に成果をあげられる戦術中心の計画となる（通常1年以内）。短期計画には通年，年度計画，半期計画，四半期計画，月次計画が含まれる。

③　戦略計画——————————————戦術計画
　　総合計画としての戦略計画　　　総合計画としての戦術計画
　　部門計画としての戦略計画　　　部門計画としての戦術計画
　　機能計画としての戦略計画　　　機能計画としての戦術計画
　　個別計画としての戦略計画　　　個別計画としての戦術計画

　戦略計画は，経営の構造，企業の位置，企業の全体的な力などを改善し，向上していくために取り組むべき「課題」を明確にし，その「課題」の意義づけ，他の「課題」との関連などを明確にし，併せてその「課題」を解決する手順などを示す計画である。それを，全社で計画するか，部門，機能，個別に考えるかの違いによって，それぞれ，各種の戦略計画が生まれてくる。内容からして，期間は長期になることが多い。

　戦術計画は，経営の具体的な「課題」を解決するための方法論を中心とした計画である。それを全社で計画するか，部門，機能，個別に考えるかの違いによって，それぞれ各種の戦術計画が生まれる。内容からして，期間は短期になることが多い。

6-6-2　計画策定組織と計画への参画

　計画策定組織は，計画の種類によって異なる形をとるのがふつうである。

①　総合計画，戦略計画，長・中期計画

　これらの計画は，全社的見地から検討することが不可欠であるので，主たる推進部門は，全社的なゼネラル・スタッフとなることが多い。たとえば，社長室，経営管理部，企画室などである。また，十分なゼネラル・スタッフを擁しない会社では，部・課長の適任者を「委員」に任命して，「委員会」で推進することが多い。

②　部門計画，戦術計画，短期計画

　これらは，一般には，各現業部門が中心となって作成することが多い。た

だし，戦術計画，短期計画でも，全社計画は，ゼネラル・スタッフが中心となりながら，各現業部門と調整して，作成することになる。この場合も「委員会」や「プロジェクト・チーム」を設定して，スタッフの不足を補うことが多い。

　管理者は，こうした経営計画の作為に次のように**参画**していくことになる。

　①　管理者は，**部門計画**は自ら中心となって作成する。これは誰でもない当の本人が作成するしかない。その意味で固有の計画である。期間も，どちらかといえば，1年以内の**短期**のものになることが多い。内容も**戦術計画**が中心となる。

　これらの計画を自ら作成し，関係者を説得し，上司の承認を得て，実施することになる。

　②　一方，**全社計画，戦略計画，長・中期計画**にも参画する機会がある。1つは，会社から作成担当者の1人として任命される場合である。この場合は，通常任務のほかに，これらの計画策定にも取り組むことになる。もう1つは，自ら「**提案権**」を行使することである。すなわち，自ら，「戦略計画，長期計画，全社計画」を立案し，これを「提案」として上申するのである。この道は，日本の経営にあっては，広く開かれている。とくに管理者には，むしろ，このような積極的な姿勢が称揚されているはずである。

　また，**個別計画や機能計画**に参画する機会は，管理者にとってはもっと多い。これらのチャンスを生かしていくことが，「**計画への参画**」である。

　この際，留意すべきことは，次のような点である。

　①　**全社思考に立ち，部門セクショナリズム思考を排すること**

　計画は，部門計画を含めて，全社的視点を欠いては，よい計画は作成できない。なぜなら，分業と協業の企業組織のなかで，**部門は全社の統一目標達成に役立ってはじめて意味があるからである**。ところが，ときにより部門を

絶対視する強い「縄張り意識」が視野を狭め，目先に偏り，全体の進歩を阻害していることが多い（しかも，本人は大まじめで，そのことに気づいていない）。

　②　トップ・ダウン思考とボトム・アップ思考の結合をはかること

　計画は，これを武器としようとする者が，決定しなければならない。全社的計画であれば，決定者はトップである。この要件を欠いた計画は，計画として意味をもたず，体裁づくりか，若干の教育的効果をもつにとどまり，実効はあげられない。**計画実行者の「決意」がみなぎっていない「計画」など，達成がはじめから困難だからである。**

　しかし，「下から上へ」の参画がなければ，真のモラールは期待できない。その意味で「計画」策定の中間においては，できるだけ「ボトム・アップ」が大切である。

　また，管理者の立場に即して考えると，管理者がその任務を果たしていくために，最も有効な計画を策定するには，上司に，自らが望むような計画を承認してもらうにしくはない。管理者が，自ら「決裁」できる「権限」は小であるが，自らの「意見」を「提案」して，それが全社の「計画」としてとりあげられれば，その「権限」は絶大となる。

　すなわち，わが国の企業では，中間管理者がトップに対し，**「提案権」**を「行使」することができるのが特徴なのである（第3章参照）。

第7章 指揮のあり方

■本章の内容
1 指揮＝指示・命令＋動機づけ
2 指示・命令の原則
3 動機づけの原則
4 指示・命令のあり方

7-1 指揮＝指示・命令＋動機づけ

「管理」とは，「部下を通じて仕事を行う」ことである。この場合，人間行動の一般的パターンである，「計画→実行→チェック」が，人的に分離され，計画し，チェックするのは管理者で，実行するのは部下であるという形になる。

このうちの「計画」については，前章で検討したとおりであるが，本章では，「**実行**」（Do）の部分を検討する。

管理者によって設定された「計画」を，文字どおり「実行」するのは部下であるが，「実行せしめる」ように，部下を「動機づけ」「指示・命令」するのは管理者である。すなわち，**管理者にとっての「実行」（Do）は，部下を**

「動機づけ」，適切な「指示・命令」を出すことである。

　指示・命令の際には，部下が理解し納得した分だけが，指示・命令の実質をなすことをよくわきまえなければならない。指示を実行するのは部下であるし，部下は自分が理解したかぎりの指示内容しか実行できないわけであるから，管理者が話した分が指示・命令ではなく，**部下が理解した分だけが指示**となるのである。

　ところで，人間は，理性と感情をもった存在であるから，「指示・命令」といっても，コンピュータのキーを押すのとは，まったく次元が異なることはいうまでもない。したがって，部下の指揮にあたっては，**「理性と感情をもった独立の人格」**である部下が，わがことのように，管理者の指揮を受け入れ，実行するように，いかに「動機づけ」るかが最も肝要である。

　以下では，このような点につき，より詳細な検討を行うこととする。

7-2　指示・命令の原則

　管理者の「指示・命令」によって，部下は，仕事を「実行」することになるが，指示・命令にあたって重要なことは，**部下に理解された分だけが指示・命令の実質**であることをよくふまえることである。

　管理者のなかには，「自分がいった分」が，指示・命令だと思っている人がいるが，これはまったくの誤りである。「管理」では「実行」するのは部下である。部下は指示された内容で**自分がわかった**部分しか実行できない。すなわち，相手が受けとった分だけが指示・命令の実質である。**部下の理解度が疑わしいときや，確認を要するときに，「復唱」させる**のはそのためである。しかし，われわれの日常の管理業務においてはこのことを忘れ，いいっ放しの指示・命令に終わっていることが案外多い。

　管理者が「いったじゃないか，何をやっているんだ！」と部下に文句をいう場面にしばしば出会う。管理者が「いった」ことは事実であろう。しか

し，部下は理解していなかったのだから自分勝手にやる。それを見て管理者は驚き文句をいう。

　ここで振り返るに，**「いったじゃないか」は，管理の破綻の証明である**。管理とは「部下を通じて仕事を行うこと」であり，その基礎的要件は，「部下に指示をわからせること」にあることは自明であり，これに失敗すればそもそも管理は成り立たない。

　上司が「いったこと」が指示・命令の実質ではなく，部下が「理解した分」が指示・命令の実質であること。これが指示・命令の大原則である。

　この原則は管理の本質に関するものであり，**拡張して考えれば，奥の深い命題**である。すなわち**管理者はいえばよいのではない。部下にわからせる必要がある**。たとえば，成果はまずまずだが私生活の素行上，多少の問題がある部下がいたとしよう。この場合，管理者は，「素行を改めろ」と注意すれば足りるのか——いえばいいというものではあるまい。部下が本当に素行を改めようと納得しなければ事態は何も変わらないであろう。つまるところいわなかったのと同じことである。**下手をすれば「私は注意した，改めない部下のほうが悪い」という責任逃れのアリバイ工作にすらなりかねない**のである。素行に問題があるということが今後の部下の企業人人生においていかなる意味で問題なのかをわからせる努力をぬきにして指導はありえないであろう。

　またたとえば，現状の専門知識・技能はそこそこだが，基礎学力上若干不十分な部下がいたとする。この部下に「君は基礎学力がやや十分でない。勉強しろ」というだけでよいのか——いえば指導になるのか，そうではないであろう。およそ勉強・学習は自発性が大前提であり，本人がその気にならなければならない。基礎学力の不十分さが本人にとってなぜ必要なことなのかをわからせる努力がなければ，自発的な学習意欲をひき出すことにはならない。

　拡張して考えれば，「部下が理解した分が指示命令の実質である」という命題は管理の本質にかかわり，管理の全般にかかわる奥行きと幅をもっている。

7-3 動機づけの原則

「管理」の固有の困難さは，自ら事を行うのではなく，他人（部下）をとおして事を達成するところにある。管理者にとっては，さしせまった関心事である事柄についても，他人である部下にとっては，必ずしも切迫感をもっていないことも多い。

　管理者が部下を指揮するにあたって肝要なことは，**管理者と部下とは，経験からいっても，職位からする責任感や意欲や，状況確認においても「違った存在」**であることをよくふまえることである。この点を忘れると，ただいいっ放しで，指示・命令をした**「つもり」**で終わり，結果はこんなはずではなかったということになってしまう。

　これをふまえれば，①**部下に，部下がなすべき事柄をしっかりわからせること**，を大前提とし，②**ただわからせるだけでなく，上司の指示を，わが事として，実行しようという心構えにさせることが**，しっかりできなければ，「管理」はできないことになる。とくに，②の「動機づけ」が重要である。

「動機づけ」を適切に行うための原則（「経験則」）には，通常，6つの原則があげられる。これらの原則を，適切に組み合わせて活用することが重要である。

第一原則：参画
　仕事を成しとげたいという部下の意欲は，大事な諸決定に参画する機会を与えられるに従って増大する。

第二原則：コミュニケーション
　人は，結果に関係ある情報をより多く知らされるにしたがって，実績をあげようという意欲を増す。

第三原則：表彰
　立派な仕事をしたいという意欲は，その人たちの功績が認められるにつれて増大する。

第四原則：権限委譲
　人は，仕事に対する自主的意思決定権を与えられると，その仕事を成しとげたいという意欲を増大させる。

第五原則：関心
　管理者が，部下の仕事の結果に対して示す関心の度合に応じて，部下は自己の仕事に精を出す。

第六原則：協力
　自分の仕事をやりとげることは，チーム全体の目標達成のため必要不可欠であることを部下に理解させると，意欲は高まる。

　一般的にいえば，人間は，指示された職責に関して，
　①　細部にわたって一方的に指示された事柄をやらされるよりも，方針の決定に「**参加**」「**参画**」したり，または，指示は大枠のみで，あとはある程度の「**権限**」を委譲されたほうが，積極的・意欲的に仕事に取り組む（第一原則および第四原則）。
　②　仕事の結果が直截に判明したほうが，努力度が自ら判断でき，意欲が増す。またその結果に，上司が切実な関心をいだいたり，結果がグループや全社の運命と強く結びついていることが明確であるほうが意欲がでる（第二原則，第五原則，第六原則）。
　③　割り当てられた職責を完遂したときの，**物質的・精神的見返り**が明確であるほうが意欲がでる（第三原則）。

日本の企業において小集団活動による意欲向上が注目されるのも，小集団活動が参加・参画と権限の委譲，小集団成果の明確化，という点で，動機づけの原則に適合しているためと考えられる。

7-4　指示・命令のあり方

　以上の諸原則をふまえ，指示・命令の具体的あり方を検討する。

7-4-1　指示・命令の伝え方
　指示・命令の伝達には，次の二種類がある。

① 《書面》によって伝達する

・命令を**複数の人間（部下・部門）**に回送する場合は，口頭だと，途中で命令内容が変わってしまう恐れがあるので，**必ず文書で伝える。**
・きわめて**重要で，格別に正確を期する**場合は，文書で伝え，かつ口頭でも説明をする。
・命令内容が**多様・複雑・多量の場合は，**文書で伝え，**必要であれば口頭でも補足する。**
・**受令者の能力が不十分**で，忘れやすかったり，理解力が低い場合，文書で徹底を期す。

② 《口頭》で伝える

・上記①の各項のいずれにも該当しない場合は，口頭で伝える。
・状況の変化に対応して，迅速な措置をとる必要があるときで，文書化のゆとりがないときは，口頭で伝える。

・文書だけの伝達では，命令者の信念・情熱を伝えにくいとき，肉声をもって伝達する。

7-4-2 指示・命令の4つの型

指示・命令というと，日本語の語感では「あれこれをやりなさい」というのが指示・命令だという感じがするが，「管理」の本質からいえば，そうではない。

要は，**管理者の意図したことを部下に実行させれば，いかなる型をとろうとも，それは指示・命令である**。感度の鈍い部下には，直截に「あれこれをせよ」といわなければ動かないかもしれないが，意欲・能力も高く感度もよい部下には，少し**ほのめかす**だけで，部下は上司の意図を察知して動くであろう。この場合，ほのめかしたことが，指示・命令の実質をもっているのである。逆に，優秀な部下に「あれこれをせよ」式の命令をしたのでは，意欲をそぎ，動機づけ上はマイナスであろう。

部下が理解した分だけが指示の実質であり，しかも指示は動機づけ上の効果をももたなければならない。つまるところは，「人を見て法を説け」ということになる。

「指示・命令」といえば，「あれをやれ」「これをやれ」一本槍というのは，あまりに能がなさすぎる。人と状況に応じて，指示・命令の型を使い分けることができなくてはならない。

指示・命令の型には，基本的に次の4つのものがある。

① 《**直接型**》(いいつける)
〔**例**〕「Aさん，これを，このとおりタイプして，私のチェックを受けたあと，すぐ速達で出して下さい。」
　「直接型」の指示命令は，
　　・非常の場合，緊急の場合，
　　・厳格な統制を必要とする場合，

・部下の能力があまり高くない場合，など，

に用いる。

　「直接型」では，部下がなすべきことは，細目にわたって具体的に指示されるので，命令の内容については，いっさいの責任は管理者が負うことになり，命令を受けた部下は，原則として，提案したり，自分の判断を下すことは許されない。

② 《依頼型》（たのむ）

〔例〕「Bさん，この例を参考にして，昼までに，生産報告書の様式を考えてみてくれませんか。」

　「依頼型」の指示・命令は，

・部下の能力がふつう程度で，多少，自由裁量の余地を与えたほうがよい場合，

・通常の場合（非常・緊急でない場合），など

に用いる。

　「依頼型」では，部下に多少，自由裁量の余地を与えているので，指示・命令の内容について，いくらかの責任は部下が負うことになるし，命令を受けた部下には，提案したり，自分の創意を生かす自由が残されている。

③ 《示唆型》（ほのめかす）

〔例〕「C君，机の配置換えをしたら，事務所をもっと広く使えそうだがね。」

　「示唆型」は，ほのめかす程度で仕事が十分できる場合に用いられるが，とくに，

・十分能力のある人，いつでも進んで仕事をする積極的な人に対して，あるいは，

・積極性を伸ばすために，能力を伸ばすために，

用いる。

　「示唆型」の場合には，管理者は，部下に，どういう仕事をしてほしい

かということについて，アウトラインをわからせ，自発的に必要なことをやりとげてもらうのであって，指示・命令の内容について，部下も責任を引き受ける形となる。

④《募集型》(つのる)
〔例〕「重要顧客から，緊急注文が入った。どうしても徹夜で仕事をしなければならない。もちろん，私も率先してやるが，誰か引き受けてくれないか。」

「募集型」は，
・不愉快な，あるいは，危険な仕事が含まれている場合，
・いつもとは状況が異なる場合，
・通常の職務内容の範囲を超えてやらせる場合，
・無理にはやらせられない仕事を割り当てる場合，
に用いる。

上記のようなケースで用いる指示・命令であるから，指示・命令の内容について，管理者は，いっさいの責任を引き受けるし，必要に応じ，部下に援助を与え，極力自ら陣頭に立たなければならない。

以上が，「指示・命令」の4つの型である。このうち，**「直接型」が指示・命令であることは，どんな程度の悪い部下でもわかる。しかし，「依頼型」になると，必ずしもそうはいかない**。たとえば，「依頼型」の「例」にある形で，指示を出したところ，部下のBさんが，「そういわれても，よくわかりません」などというようでは，「依頼型」では，指示・命令にならないことになる。このような場合には「直接型」に切りかえて，「ここに，生産報告書書式のサンプルがある。赤字でかこったところを，わが社の用語に改めて，30分後に清書して，もってきなさい」というふうにやる以外にない。そうでなければ仕事にならないわけである。

同じことは，「示唆型」についてもいえるのであって，「示唆型」の「例」

にある型で指示を出したところ、Cさんは感度が鈍く、「そうですね。なんでうちの事務所はこう狭いんでしょう」などという、四方山話的感想を述べるようでは、示唆型では、指示・命令の真意が通じないのである。このような場合には、「C君、今日中に、新しい事務所のレイアウト・プランをつくってくれたまえ」という「依頼型」に切りかえなければならない。

「募集型」の場合でも「募集」はしたが、誰も「応募」しなかったら、**指示・命令にはならない**のである。「募集型」の「例」にあるようなことを述べたところ、部下からは、「寂として声なし」、ということになったら、指示・命令にはならない。「募集型」では、結果として、このような事態にしてはならないのであって、部下を応募せざるをえない気持ちにさせるよう、話術を駆使して、熱弁を振るうような「募集」が必要である。

管理者の指示・命令の出し方を日常観察していると、意外に**一本調子**なことに気づく。直接型を必要以上に多用したり、依頼型専門であったりする。それが必要な人と状況であっても、示唆型や募集型を意識的に使うことは少ないようである。そのような意味で、指示・命令の出し方でも、「**経験主義**」的で、セオリーをふまえていないことが多い。

「人と状況」に応じて、「指示・命令の型」を「意識的に使い分ける」こと**が必要**である。

7-4-3　よい指示・命令の五条件

最後に、よい指示・命令の条件をまとめると、次の五条件になる。

①　達成可能なものであること

仕事を割り当てられた人が、その仕事を完成しうる能力がなければならない。また、仕事に必要な権限と時間を与えなければならない。必要な機械、器具、材料などがそろっていることも必要である。

②　部下の関心と、意欲をそそるものであること

部下の職務に関連があり，かつ，それ相当な意義のある仕事であること，また，部下がその仕事を完成することによって，自分のプラスにもなるものであることなどを考慮する。

③ **職場の任務に関連のあること**
その仕事を完成することが，職場の任務達成のために役立っていることを部下に理解させる。

④ **計画的で，かつ完全であること**
命令を断片的に与えたり，また後から不備を補うために追加したりすべきでなく，一時に完全に与える。細部は部下の積極性に俟つが，しかし必要事項は十分に理解させる。

⑤ **間違えられないこと**
書面による指示だけで十分でないときには，口頭により説明し，かつ，相手の意見や質問を受ける。口頭で説明する場合は，その仕事をする人にいいかえさせてみる。

このうち，④と⑤は，「部下が理解した分だけが指示・命令の実質である」という基本原則にかかわっている。

指示を与える管理者の側では，④にあるとおり，**「計画的かつ完全」に，指示を出さなければならない**。このためには，**「5W1H」でチェック**して，指示にもれがないかどうかを確認するなどの周到さが必要である。

また，**指示は，「いいっ放し」では不可**であり，部下の理解力の程度に応じて，絶対に「間違えられず」「正確に理解させる」ことが必要である。そのためには，複雑な指示のときには，**質問**して，部下が理解しているかどうかを「**確かめ**」，比較的簡単な指示の場合は，復唱させて，「**確かめ**」を行わなければならない。

また，上記の五条件のうち，①②③は，主として，「動機づけ」にかかわっている。ただし，①，③の条件は，「募集型」で指示・命令を出さなければならないようなときは，必ずしもこのかぎりでないことに留意する必要があろう。

第8章 会議の指導

■本章の内容

1 会議の意義とコスト
2 日本的経営における会議の意義
3 会議を成功させるための要件
4 会議指導者の資格要件
5 会議の計画と準備
6 会議指導の技法
7 会議参会者の心得るべきこと

8-1 会議の意義とコスト

　管理者にとって，その任務を果たしていく上で，会議は欠かせない方法である。すなわち，**仕事の管理**（計画―組織づくり―指令―動機づけ―統制―改善）のいずれの局面でも，**調整**が必要であり，そのために，会議は必要である。また，人間関係や，部下の教育訓練においても，多用な形で会議は活用されている。

　会議はそもそもどのような目的でもたれるのか？――会議の**目的**を整理すると，次頁の表のようになる。

目　　　的	例
(1) 情報伝達	朝礼，生産会議
(2) 問題解決	生産会議，QCC，役員会
(3) 研究・情報交換	生産会議，QCC大会，学会
(4) 調停	労使協議会
(5) 教育訓練	教育訓練，商品説明会
(6) 指導	幹部会議，朝礼

　多くの企業で，「いつ電話しても会議中だ」とよくいわれる。実際に，ある企業で調査したところ，課長以上の管理者について，平均3分の1以上の時間を会議に費やしていることがわかった。そして，（自分が会議の事務局でない場合）かなりの会議には，ろくに準備もしないで参加していることもわかった。

　会議には，多大のコストがかかっていることを忘れてはならない。このコスト対成果の最大化の視点を，会議についても忘れてはならない。

　会議のコストのうち最大のものは，いうまでもなく**人件費**である。人件費は人件費単価×人数×時間で計算される。したがって，コストを最小にするためには，いかに**単価の高い人を少なくし，時間を短くする**かがポイントとなる。このようなコスト意識をてこにして，会議のパフォーマンスをあげる工夫がなされるべきである。

〈会議のコスト試算〉

　参会者計20人，1人1時間あたり人件費3,000円とすると，20人分の人件費（1時間あたり）は60,000円となる。人件費／粗利＝30％とすると，この6万円の人件費をつぐなうために必要な粗利は，

　　60,000円÷0.3＝200,000円

となる。

　この商社の粗利／売上高＝20％とすると，200,000円の粗利を生み出すために必要な売上高は，

200,000円÷0.2＝1,000,000円

となる。すなわち，20人が1時間会議をする人件費を稼ぐには，100万円の「追加売上」が必要である。

　換言すれば，この会議に参加した人は，1人1時間あたり，5万円相当の「売上増加」をもたらす「責任」がある。

　会議のコストは，非常に高い。

　それゆえ，管理者は，会議において効率よく所定の成果をあげるための会議指導のノウハウを習得することが必要である。本章ではこのような会議指導法について検討する。

　しかし他方，日本的経営においては，会議はただ「効率よく進めればよい」というにとどまらない，特殊な意義をもっている。したがって，この点に関し，次節で述べることとする。

8-2　日本的経営における会議の意義

8-2-1　日本的経営における会議の意義

　戦後の日本の経営では，職工員の区別なく，「終身雇用制」が雇用慣行として一般化した。そのために，企業と従業員との関係が，**「事実として運命共同体」的関係**になった。したがって，従業員のあいだには，上下の差なく，**「集団主義的・共同体的意識」**が大変強い。日本の経営におけるリーダーシップは，この**「集団主義的・共同体的意識」を十分に考慮し，活用したものでなければならない。**

　一方，戦後の日本の基本的規範は自由・民主主義である。すなわち，個性を，集団のなかでどれだけ尊重し，生かせるかということが，従業員の大きな関心事となった。そのために，**日本の経営における「動機づけ」は，この自由・民主主義を「いかに配慮し，活用するか」をぬきにしては考えられない。**

このように，戦後の日本の経営では「集団主義的・共同体的意識」と，自由・民主主義の個人観とを，両立させうるリーダーシップが求められている。

　したがって，日本的経営における会議には，次のような意義がある。
　① 「民意」を反映したリーダーシップの確立
　日本の「集団主義的・共同体的意識」を考慮して，「皆がどう考えているか——これを『民意』といっている——」を，会議の場を通じて「把握」し，これを「反映」すると強力なリーダーシップがとれる。
　反対に，「**民意」を無視したリーダーシップ**は，日本の「集団主義的・共同体的意識」を無視したり，逆なでしたものとして拒否され，あるいは**不服従・非協力・面従腹背**を引き起こすことになる。
　たとえ，リーダーの意思が既決のものであったとしても，**会議を通じて「民意」を配慮すること**が，リーダーシップの発揮のために必要なのである（しかし，一方で注意したいことは，会議において「民意」が割れたり，あるいはあいまいなときに，リーダーが逡巡してはならないということである。そうした状況では**「民意」を洞察して**，決断することが重要である）。
　② 「個性を尊重」した動機づけ
　会議においては，公式組織を一応離れて，自分の意見を述べるチャンスが与えられる。すなわち，公式組織どおりの立場での言動だけであると，「全体に，個人が参画する」機会は，一面的な，単純なものになりやすい。
　ところが，会議を通じて，公式の組織を一応離れて，発言したり，意見を聞いたり，あるいは単に，会議の場に出席していること自体が，**「個人が参画する」機会**が与えられたことになるのである。こうした機会を，本人の個性に応じて，種々な形をとりながら活用すれば，動機づけに生かせるのである。
　このような会議を活用した動機づけは，戦後の日本の経営にあっては，非常に重要であり，かつ適切に使えば大変有効である。

8-2-2　「効率」だけで割り切れない日本の会議

　以上のようなところからいって，日本的経営においては，会議は「効率よく成果をあげればよい」というだけでは割り切れないものをもつ。

　まず，「**発言のほとんどない参会者を参加させることは無意味とはかぎらない**」という点である。発言すべきである者が発言しないのは，咎められて当然である。しかし，発言の必要性は薄いが，参加させたほうがいいということが少なくない。その理由はいくつかあるが，そのうちの**第一**にあげられるのは「**決定のプロセスがわかる**」ということである。そのため，ある事項について指示したとき，会議に参加していた者であれば，その指示の理由，背景と，どういう経緯でそのような決定になったかが，一応理解できている。したがって，その指示を遂行する上で，応用動作がききやすい。

　発言の必要性は薄いが，会議に参加させる場合のメリットの**第二**は，「**自分も決定に参画したという満足感と一体感**」とが得られるということである。日本人には「集団主義的・共同体的意識」が強く，この会議は，「寄り合い」に声をかけられて出席しただけで，枢要な仲間として認められたという満足感と一体感を，本人に与える。逆にいえば，ひとりだけを参加させないようなことは「村八分」的仕打ちになりかねない。したがって，会議に参加させることが，モラール・アップにきわめて有益なのである。

　意見の交換は一応行われているが，いっこうに，結論がでそうもない，という会議や，発言する人は一部の人だけで，ほかの人は様子を見にきているような会議がある。そうした会議は，改善の努力が払われるべきであるが，その改善効果を待たずとも，それなりに意義が考えられる場合がある。**対立や紛糾を招く可能性のある事項について，その確執が深まる前に，会議の場を通じて，大勢（世論）に知らせ，「固執」を解き，全体の合意形成へ向かわせることができる**。いわば「地ならし」ができるのである。

　対立する意見を一対一で解決していくことは容易ではない。とくに日本人は，論理や事実よりも，意見の表明に「面子」をかける傾向が強いので（な

かなか発言しないし，また，一度発言した以上，引き下がれない，ということになりやすい），会議を通じての「地ならし」効果は，日本人の集団主義的性格にマッチしたものなのである。

意見交換は一応活発だが，結論はなかなかでないという会議でもメリットがある場合がある。すなわち「**自由闊達な雰囲気づくり**」である。公式組織の上で上司と部下が一対一になっても，自由な雰囲気で話をするチャンスは少ない。ましてや，2ランクほど上位の幹部と自由に話をする機会は，大規模企業ほど少ない。ところが，会議では，組織段階が3ランク以上にまたがる参会者のあいだでも，意見交換が可能である。このチャンスを生かして下位の者に，より上級の課題をしっかりと考えさせ，また発言させることができる。

自由闊達と逆なのが，沈滞である。企業における沈滞とは，従業員が前向きに，物事を自分の頭で考えなくなり，積極的に発言しなくなることと同じである。その意味で，会議は活用次第で，大きな意義をもつことになる。

以上のように，日本的経営における会議には効率一本槍では割り切れない特殊な意義があることをよくふまえることが必要である。しかし8-1で見たとおり，今日の日本の世界一の高賃金を考えれば，会議のコストは非常に高い。それゆえ，日本的経営における会議の意義をもふまえつつ，会議のコストパフォーマンスを高める会議指導のノウハウの習得が，管理者にとっては重要といえるのである。

8-3　会議を成功させるための要件

会議の成功とは，会議の「一般的目的」（8-1を参照）を果たすこと，および「特殊的目的」（8-2を参照）を果たすことであり，それを，最小のコスト（端的にいえば最短の時間）で達成することである。

このような会議の成功を達成するには，次の3つの要件が満たされなければならない。
　① 会議指導者がすぐれていること，
　② 準備が十分であること，
　③ 参会者がすぐれていること，
である。
　この成功の要件について，以下の各項で順次解説する。

8-4　会議指導者の資格要件

会議指導者がもつべき資格要件は，次の二項である。

① **人　　柄**
　指導者は，複数の参会者を指導しながら合意の形成をはかるのであるから，
(1) **公平であること**，特定の参会者の肩をもったり，エコひいきをしないこと，
(2) **忍耐強いこと**，参会者の意見が述べられている途中で，じれて，話を横暴にさえぎったり，かんしゃくを起こしたりせず，会議の目的が果たされるように忍耐強いこと，
(3) **熱意があること**，会議を成功させようとする熱意が参会者に伝わること，
(4) **ユーモアがあること**，議論がエキサイトして，参会者の視野が狭くなったり，思考が一面的になったりしたときに，参会者を冷静でゆとりのある状態へ導くこと，
(5) **自制心があること**，自分のエゴを表に出して，勝手に会議を引っぱり回したりしないこと，

以上の人柄が大切である。

② **能　力**

　指導者は輻輳する意見や情報を的確にさばいて，会議の目的を果たすのであるから，

(1) **分析能力があること**，意見・情報を分析して，その特徴・本質・異同をとらえられること，

(2) **迅速かつ的確な思考・判断力があること**（参会者の意見を聞いて，たちどころに，そのねらいや意味が正しくつかめ，その適否・重要性・関連が判断できなければ議事は進行しない。もとより不正確であることは，議論を空回りさせてしまう），

(3) **人の扱い方が巧みであること**（会議の参会者は，それぞれに個性があり癖もある。それを見抜いて，的確に扱えれば，議事もスムーズに進行する），

(4) **発表力があること**（議事の発言に説得力があり，権威があるものであれば，参会者は耳を傾け，また，誤った理解を避けられるから効率もよくなる），

以上の能力が必要である。

8-5　会議の計画と準備

「場あたり」の会議では，効率よく成果をあげることはできない。何事も準備（段取り）と計画が効率をあげるためには必要であり，会議においてもしかりである。

8-5-1　会議の必要性の決定

　自分の果たすべき問題解決に，会議（形式はともかく，他人と打ち合わせること）が必要であるか，を判定する。会議のコストは高い。会議が最善の

方法であるかどうかをまずよく検討しなければならない。

次の諸点をみて，会議形式をとることが有効であるか，判定するとよい。
① 関係者の顔ぶれ，人数
② 必要な知識・経験
③ 協力の必要度
④ PRの必要度
⑤ 制度・慣行上の必要度
⑥ 会議運営上に発生する可能性のある問題点の予測と処理方針
⑦ 問題解決の効率

8-5-2 会議の計画と準備

多くの会議で所期の目的を短時間のうちにあげられないのは，事前の「計画」が十分でないことによる。会議指導者は，会議の進行につき，あらかじめ「シナリオ」をもっていなければならない。会議指導者が，あらかじめ「いつ，どのようなタイミングで，誰に，どのようなことを，どのくらいの時間で発言させるか」を計画していなければ，会議は，効率よく所定の成果を収めることはできない。たとえば，口数の多すぎるメンバーには書記を割り当てるといった特殊な作戦も必要になってくることもあろう。

会議の計画・準備においては，下記のポイントをおさえておくことが必要である。
① 目的…会議で達成すべき目的の内容と水準を明らかにし，会議名称も定める。原則として，上司と相談する。
② 議題…表現と重要度を決める。
③ 運営スタイル…どの型（〔参考〕の項参照）にするかを決める。**参会者を決め，その氏名，役割，能力，性格，事前交渉の必要性を検討する。**
④ 日時，場所を選定する。
⑤ **必要資料を手配する。**

⑥ **進行予定と要点**（勘どころ）**を検討する。**
⑦ 記録と報告のし方を決める。
⑧ 通知と出欠の確認をとる。
⑨ 予算を決めておく。
⑩ 会場の最終準備をする。

〔参考〕態様（スタイル）による会議の型

　目的に合わせて会議のスタイルは柔軟に考えなければならない。わが国では一般に会議のスタイルが単調であり，工夫の余地が多い。

① **円卓型**……最も一般的な型である。①テーブルを囲み，②原則的には自由に発言する。

② **公開型**……公開討論のときには有効である。一般に日本では，このスタイルの活用はまだ十分とはいえない。
　　A　定期公開討論……〔例〕労使協議会など。
　　B　ガイド付公開討議……討論に入る前に講演・映画，パネル討議，シンポジウム討議などが，ガイダンスとして行われる。〔例〕教育訓練のプログラム，また労使から成る専門委員会など。

③ **小集団複合型**……バズ（Buzz）セッションと呼ばれる。多人数の「公開討議」中で，焦点についてのみ，小集団に分かれて複合（同じ会場）して討議させる（会場の様子が蜂のブンブンという音に似た状態になるので，Buzzセッションという）。

④ **小集団独立型**……結論を出すことをねらいとせず，知識，考え方，ア

プローチのし方などの検討を深めるために行う。全体討議の準備として，また，個人研究を促進する方法として活用できる。

⑤ **議会型**……会議の前に，詳細な資料を配布し，必要な討議も別途行って，会議では代表者の意見発表と質疑のみを行い，採決する方式である。

　上記のいずれかの「型」も，(1)会議の目的，(2)参会者の人数，(3)時間的制約の組み合わせのなかで，最も適合したものを選択・活用することが必要である。一般には，①から⑤の順でより多数の参会者向きになっている。

8-6　会議指導の技法

　会議を計画し，準備を整えた後，会議指導者は実際の会議のリードをする。まず会議指導の一般的プロセスを整理しておく。

8-6-1　会議指導のプロセス

会議は一般に下記①〜⑥のプロセスで，1ラウンドを完結する。
① **導入**　開会の辞を述べる→参会者を気楽にさせる→親しく挨拶する→その場にふさわしい話をちょっとする→会議の目的を述べる→会議の背景となる事実を述べる→討議の方法を決める。
② **議題の提出**　事実を述べる→質問をする→意見を述べる→補助資料を利用する。
③ **討議の指導**　全員に対して討論参加を促す。個人感情に走らないようにする。わき道へそれないようにする。討議の内容を分析する。討議の内容を評価して，役立つものとそうでないものの整理をする。ときどき

要約して討議の進行状況を示し，参加者の思考内容が共通になるようにする。自分の思考を調整して，自分自身が脱線しないようにする。
④　**まとめ**
⑤　**終了**　次期会議の予定について→閉会の辞→参会者の労に感謝する→なごやかな挨拶。
⑥　**フォローアップ**　議事録を速やかに作成し，参会者に回覧（もしくは配布）する。決定事項にもとづいて行動がとられるよう督励する。

このプロセスのうち，会議指導の中心が③にあることはいうまでもない。このステップのポイントは8-6-2以下でまとめる。ここで留意しておきたいのは，①と⑤のステップである。実際の会議では，①の導入がしっかり行われることが少ない。初対面の参会者でもないのだから，このような「導入」は不要のようにも思えるかも知れないが，実際にはそうではない。会議指導者は，もちろん，大いに会議を「ヤル気」であるが，参会者のほうは必ずしもそうとはいえないからである。「導入」を適切に行うことによって参会者を，会議の目的にしっかり「動機づける」ことが，会議を効率よく進める上で大切なポイントになる。また，⑤の終了も，参会者に「今日の会議は有意義だった。次回もしっかりやろう」という気持ちにさせ，「動機づける」上で大切である。このようなステップを省くことは一見時間の節約にみえて，実は会議の本当の効率を低下させることになってしまうのである。

8-6-2　討議指導のテクニック(1)——質問の活用

討議を適切にリードする際のポイントは「質問を適切に活用する」ことである。

以下のような質問の型を時と状況と人に応じて使い分けることが，会議の成果をあげる上で重要である。

①　**目的**によって質問のタイプには次のものがある。

(1) **誘導的質問**……「こう思うがどうか」と聞き，相手を誘導して，こちらの意図したことを発言させるようにする。
(2) **促考的質問**……「こういう点はどうでしょうか」といった聞き方をする。聞いた相手の考えが促進され，まとまるようにする質問のし方である。
(3) **示唆的質問**……たとえば「もしこの機械がコスト半分でできたら」というように，当方の希望とか，アイデアのヒントなどを相手に示唆して，よい意見がでやすいようにする。
(4) **報告を求める質問**……参会者に知らせるため，「例の件は結局，だめだったんでしたかね」といった質問をする。また，業績をあげた参会者に報告の機会を与えて，動機づけ，会議を盛りあげようといったときに用いる。
(5) **事実に関する質問**……「あれは何kgくらいの重さでしたかね？」といった「事実」について事実を知っている人に質問する。事実を明確にする場合や，発言の少ない人でも「事実」なら発言しやすいので，機会を与えられ会議を盛りあげることができる。

一般の会議では(2)の促考的質問を場あたり的にやって発言が行き詰まり，沈黙が支配するようなことが多い。口下手な参会者でも，(4)，(5)のやり方ならよい発言が引き出せる。討議をリードするためには，(1)，(3)の活用をもっと考えてよいところである。いずれにせよ，会議指導者は参会者の能力・性格をよく見きわめ，誰にどのタイプの質問をして討議を活性化し，会議の所期の目的を達成するか，ということを事前にもよく考え，また会議中も常に工夫することが大切である。

② **質問の形式による型の区分と活用**
(1) **全体質問**—参会者全体に質問するやり方……事前に気楽にさせて考えさせておく，簡単な質問から入る，あまり答えをせかさな

い，ことがポイントである。
- (2) **指名質問**—参会者のうち特定の人を指名して質問するやり方……全体質問の後で行う，やさしくわかりやすく行う，1つの質問にかぎる，答えられる人を選ぶ，特定の人にしない，ながながとやらない，情報提供を求める質問から入る，その後で意思表示を求める，相手の名前をいってから質問の内容を伝える，切り返しやたたみかけの質問はなるべく避ける，ことがポイントである。
- (3) **リレー質問**—同じ質問を複数の人にリレー式につづけて行うやり方……指名質問の後で行う，あまり頻繁に使わない，積極的な人から消極的な人へリレーする，ことがポイントである。
- (4) **投げ返し質問**—参加者から質問がでたときに，いきなり答えず，ほかの参加者に聞くやり方……理解力の高い人に使う，乱用しない，他の人に関心のある質問だけに使う，ことがポイントである。

一般の会議では主として(1)と(2)しか使わない。(1)の全体質問で誰も何もいわないので(2)の指名質問にいきなり場当たり的に切りかえ，指名された人が答えられず，行き詰まるようなことがしばしばある。時と人と状況に応じて，(3)(4)の質問もうまく活用するようにしなければならない。

③　その他質問にあたっての一般的注意点は次のとおりである。
- (1) 質問は大きなものでなく小さなものにする。
- (2) 参会者が答えるのはばかばかしいと思うような，あまりやさしい質問はしない。
- (3) 議論にならないようにうまく誘導し，落とし穴に入れるような質問はしない。
- (4) 答えない人をそのまま放っておかない。たとえば指名されて答えられなかった人をそのままにしておくと疎外感をもつ結果になる。しばらく

考えてもらって,ほかの人への質問に移り,時間をおいて再び発言させる。
(5) 解答なり応答があったときは,感謝の意を示す。
(6) 同じ質問を2度も3度も繰り返さない。
(7) 参会者の応答を受けている際には,その内容の要約や分析をする。
(8) すべての質問は,結論を得るのに役立つものでなければならない。

8-6-3　討議指導のテクニック(2)──**反対意見の処理,説得,採択・決定**

討議指導においてむずかしいところは,反対意見をどう処理し,説得し,合意,採決にもちこむか,というところにある。

反対意見には必ずその原因・理由がある。原因は単数であることもあるが,複数であることも多い。また,会議の主題と直接関係のないことが原因になっていることもある。とくに始末がむずかしいのは,本人自身がその理由を自覚していない場合である。そのときは,本人に何が原因であるかを理解させるだけで,かなりの時間を要する。

反対する原因を大別すると,(1)**論理的に反対である**,(2)**感情的に反対である**,の2つに分けられる。

処理の順序は,1感情的反発が,少なくともこれ以上悪化しないように配慮しながら,2感情的原因にはいっさいふれずに,3論理的原因の排除に全力を集中し,4論理的原因がなくなったことを確認してから,5感情的原因の排除にとりかかる,のが一般的である。なお,感情的原因の除去は,会議の場だけではふつう解決できない,事前・事後の本人及び関係者への働きかけが不可欠である。

反対処理のテクニックの共通手順としては,1反対意見がでたことを歓迎する→2反対意見の要点を復唱する→3短く,反対意見に答える→4反対意見の要点に答えたことを確認し→5意見発表者に納得したことを確認してもらうことにより「完全消火」する。

応答の手順としては，多様な方法があるが，下記の5つのうちの組み合わせで対応するとよい。
① 肯定法…まず肯定してみせて反論に入る。
② 否定法…はっきり否定してから反論に入る。
③ 黙殺法…相手にしない。
④ 立証法…相手に立証を求める。
⑤ 質問法…不明な部分を明らかにしてもらうことにより反対論の矛盾をつく。

会議において多くの参会者の同意をとりつけるためには，次の諸点に注意すると有効である。
① 先手必勝，すなわち議論の主導権をとる。
② 信念をもって堂々と話す。
③ 要点は繰り返して明確にする。
④ 客観的な裏づけ資料を活用する。とくに定量的表現を多めにする。
⑤ 事例・比喩を活用する。ただし，逆の比喩もあるから，乱用しない。

十分に議論を尽くして，最後には多数決で決める，というのが，名実ともに民主主義的な手続きとされている。しかし，日本の経営では，この手続きは名目上とられることはまずありえない。すなわち，議論を尽くした後で，多数決をとることがない。**ほぼ反対意見がなくなったところで，①その会議の最上席者の承認・決定を求め**，次に，**②参加者全員に「……ということで意義はありませんね」とやるのである。**

最上席者は，「大きな異議はでそうにない」と読んでから，承認・決定をするのであり，また参会者は，たとえすっきりしない点が残っていても，「最上席者が決定したことでもあり，直接自分の責任になることはない」と考え，「ここで反対すれば，最上席者の面目を汚すことになり，与える印象もよくはない」と考えて，「異議を唱えない」のである。

したがって，①**実質的に**，多数の合意の形成をめざし，②その形成度を見きわめて，③**形式的には，最上席者の承認にもちこむ**ことが，会議指導者が，採決・決定を得るための要諦なのである。

8-6-4　討議指導のテクニック(3)——その他の留意点

討議指導にあたっての，そのほかの留意点については，下記の諸点が大切である。

① **黒板の用い方について**
(1) 英字，数字が使われることが多いので横書きがよい。
(2) 黒板の中央上部には，その会議の議題を書く。
(3) 以下，整理番号をつけて，黒板に向かって左上部から，副議題とその結論を書く。
(4) 参会者の発言内容は後に検討して消すものであるから，向かって右半分に書くのがよい。
(5) 参会者の発言はできるだけ書きとめるのがよい。これによって参会者は発言を刺激されるし，記録されたことによる満足感も得られる。
(6) 黒板の字は上手であることが望ましいが，それより早く書くことのほうが大切である。
(7) 不必要なことはできるだけ早く消すのがよい。不必要なことを書いておくことは，それだけ参会者の注意を散らすことになる。
(8) 黒板に書くときは，全身を黒板に正対させないで半身（45°）になって書く。これによって指導者は，参会者たちとつねに連絡を保ちつづけることができるし，次の行動を早くとることができる。

② **指導者の位置について**
(1) 通常は中央の指導者用テーブルの前に位置する。これを正常位置という。

(2) ときにはテーブルの横もよい。変化をもたらす。
　(3) ときには会議場の中央もよい。参会者に関心を示すのに役立つ。
　(4) 議論が沸騰したときには，参会者の横もよい。これによって約半数の視線をそらし，参会者をして，向かいあいの参会者だけが見えるようにする。そして，議論の鎮静を待つ。

③ **指導の際の態度**
　(1) 座る，立つ，歩く…その場の雰囲気に合わせて選ぶ。
　(2) 手を前に組むか，後に組むか，手を腰にあてるか…体格ががっちりし，相当太っているときは，手を前に組むと割合柔らかく謙虚に感じられる。反対に，手を腰にあて，横に張り出すと，一般に尊大とか横柄な感じとなるが，やせた人は，これによって貧弱さをカバーする。
　(3) ジェスチャーの使い方…あまり故意なのはキザになる。

④ **事例や実例の活用**
　討論を展開したいときや，討論が停滞したのに活気を与えたいときに，タイミングよく用いると効果的である。

⑤ **いいかえ**
　間違ったふり，漢語調のいいまわし，英語の使用などは一種の覚醒剤になるが，乱用は不可である。

⑥ **印刷物，シート，掛図，オーバーヘッド・プロジェクター，スライドなどの使用**
　五感の活用の上ではよいが，使用を要領よくやらないと，逆効果になることもある。たとえば，印刷物をいっぺんに配ると参会者は，討議そっちのけで印刷物ばかり一生懸命読んでいるようなことにもなる。

8-7　会議参会者の心得るべきこと

　会議は，指導者だけでは成り立たない。参会者とのチーム・プレーである。参会者は，会議の成功のために，次の各項を心得なければならない。

① **会議の成果に対しては，参会者は指導者と連帯して責任を負う。**　指導者の指導ぶりについて批判することがある。その批判自体は，当然，行われてもいい。しかし，そのことが，参会者が会議の成果について，連帯して責任を負わなくてもよいという理由にはならない。これが基本となる心構えである。

② **会議前に十分な準備をする。**　会議の目的は何か，をつかむのは当然のことである。また事前に検討しておくべき事項についても，準備を十分に行うことである。また，会議を通じて，自分が何を達成しようとしているのか，会議そのものにおける自分の役割は何か，も明らかにしておく必要がある。

③ **熱心に参加する。**　不熱心な参加は，全体の雰囲気を悪くするし，指導者の会議の進行をも阻害する。

④ **積極的に発言する。**　自分の意見を簡明にまとめて，聞き手の理解の様子を確かめながら，チャンスを最大限に生かして発言することである。

⑤ **話すのと同じく，ほかのメンバーの話をよく聞く。**　よく聞くことが，自分の理解に役立つだけでなく，自分の発言も的確なものとし，さらには，ほかのメンバーの参画を促し，指導者の会議指導を助ける。人の話の腰を折るのは不可である。

⑥ **正しい態度で臨むべきである。**　遅刻したり，必要な資料を用意しなかったり，会議中に頻繁に席を離れたり，あるいは居眠りをしたりなどは論外である。ルールを守り，会議を盛りあげるような態度が，正しい態度である。

第9章 仕事の改善

■本章の内容

1 改善を進められる管理者こそすぐれた管理者
2 改善の経営的意義と必要性
3 改善の出発点は「現状不満」
4 改善のためにはアイデアが必要，アイデアはでる
5 アイデア創出を阻むもの
6 アイデアを出す方法（その1）——ブレーンストーミング——
7 アイデアを出す方法（その2）
8 アイデアの評価
9 改善案のつくり方
10 「改善案」の「売込み」の必要性
11 改善案の実施
12 改善のフォロー・アップの重要性

9-1 改善を進められる管理者こそすぐれた管理者

　管理者の任務は，(1)仕事の管理，(2)仕事の改善，(3)部下の教育・指導，(4)人間関係・労使関係に対する対処である。

　仕事の管理は，自分の任務を計画し，その計画どおりに業務を進めるために，部下に指示・命令し，これを監督して，統制する。**「管理」とは，部下の仕事の「全部」にわたって指導・監督するわけではなく，その仕事の「要点」「勘どころ」を指導・監督することである。**

　部下の教育・指導は，部下に，現在及び将来において担当させる仕事と，その仕事の遂行に必要な能力要件を明らかにし，本人の現有能力とのギャップを把握して，具体的な能力向上策を考えて実施する。この場合も，仕事に

必要な能力全般をこまごまと教えるのでは何年かかっても達成できない。**教育とは要するに，仕事の「要点」「勘どころ」を教えることである。**

仕事の改善という管理者の任務は，それ自体が重要な任務である。と同時に，ほかの「管理者の任務」を果たしていく上で，最も重要な能力である。なぜなら，「改善」をするためには，業務の**要点，勘どころ**を正しくとらえる能力がなければならない。**「改善」とは，この「勘どころ」を改善することだからである。**この「要点」「勘どころ」をすばやくつかめる人は，「改善」もできるし，「管理」もできるし，「教育」もできるのである。この「要点」「勘どころ」をすばやくつかめない人は，ピントはずれの個所を「改善」してみたり，ピントはずれのところを「管理」してみたり，ピントはずれな「教育」をすることになるのである。

そのような意味で，管理者のもつべき能力で，まず第一に，出発点として最重要な能力は，「改善の着眼」のできる能力であるといえる。

9-2　改善の経営的意義と必要性

日本は（少なくとも組合員対象のレベルでは）世界一の高賃金の国となった。しかし，21世紀の世界は，先進資本主義国はもちろん，途上国・旧共産圏を含めて**世界的大競争**が展開される時代である。

このような時代の流れのなかで，世界一の高賃金を前提とする日本の経営は，**世界一の高生産性**を追求しなければ，その存続は保証されない。

そもそも自由経済 ― 自由競争下の企業は，**不断の進歩向上―生産性向上**を求められている。競争社会では，現状維持は，実は維持にはならず，退歩にしかならない。

確かに，企業にとって，**日常業務の確実な維持管理は，事業展開の上での基礎ではある。これが崩壊すれば，企業の基礎が崩壊することになりかねない。しかし，ここにとどまれば，競争社会での脱落は必至**である。

したがって，企業にとって**改善・改革を通じた生産性向上は死活の命題**である。

　企業には，生産技術部門のような大改善・改革を任務とするスタッフ部門がある。このような部門（**専門家スタッフ集団**）の志向する**大改善・改革**は，相当量の資金を要する物的投資の投下を含め，数十％～数倍をターゲットとする飛躍的な生産性向上・企業の抜本的競争力強化を追求する。
　これに対し，**管理者を主導とする現場改善は，小改善を累積**させつつ，5～10％前後の生産性向上を追求する。企業の内部コスト，とりわけ人件費は年々確実に上昇する。これを吸収するに足る生産性向上は，管理者の任務と心得なければならない。
　管理者が現場改善をしっかりリードする風土が形成されれば，それは大改善をも促進するであろう。なぜならば———
① 　小改善の累積で生産性をあげている現場では，改善に対する抵抗（9-10参照）が少ない。これは大改善を受け入れやすい地盤の形成を意味する。
② 　小改善の追求のなかでの改善アイデアのなかには，大改善の端緒となるものが含まれる可能性があり，これが大改善を促進する。
　逆に，**管理者が小改善の累積を志向しなければ，内部コスト上昇は吸収されず，大改善も促進されない**。それは，企業体質の弱化・企業競争力の弱化を引き起こすこととなる。
　したがって，小改善累積で生産性向上を必達することは，管理者の不可欠の任務なのである。

　本章では主として小改善累積による生産性向上の推進につき検討するが，同時に，経営者の補佐役たることをめざす管理者には，「改革」・大改善を志向することも求められていることを忘れてはならない。

9-3　改善の出発点は「現状不満」

「改善」と「不平不満」は，いずれも現状不満を端緒としている。現状がいやだ，困る，おもしろくない，我慢ならない，がっかりする，つまらない，あきれた，などという形で，**現状不満を述べたり，聞いたりすることは多い。この現状不満が，不平不満へ向かうか，改善へ向かうか，その出発点は同じでありながら，ゴールは天地の差がある。**

現状不満を口にする部下に，「ではどうすればよいか」と問い，その答えのあるのが，改善志向のある部下であり，その答えのないのが，不満分子である。

「改善」は，**現状不満─現状否定**から，よりよいものを求めるという「**方向性**」をもっている。「不平不満」は現状不満をそのままにして，不満そのものをあいも変わらず，**ぐるぐる堂々めぐり**している。ここに，「改善」と「不平不満」の決定的違いがある。

「改善」の出発点は**現状不満**である。**現状不満**をもつ人間は，現状を批判する力があるということである。力のない者は，現状不満をもてない。力のある者を，正しく「改善」に導くことができるかどうかは，管理者にとって正念場ともいうべき重大任務である。「改善」に導くことができなければ，それだけ「不平不満」分子をふやし，部門や会社の成果の足を引っぱることになる。「改善」へ導くためには，正しく改善目標を設定し，これを正しく理解させ，その達成の意義を認識させて，達成意欲をかきたて盛りあげることが必要である。

管理者は，この２つの区分を間違ってはならない。「**改善志向**」者も「**不満分子**」も，同じく出発点は「現状不満」であるため，これを見誤ると，大きな問題を起こす。すなわち，**本当は「改善志向」の人間を，「現状不満」の強い発言から「不満分子」と錯覚して，これを，敵側に追いやるようなことをする間違いである。**

管理者は，

① 「**現状不満**」の意見所持者のなかから，「**改善志向**」者と「**不満分子**」とを区別する能力をもたねばならない。

② 「**改善志向**」の人には，その意見に耳を傾け，何よりも彼のアイデアがものごとをよくしたいという「愛社心」にでたものであることに共感をもって，できるだけ，そのアイデアがより現実性のあるように，質問とアドバイスをするとよい（けなしたり，冷笑したりすることは彼を敵に追いやることになることを銘記すべきである）。

③　不満分子も2種類ある。はっきり会社を敵視して，**事を起こすために問題を探し**，不満をかきたてている者，これは，合理的に排除するしかない。もう1つの（ほとんどこれが多いのであるが）「不満分子」は，能力不足のため方向がつかめないか，会社とか人生への姿勢があいまいなため，「現状不満」をどう処理していいかわからないでいるタイプである。これに対しては，「現状不満」の内容と理由をよく聞いてやり，その内容を分析して，「理由」については解明してやるとよい。それを糸口として，彼の「**姿勢**」が「**不満分子**」からしだいに「**改善志向**」型へ変化してくることが，十分期待できるのである。

9-4　改善のためにはアイデアが必要，アイデアはでる

先進的企業の事例研究・模倣で改善ができることもあるが，このやり方には自ずと限界があり，改善を実際に進めるためには，マンネリに陥らず，従来の延長にこだわらない**新しいアイデアが必要**になる。改善を進め，生産性向上をはかるためには，「独創的思考」を働かせ，アイデアを生み出さなければならない。**アイデアをひらめかすことが改善の中核**である。

アイデアを生み出す力・「**独創的思考力**」は，天賦の才能によるものと考えられやすいが，そうではない。アイデアを生み出す力は**誰にも備わっている**ものである。人間の頭脳の働きは，(1)理解力，(2)判断力，(3)思考計画力，

(4)独創的思考力，などに分けられるが，(1)(2)(3)は，コンピュータによっても代えることができる。しかし，(4)の独創的思考力は，人間に固有のもので，コンピュータに置き換えることのできない機能である。しかし，それが，発揮されるかどうかは，何よりも「**精神的エネルギーの集中**」がなされるかどうかによっている。**ブレーンストーミング**の創始者の**A. オズボーン**がいうとおり，「独創の効率は生まれつきの才能というより，精神的エネルギーの量によって変わってくるものである。」独創的思考は「いくら知識があっても，いくら潜在的な才能があっても，ヤル気（ドライビング・パワー＝推進力）がなければ」発揮されない。

したがって，**アイデアを生み出すための，第一の大前提は，「なんとかしたい」という「願望」の強烈さである。**そして，その「願望」を実現するための精神の「ねばり」（＝持続力）（「考えて，考えて，考えぬく」）が，どこまでつづくかである。

このような思考態度がなければ，アイデアは生まれないが，同時に，アイデアをつくり出すためには，いくつかの「**経験的な原則**」を知っていることが役に立つ。それは，以下のような点である。

① われわれの思考態度には，アイデアの創出を阻むような「**関所**」が，習慣的につくり出されている。それをとりはらわなければ，**アイデアは「自由奔放」**にはでてこない。

われわれには，学校教育や社会人としての経験のなかで，いつも「間違えないように」「正しい答えを出すように」するという習慣が知らず知らずのうちに形成されている。このようなときに働いている思考は，**批判的・判断的・論理的な思考**であって，このような思考は，独創的思考とは別のものである。批判的・判断的・論理的思考では，(1)気分は批判的であって，(2)問題が明確に出され，(3)ただ１つの正しい答えを出すという形になる。しかし，**独創的思考**を働かせるためには，(1)積極的な気分が必要であり，(2)問題が不明確で，論理的思考では解けず，(3)答えはいく通りもありうるという形になる。したがって，**独創的思考を働かせるためには，「意識的」に，批判的・**

判断的・論理的思考をおさえる必要がある。

　また，われわれには，自由奔放に考えることを妨げる「**思いこみ**」や「**固定観念**」，因習的な思考，知識偏重，さらには，引込み思案の気分，などが，いつのまにか強くつくられてしまっている。このような「**関所**」をとりはずさないと，独創的思考は生じてこない（この点については，9-5でより詳しく検討する）。

　②　**質より量**を求める。アイデアを要する改善テーマに，決まりきった答えはない。解答はいくつもありうる。したがって，アイデアは多ければ多いほどよい。多くでるほど，本当によいアイデアが生まれてくることになる。「ブレーンストーミング」は，多数の人間が相互に連想を働かせつつ，多くのアイデアをつくり出すための技法であるといってよい（ブレーンストーミングについては，9-6でより詳しく検討する）。

　以上のような原則をしっかりふまえれば，アイデアは誰にでも出せるものなのである(*)。

（*）9-4～9-6の叙述は，主として，A.オズボーン『独創力を伸ばせ』（ダイヤモンド社）による。

9-5　アイデア創出を阻むもの

9-5-1　「3つの関所」

　人間には，誰にも独創力が備わっている。と同時に，独創力の成長をむしばみ，アイデア創出を阻むものも多い。とくに固定観念や因習的な考え方にとらわれていたり，引込み思案な気分でいると，自由奔放なアイデアは生まれない。このような，アイデアを阻むものを「**関所**」という。この「関所」をまずとりはらわないと，よいアイデアは生まれない。その「関所」には，ふつう，**認識の関所，文化の関所，感情の関所**の3つがあげられる。

① 《認識の関所》

独創的な考え方を出すのに，事実そのものに対する認識に誤りがあって，**思いこみ**が強いと，自由なアイデアのでようがない。独創性を妨げるものとして，次のようなことがある。

(1) **自分でつくった条件にしばられる**

与えられた問題または事実そのものと，それをとりかこむ周辺の条件を混同してしまうことが多い。与えられた問題だけを考えればよいのに，勝手にほかの条件までとりこんで考えてしまうのである。

〔例〕マッチ棒6本で正三角形を4つつくれ。

この〔例〕では，「平面上」でつくるという条件はないにもかかわらず，これにこだわり，立体の正四面体に気づかない。また，マッチ棒1本を一辺とするという条件もないのに，1本が一辺だと決めてかかっている。重ねるようにならべれば，平面上でも4つの正三角形がつくれる。

(2) **与えられた条件をとり落とす**

前のが余計な条件を加えて考えるのに対し，これは大切な条件をとり落として考える場合である。

(3) **属性とその影響との混同**

そのもののもつ属性と，それから生まれる影響とは別物である。たとえば，テレビがあると子供が勉強しないで困るからといって，テレビをなくしてしまったとする。テレビそのものに罪があるわけではない。テレビをそのままにして，解決する道はあるはずである。

(4) **感覚器官の片寄り**

すべての感覚器官を，もれなく考えに入れないと，落ちができて大切な要素を無視することになる。商品が色彩または華やかさなどの点で売れないことが往々ある。手みやげも味覚に訴えるものが多く，そのなかでも甘味に片寄っている。

(5) **因と果とのとりちがえ**

原因と結果との区別ができず，因と果とをとりちがえてしまう。た

とえば，病気には下痢と熱をともなうことが多い。しかし，下痢や熱は病気ではない。むしろ病気をなおすために体力が努力している表れである。しかし，世間にはこの下痢や熱を病気と思って，つまり，原因と結果をとりちがえて下痢を止めたり，熱を下げたりすることを治療だと思っている人が少なくない。

② 《文化の関所》
(1) **儀式，礼儀，習慣**

婚礼，葬儀などの改善ができないのは，社会的・文化的背景に原因がある。建築に先立って地鎮祭を行う慣習も長いあいだのしきたりで，根強いものである。いわゆるしきたりというものは，新しい考えを出す上で著しくじゃまになる。洋服といえばネクタイをつけ，上着を着ていないとおかしい時代があった。暑いと上着をもって歩いた。しかし今では，夏はシャツだけで歩いても，少しもおかしくなくなってしまった。ここまでくるには長い年月がかかった。

社会的しきたりや，文化的背景にしばられていると，ある目的を達成するための手段の数が制限され，きわめて少なくなってしまう。

いろいろなエチケットは，はじめはすべてある実用的な効用があってできたものに違いない。乗物に乗るとき「どうぞお先へ」というのが礼儀になっている。しかし，オペレーターのいない自動エレベーターに乗るときなどには，自分が一番先に乗って閉ボタンを押し，降りるときは最後に降りるほうがよいから，必ずしも「どうぞお先へ」ではない。

(2) **理性**

今までの教育は，知性とか理性とかすべて論理的な考え方に無上の信頼をおいてきた。理路整然とした考え方が知識人の特色であるとされた。しかし，論理的な考え方だけで最善の解決が得られるとはかぎらない。

独創的な考えを出すためには，想像または空想してみることが必要で

ある。しかし，現代の社会通念では想像にふけることは時間の無駄であるということになっていて，そのような社会通念が独創性を阻む結果になっている。**天馬空を行くような空想**から，案外おもしろい解決方法や新しいアイデアが生まれるのである。

知識の枠にしばられて「そういうはずはない」ということがある。

従来の空気力学によると，**熊蜂**の体の大きさ，重さ，形から計算すると，あの翼のひろがりでは**飛べるはずがないというのであるが，実際は飛んでいるのである**。理論と実際とが一致しない場合には，理論のほうに誤りがある。

③ 《感情の関所》
(1) **引込み思案**

人は何か劣等感にとらわれて消極的になる場合がある。「こんなことをいうと笑われやしないか」「上役ににらまれやしないか」「同僚や部下の信用を失いはしないか」と，いつも周囲に気がねをしていると，よいアイデアはでない。遠慮は無用である。勇敢に，積極的でなければならない。

(2) **好き嫌い**

「坊主にくけりゃ袈裟までにくい」「ほれた欲目にゃあばたもえくぼ」ということわざがある。1つの対象への好悪の感情がそのまわりにまで波及する。いったん好きになると，その悪い点までもよく見え，嫌いになると，よい点まで悪く見えてくるのが人情であるが，こういう感情に支配されてしまうと，新しいアイデアは生まれてこない。

(3) **保守的感情**

人間には，保守と進歩との2つの傾向があるが，保守傾向が強くなると，何ごとによらず新しいことを疑い，変化を好まない。世間の型どおりに行うことを安全と考え，現状維持を好む。これは独創性を生み出す上で大きなじゃまになる。

9-5-2 キラー・フレーズ

　アイデアを出そうとするときには,「批判的・判断的・論理的思考」を「意識的におさえる」ことが必要である。しかし,われわれには,批判的・判断的思考が根強いから,他人のアイデアに対して,ついうっかりとこれを押しつぶしてしまうことがある。あるいは,自分のアイデアに対しても,自分の心中で批判してしまうことがある。以下の例は,**アイデアを押しつぶす「やっつけ文句」「キラー・フレーズ」**の例である(*)。

　改善アイデアが出されたときなど,自分に対しては,このようなキラー・フレーズは,できるだけ「おさえ」,使わないよう心がけること,また,こういうキラー・フレーズが自分に対して使われたときには,「ああきたな」と泰然自若として受けとめ,へこたれないことが大切である。

1. それは,前にすでに試みたことがある。
2. われわれの計画は違っている。
3. それは,費用がかかりすぎる。
4. それは,われわれの責任外のことだ。
5. われわれは忙しすぎて,そこに手がまわらない。
6. それは,自分の仕事ではない。
7. その計画は急進的すぎる。
8. 時間がない。
9. 十分な手がない。
10. その方法は,ほかの機械を廃用にしてしまう。
11. その方法のマーケット・リサーチを最初に行う。
12. われわれの工場は,それをするには小さすぎる。
13. それは生産専門の人たちにとって,実際的ではない。
14. 世間は,そんなものを決して買わないだろう。
15. われわれは,それを以前にしたことがない。
16. 組合が文句をいう。
17. それは,会社の方針に反する。

18. 間接費の費用がかさむ。
19. われわれは，それの権限がない。
20. それは，いかにも象牙の塔だ。
21. 現実にもどろう。
22. それは，われわれの問題でない。
23. なぜそれを変えるのか，現にそれは立派に働いている。
24. 私はその考えを好まない。
25. 君の意見は正しい。しかしだね……
26. 君は，2年ほど先走っている。
27. まだ，その時期ではない。
28. われわれは，必要な金がない。
29. 古い犬に新しい芸を教えることはできない。
30. それは，予算範囲ではない。
31. 考えは立派だ，しかし実用的ではない。
32. それは，保留にしておこう。
33. それをもっと考えてみておこう。
34. トップは，それに決して同意しないだろう。
35. それを書面にしよう。
36. そんなことをしたら笑いものにされる。
37. もう，それはご免だ。
38. 結局，金を損するだけだ。
39. そんな計画を，どこからもちだしてきたのか。
40. われわれはそんなものなしでも，うまくやってきたのだ。
41. それは，スタッフにしてもらう。
42. それは，試みられたことがない。
43. しばらく棚上げにしておこう。
44. 委員会をつくろう。
45. 前に，そんなことをした人があるのか。

46. 客は，それを好まないだろう。
47. 私には，その計画の関連性がわからない。
48. それは，自分の工場ではだめだ。
49. 君のいってることはね……
50. その計画は君の部門ならいいかもしれないが，私のところには向かない。
51. 経営委員会が，それを許可しないであろう。
52. それを実行する前に，もう少し考えたほうがよくないか。
53. われわれの競争相手の工場ではどうしているか。
54. それを一晩寝て考えよう。
55. それはできない。
56. 変更するのに骨が折れすぎる。
57. それの元すらとれない。
58. 私は，それをやったことのある男を知っていますよ。
59. それは不可能だ。
60. われわれは，つねにこのようにやってきた。

（＊）この表は，アメリカ重役訓練協会ニューヨーク支部により作成されたものから引用。

9-6　アイデアを出す方法（その１）
　　　──ブレーンストーミング──

　批判的思考をおさえ，３つの関所をとりはずして，アイデアを効率よく出すための代表的手法が，「ブレーンストーミング」である。
　1939年，A. F. オズボーンが組織的なアイデアの出し方を考えついて，自分の会社でそれをやってみた。そして，これをブレーンストーム会議と名づけた。ブレーンストームの意味は，「独創的なものに突撃するために頭を使

う」ということである。

9-6-1　ブレーンストーム会議の原則

　ブレーンストーム会議では，次の4つの原則を必ず守らなければならない。

① **よい悪いの批判はしないこと**。でてきたアイデアに反対することは，後まで控えねばならない。

② **「自由奔放」を歓迎する**。アイデアは自由奔放であればあるほどよい。考え出すことよりケチをつけることは，わけない仕事である。

③ **量を求む**。アイデアの数が多ければ多いほど，すばらしいものの入る可能性が多くなる。

④ **結合と改善を求める**。メンバーは自分のアイデアを出すばかりでなく，他人のアイデアをもっとよいものに変えるにはどうしたらよいか，また二，三のアイデアをさらに別のアイデアにまとめるには，どうしたらよいかを考える。

　この原則は，アイデアを出す際には，(1)**批判的思考をおさえ**，(2)**「関所」をはずして**，(3)**量を求め**，(4)**とくに連想を働かせて量を出す**，という考え方にもとづくものである。

　またブレーンストーム会議は，**「集団」でアイデアを出す**（メンバー相互が，連想を働かせ，他人のアイデアに相乗り——ヒッチハイクという——して，大量のアイデアを生み出す）ところに特徴がある。

　ブレーンストーム会議の実験の結果，「同じ長さの時間の条件の下では，ひとりで考える場合よりも集団で考えたほうが，ほとんど2倍近くのアイデアが出せる」ということが明らかになった。

　そして，ほとんどの実験で，集団によるアイデアの発想と個人による発想を，交互に混ぜて使ったほうがよいという点で意見が一致した。あらゆる場合，この両方を混ぜて使うと，アイデアが大量に生まれるからである。

9-6-2 ブレーンストーム会議の進め方

《会議の構成》……メンバーは5～10人くらいが一番いいといわれているが，別に人数については，それほどの制約はない（200人くらいの実験報告がある）。

議長1名と書記1名（または2名）を，参加したメンバーから選出する。ほかのメンバーは，アイデアを出す役割を果たす。議長の能力いかんが，会議の成果に決定的な影響を与えるので，人選が大切である。

《会議の準備》……テーマは，なるべく会議開催前に出しておくのがよい。こうすることによって，参加者は，そのあいだにアイデアを「あたためる」ことになるからである。

オブザーバーは，後で会議について批判をしてもらうためであり，必要に応じて設定する。なお，オブザーバーに，地位が高い人がなると，アイデアがでなくなる恐れがあるので，留意を要する。

《案内の例》

ブレーンストーミング会についてのお知らせ
山田太郎殿
(1) と　き　2005年3月2日　1～2p.m.
(2) ところ　第2会議室
(3) テーマ　仕上工場の現品保管と整頓の改善について
(4) 注　意　できたら一度現場作業をよく見ておいて下さい

（注）会議用具としては黒板，呼び鈴，掛図用紙，マジック，テープレコーダー（なくてもよい），メモ用紙などを用意する。

《ブレーンストーム会議の手順》

① 「**開会のあいさつ**」……会議メンバーに対し，自由奔放にアイデアを出してもらうように呼びかける。

〔例〕

図表9-1　会場のレイアウトの例

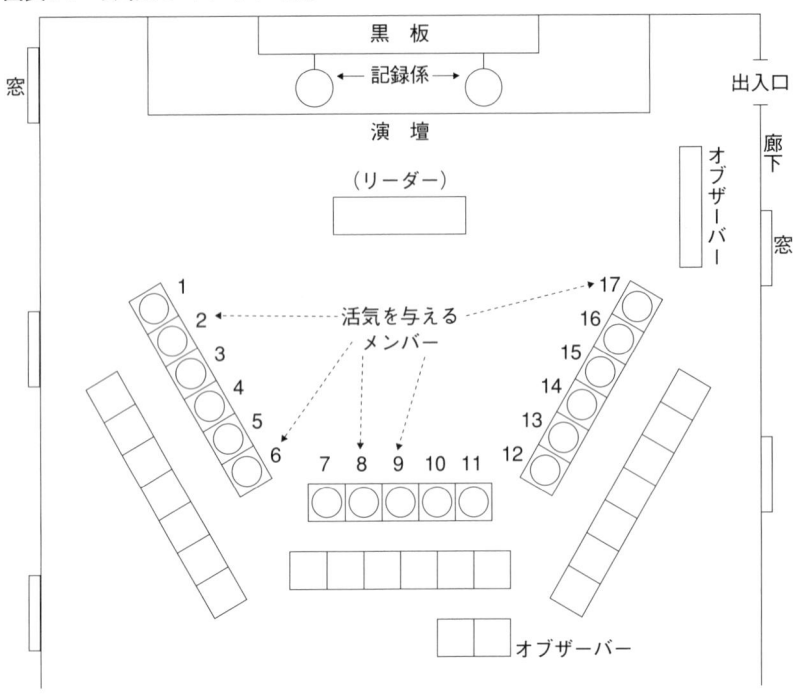

　　われわれはアイデアがほしい。よかろうが悪かろうが，見当はずれであろうが，いっこうにかまわない。妙なアイデアであっても，それを聞いたのがきっかけになって，ほかのメンバーがスマートなアイデアを思いつくかもしれない。ぱっとしないアイデアでも，少し修正すれば見ちがえるようなアイデアになることがある。さあ，はじめよう。

② 「**ウォーミングアップ**」……会議メンバーの雰囲気が盛りあがっていないときに，仮説のテーマで肩ならしをしてみる。

〔例〕

　　古いバケツがある。底に小さい穴があいてしまった。この廃物利用法をできるだけあげよ。

③ 「**テーマの説明**」……アイデアを求める改善テーマにつき説明する。

テーマは，極力具体的に細分化するほうが，アイデアはでやすい。必要に応じ，現物の観察なども行う。

④　「**会議ルールの確認**」（ブレーンストーム会議の4つの原則を再確認する），「**時間を決める**」（通常15分程度——精神力の集中は長時間は無理である）。

⑤　「**ブレーンストーミングの開始**」……この場合，リーダーは下記の点に留意する。

(1)　自由な雰囲気をつくり出すように留意する。

(2)　アイデアを量産するように，スピードとテンポを維持するようにする（書記が書ききれぬことがあるので，書記は2人くらい設定するほうがよい。また，メンバーも自分の発言順が後まわしになることもあるので，ひらめいたアイデアは忘れないようにメモをとることが必要である）。

(3)　会議の方向がずれてきたときは，「批判」をせずに，「自然に」本筋にもどすよう努める。

(4)　アイデアが止まったときは，種々のアイデア技法（9-7参照）を使って刺激する。

⑥　「**閉会のあいさつ**」（多数のアイデア提供に対する感謝）。なお，会議終了後，アイデアを分類・整理し，印刷して参会者に配布する。

9-7　アイデアを出す方法（その2）

ブレーンストーミングなどで，アイデアが行き詰まったときや，自分ひとりで改善のアイデアを工夫しているときなどに，以下のような手法を使うと，アイデアが促進される。

《**特性列挙法**》

改善テーマについての着想が行き詰まって，アイデアがでなくなったときに，テーマの属性を個々にあげることによって，アイデアを促進する方法である。

　たとえば，「**ヤカンの改善**」についてのブレーンストーミングで「このヤカンの改善について何かアイデアはありませんか」ときいてみると，メンバーからはいろんなアイデアがでてくる。ところが，20か30もでるとすぐ止まってしまう。止まったときにリーダーが「これで終わりにします」といってしまったのでは，大した数はでてこない。そのときリーダーが「**ではこの取っ手の部分についてもう少しアイデアはないでしょうか**」とか，「**このツマミについては**」とか，「**蒸気穴については**」とかいったように，問題点を細かく指摘すると，不思議なようにアイデアがでてくるものである。

　たいていの物は，共通的な次のような属性に分解することができる。

---

(1) **名詞的特性**————全体・部分・材料・製法
(2) **形容詞的特性**——性質
(3) **動詞的特性**————機能

　したがって，これを使ってその物の属性を頭に描くのである。たとえば，上記のヤカンを例にとってみると，

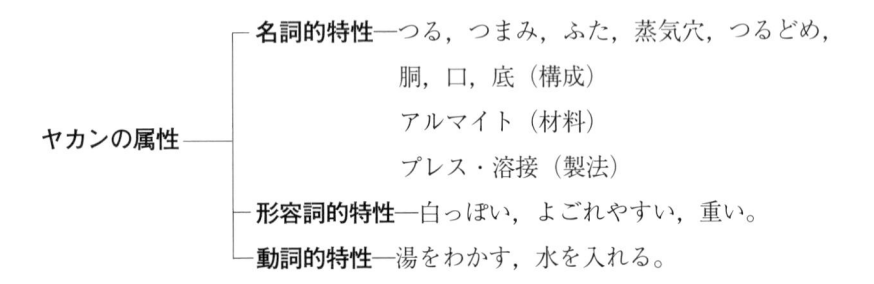

```
                    ┌ 名詞的特性—つる, つまみ, ふた, 蒸気穴, つるどめ,
                    │             胴, 口, 底 (構成)
                    │             アルマイト (材料)
ヤカンの属性 ───┤             プレス・溶接 (製法)
                    ├ 形容詞的特性—白っぽい, よごれやすい, 重い。
                    └ 動詞的特性—湯をわかす, 水を入れる。
```

《欠点列挙法》
　この方法は，問題の欠点を指摘することによって，**アイデアの連鎖反応**を

刺激しようとするテクニックである。たとえば，「額縁の改善というテーマ」について考えた場合，その欠点として次のようなものがあげられる。

〔例〕額縁の欠点列挙

(1)絵の大きさに応じ額の大きさを調整できない。 (2)上・下がわかりにくい。 (3)光って見えないことがある。 (4)重すぎる。 (5)額の体裁となかの絵とのつり合いがとりにくい。 (6)差し換えがめんどうだ。 (7)画がずれやすい。 (8)壁にかけるときにバランスがとりにくい。 (9)ひもが見えてしまう。 (10)塗料がはげやすい。 (11)裏にゴミがたまりやすい。 (12)値段が高い。

こういった**欠点列挙法**は，**特性列挙法**と併用して特定の部分を指摘し，欠点を列挙すると，非常に多くのアイデアがでてくるものである。

《希望点列挙法》

上述の欠点列挙法が，問題点をつかむ方法としては消極的であるのに対し，希望点列挙法は「こうしてほしい」「こうあってくれればよいが」といった点を列挙し，アイデアを促進しようとする積極的な意味をもつテクニックである。

〔例〕万年筆の希望点列挙

(1)いつもインキがでるようにしてもらいたい。 (2)インクがボタ落ちしないように。 (3)2色以上使えるように。 (4)太くも細くも書けるように。 (5)ポケットに入れたとき小さくなるように。 (6)ペン先が減らないように。 (7)キャップなしですむように。 (8)インクの入れ替えをしないですむように。 (9)暗くても書けるように。 (10)絶対に紙にひっかからないように。

《5W1Hの適用》

5W1Hは分析の際にも用いられるが，また着想を生むためにも有効である。

なぜやるのか，なぜ必要か（Why）
ほかのものに代えられないか（What）
もっとどこか別のところでできないか（Where）
ほかのときにできないか（When）
ほかの誰かが代われないか（Who）
ほかにもっとよい方法はないか（How）

《ECRSの適用》

アイデア（着想）を導くには，次の4つの大きな原則がある。これは主に作業研究（工程分析・動作研究）の着想に用いられてきた手法であるが，そのほかの改善着眼にも大いに有効である。

　a　排除（Eliminate）……E

まず，「**なしにできないか**」と考える。「**なしですむ**」，これほど大きな改善はない。また，「なしですまない」ときでも，**なぜ**，なしですまないか，がはっきりし，**目的**や**理由**が明確になり，ほかの改善にも結びつけやすくなる。

　b　結合（Combinate）……C

"who" "what" "where" "when" の質問に答えることによって，**いくつかの要素を結合**（たとえば，いくつかの工程を結合して1工程にしてしまうとか）する着想を得ることができる。

　c　配列換え（Rearrange）……R

"who" "what" "where" "when" の質問に答えることによって，成分の**置き換えや順序の交換**——"入れ替えられないか" "まえうしろを逆にできないか" "反対にしたら"——が考えられる。これは，さらに新しい排除や結合の可能性へ導くものである。

d　簡素化（Simplify）……S

排除・結合・交換を十分に考えた後，残された部分について，その簡素化を考える（「もっと簡単にできないか？」）。これには"How"の質問が役立つ。

《オズボーンのチェックリストの利用》
(1) **ほかの使いみちはないか**——現在のままで，また少し変えて，他の用途はないか。物の問題では，ほかに使いみちはないかと考えるのは，最も効果的な考え方である。
(2) **ほかからアイデアが借りられないか**——トーマス・エジソンは「他人がうまく使った新奇な興味あるアイデアを絶えず探す習慣をつけることが，アイデアを誘い出す第一歩である」といっている。
(3) **形，色，運動などを変えたらどうか**——色，運動，音，におい，形，型を変えてみたらどうか。
(4) **大きくしたらどうか**——何かつけ加えたら，もっと時間をかけたら，もっと回数をふやしたら，長くしたら，薄くしたら，他の価値をつけ加えたら，ダブらせたら，かけ合わせたら，大げさにしたら。
(5) **小さくしたら**——何かとりのぞいたら，小さくしたら，圧縮したら，低くしたら，短くしたら，軽くしたら，除いたら，流線型にしたら，分解したら，内輪にしたら。最近のいわゆる「軽・薄・短・小」は，この着想である。
(6) **代用したら**——ほかの人を代わりにしたら，ほかの要素にしたら，ほかの材料にしたら，ほかのプロセスにしたら，ほかの動力にしたら，ほかの方法によったら，ほかの音色にしたら。
(7) **入れ替えたらどうか**——要素を入れ替えたら，ほかの型にしたら，ほかのレイアウトにしたら，ほかの順序にしたら，原因と結果を入れ替えたら，ベースを変えたら，日程を変えたら。
(8) **反対にしたらどうか**——ポジとネガとを逆にしたら，裏返しにした

ら，上下逆にしたら，役割を逆にしたら．
(9) **結び合わせたらどうか**——合金にしたら，組合わせにしたら，組立ててみたら，ユニットを組み合わせたら，目的を組み合わせたら．

《鍵山式棚卸法》

これは従来ずっとやっていた**方式**とか**施策**などを全部列挙し，それを全部「やめられないか」「やめたらどうか」と問うことによって，マンネリ化したもの，たいして意義のないもの，効果の少ないもの，時代おくれになったものなどは，どしどしやめ，どうしてもやめられないもの——意義のあるもの——は，もっとはっきり位置づけをする方法である．また，それによって浮いた費用は，もっと意義あるものに集中的に投入する．この方法は，手を打ちたいが金がないときなどに有効である．

〈従来やってきたもの〉	〈その費用概算〉	〈チェック欄〉	〈やめられない理由〉
		×	
		×	
		○	意義大・希望者多し
		×	
		×	
		○	

9-8　アイデアの評価

ブレーンストーミングなどをとおして，大量にでてきたアイデアのうち，**改善に有効なものを評価**し，実際の改善に結びつける必要がある．

この過程で働く思考は，**批判的・判断的・論理的思考**であって，独創的思考ではない．すなわち，頭の切り換えが必要である．その意味で，一般的に

「評価」グループは，アイデアをつくり出すグループとは分けたほうがよい，とされている。

アイデアを「評価」するグループは，次の条件を備えていることが望ましい。

① **当該テーマについて，深い知識と経験をもっていること。**
② **独創的思考について正しい理解**をもち，個々のアイデアを頭ごなしに「くだらない」といった形で切り捨てず，自由奔放なアイデアに理解を示しうること。
③ **客観的な判断ができるとともに，一見奇妙なアイデアをさらに研究してみようと試みるような，前向きの意欲があること。**

アイデアを評価するためには，一般に「**メリット・レイティング**」（評価項目を決め，それぞれにつきアイデアを採点する方法）が使われる。メリット・レイティングにあたっては，評価項目を正しく設定することが必要であるが，**最小限，**(1)**効果，**(2)**実行可能性，という２つの面での検討が必要**である。

この２つの面で考えると，次のマトリックスが得られる。

		実行可能性	
		大	小
効果	大	A	B
	小	C	D

このように整理すれば，
A……無条件に採用，
B……捨てずに研究を深める，
C……ともかく実行してみる，
D……捨てる，

という判断ができることになる。いずれにせよ，**でてきたアイデアは，極力，生かそうという前向きの態度が，評価にあたっては必要である。**

9-9　改善案のつくり方

すぐれたアイデアが改善の中核であるが，それが得られたならば，具体的に，「改善案」をまとめることが，次のステップである。

改善案の内容には，次の5項目が含まれていなければならない。

① **目的**……上司の指示（あるいは部門の方針）との関連を明らかにする。これによって，部門または会社に貢献するものであることをはっきりさせる。現状分析の結果として，何を改善するのかを明らかにしておく。これによって空論でないことを示す。

② **内容**……改善の要点を簡明に記す。上司の指示（あるいは部門の方針），従来の慣行，規定，標準との関連を明らかにする。また，技術的にはどのように行うのかも付記する。これによって，調査が十分であり，周到な改善案であることを示す。

③ **期待効果**……上司が知りたいのは「改善の必要性」ではなく，「改善の効果」である（実際に改善案をまとめるときにはこれをまず第一に明確にすることが，ポイントである）。効果はあらゆる側面から検討し，効果を「論証」することが必要である。また「例証」として，実験例，調査例，他社例（これは簡単にふれるようにする。他社でやっているからうちでもやる，という判断をするケースと，他社でやっているようなことはうちではやらない，というケースとがある。問題の性格とトップの意向を正確に把握しておくこと）などをあげるのもよい。ただし，簡潔にまとめることが大切である。

④ **所要経費**……改善の本当の効果は，効果／投入費用というコストパフォーマンスで決まる。改善の実施にともなう費用だけでなく，移行準

備・移行実施・調整ないし修正のプロセスなどの費用もあげる。そして，改善期待効果の大きさを浮き彫りにすることが大切である。

⑤　**実施の時機・優先順位**……部門の通常業務のなかで改善実施の好機を見つけ，また，どのような段取りをすれば好機をつくれるかを検討する。複数の案を提示する場合は，その優先順位も検討しておく。

9-10　「改善案」の「売込み」の必要性

9-10-1　Selling the Idea

　いくらよい「改善案」ができても，これを，上司またはトップに承認させ，**実施命令**を獲得しなければ，それは，**何もしなかったも同じである**。

　よく優秀なスタッフが，一度提案してけられた「改善案」を机にしまいこんで，ふさぎこんでいることがある。上司やトップにも，理解不十分なことがあるであろうが，多くの場合，このような人は，自分の仕事は，**「改善案」をつくること**だと思っている。できた「改善案」をとるかとらないかは，上司，トップの権能で，判断の「明」のない上司，トップが受け入れなければ，彼らが悪いのであり，損をするのは彼らたけで，**自分は，「やるだけのことはやった」**と思っていることが多い。

　しかし，スタッフや，改善案の提案者の「仕事」は，「改善案」を書きあげることではなく，**「改善案」を実施し，大きな成果をあげること**であるはずである。

　そう考えると，**「改善案」**ができあがったという段階は，まだ，道半ばなのである。今日の分業，協業の企業体制のなかで，課長，部長，または，担当役員といえども，自分だけで専決できる「権限」は，たかが知れた小さなものである。**大きな「改善案」（改革案）は，部長→担当役員→社長，または，役員会**（「稟議」も含めて）の決裁を必要とする。この理解・承認が得

第9章●仕事の改善　201

られなければ，その改善案は**日の目を見ない**。すなわち，「何もしなかった」のも同じこととなるのである。

そして，この「改善案」を**提案し，承認を得る**過程は，決して容易なものではない。「改善案」をつくることと同じ程度，見方によっては，それ以上の困難をともなうことがある。優秀なスタッフ，優秀な改善エンジニアは，この「改善案」の**提案，承認の過程**で有能であることが絶対要件となる。

そして，「改善案」提案の対象は，上司，トップにかきらず，今日では，労働組合とか外部機関にまで及ぶことがある。また，社内の多くの従業員の理解と賛同を必要とすることもある。ただ，「**理づめで**」「**丁寧に**」説明すれば，やがてわかってもらえる相手ばかりではないのである。

このような意味で，アメリカなどでは「**改善案**」の提案などといわずに，**Selling**といっている。すなわち，「**買ってもらおう**」という「**姿勢**」である。このように，「**売り込むのだ**」「**買ってもらうのだ**」というほどの強烈な意欲が，改善案の承認への過程では必要なのである。

このような「売込み」の意欲と，適切な手だてを講じないと，「改善案」は承認され，実施されない。それは次に述べるように，**人間は，変化に抵抗するからである**。

9-10-2　「人間は変化に抵抗する」

人間は，改善による成果を期待する一方で，**改善による変化を恐れる**。変化とは未知なものである。人間には，安定した秩序や均衡を維持しようとする本能的な傾向があるといわれている。それが，人間の生存のための，最も原始的な知恵だからであろう。しかし，環境や状況の変化は，人間自身の思惑にかかわらず，どんどん起こってくる。この変化に適応しえなければ，人間は生き残ってはこられなかったのである。

このように人間は，理性では，**変化をともなう改善**なくして，事態の変化に適応できないことを知りながらも，なお，**変化が未知であるために，変化を恐れ，変化に抵抗する，という特性**をもっている。

これは，一種の「本能的特性」であるから，ごく自然に生まれる「情」なのである。だから，これに対して，十分配慮した手を打たなければ，「改善案」という「変化」は，上下，左右，社内外からの「抵抗」に遭遇するのである。

　では，これに対して，どうしたらよいであろうか。

　① 「変化」＝「未知なるもの」→不安なのであるから，変化の内容（「改善案」）を**知らせて**，その中身が自分たちに「不安」を与えるようなものでないことを知らせる。社内などであれば，できれば，その改善案のもたらす**仕事上，経営上のメリットを宣伝し，積極的支持者を得られるよう努力する必要がある。**

　② 上記のように**知らせる**ということは，受けるほうから見れば，**知る努力**（勉強）が必要ということになる。とすると，**その努力**に見合う価値のあることを理解させなければ，人間は，そうした努力をしたがらない。とくに，現場の作業者や，事務所の実務担当者などで，仕事の手順や方法が大きく変化するような場合は，抵抗感が強い。「再教育」のような，相当時間的にも，量的にも，規模の**大きい努力**（＝勉強）を必要とするからである。

　それゆえ，1つは，**その変化（＝改善案）が，その努力（勉強）に見合う価値あるもの**であることをよく説明すること，もう1つは**その変化を徐々にやる**ということである。すなわち，改善テンポを徐々に，みんなの「理解」のテンポにあわせて，はじめはとくにゆるやかに，しだいに，テンポを速めていく。このような配慮が大切である。

9-10-3　「改善」の同調者をつくろう

　また，同じ企業人にも立場の違いがある。すなわち，**当事者と傍観者（＝第三者）**である。改善に取り組むことが，まさに，当人のために必要不可欠な事柄であれば，懸命に取り組むことになる。しかし，当事者がいるということは，第三者がいるということでもある。第三者にとっては，第三者として直接関与しない「傍観者」であれば，その改善案の成否に対して，関与者

としての責任を追及されることはない。したがって、**手を打たなければ「傍観者」の立場を維持しようとする会社幹部や一般従業員が多くなるもの**である。

　改善を進めようとする当事者は、この「傍観者」を、いかに当事者に巻き込むかを真剣に考えなければならない。ここでは、単に公式組織だけでなく、非公式組織をも動員できるだけのリーダーシップが要求される。大きな改善（たとえば、経営全体の体質改善を進めようとするような場合）になればなるほど、改善運動に、より多くの人々を巻き込んでいく「思想」と「戦略・戦術」が必要となる。

　さらに、組織においては、上司になればなるほど、多くの権限をもっていることになっている。したがって、その権限を活用できれば、改善は進みやすくなる。ところで、権限がそれだけ大きいということは、上司は、併せて**大きな責任**をもっているということである。このため、上司は、変化（改善）が万一うまくいかなかった場合の自分の責任を恐れて、その権限を活用しようとはしてくれない傾向がある。**改善案の売込みにおける最大の難事は、上司に「売り込める」かどうかにある**、といわれるのはこのことである。

　また、今日の民主的経営では、社内の多数が納得するかどうかが、改善の成否の決定的分岐点になることが多い。**「世論」の支持**を得られない改善案は、実施されないのである。とくに、自分よりも上位の階層のなかに、自分の改善案を支持する「世論」を形成するように努めることは、日本の集団的意思決定システムで、大変、重要である。

　以上のように、**改善（変化）に抵抗し、これを認めなかったり、否定する要因が、企業のなかには多く存在している。この要因を除去し、消去し、改善案を理解させ、納得させ、スムーズに導入させていく努力と工夫がなければ、いくら立派な内容の改善案でも、単なる紙きれ同然ということになる。売込みが重要なゆえんである。**

　とくに、日本的経営のなかでの集団主義では、個々の職務分掌や権限は不

明確かつ不十分であるが，それが「総意」になったときには，全体を大きく動かす力をもつ。そこで，上司を動かしトップを動かす「改革提案」をし，それが承認されれば，会社全体が大きく動くのである。しかも，その「改革提案」は，課長レベルくらいにでもなれば，「稟議」という形で，ほとんどあらゆる範囲にわたって提案できるよさが，日本的経営風土にはあるのである。

9-11　改善案の実施

　改善の実施を決めたとしても，それは出発点で，改善の成果をあげるには，**実施そのもの**がうまくいかなければならない。実施を成功させるには，(1)**移行準備**，(2)**移行**，(3)**調整ないし修正**，の３つが順調に行われる必要がある。

　「**人間は，よりよい状態を望むが，現状からの変化には抵抗する**」ものであることは，前述のとおりである。改善に関連する部門・職位の利害を検討するのはもちろん，現状からの変化に自ら積極的に取り組むように動機づけし，少なくともその変化を受け入れるようにすることが必要である。移行準備・移行時には，十分配慮すべきである。

　① 　移行準備

　担当者ならびに関与者の教育や，準備訓練は十分か，機械やマニュアル，伝票などはスケジュールどおり進行しているか，などを十分チェックできるよう，「移行予定表」「新旧設備対比表」「Before After 手順対比表」などを活用して，準備をしておく必要がある。

　また，全面移行が**困難な場合**には，徐々に**一部ずつ移行する**という準備もすべきだし，全面移行が**不安な場合**は，**新旧両方を一部並行して実施させる**（コンピュータなどでよくやる方法）など，配慮する必要がある。

② **移行**

手順，予定にしたがって，**確実に新方法へ移行する**。そして，人員，機材，システムなどが，予定したとおりに順調に活用されているかどうかを**確認する**。はじめは，**ほとんどつききりで確認し**，予期したような性能や活動が，不安なくできるようになるにしたがって，巡回，確認の回数を減らし，「定着」をはかる。

③ **調整ないし修正**

どんなよい改善案でも，実際に「実施」してみれば，時間的に，以前に「想定」したのと，状況が少し変化していたり，機械やシステムでも「初期故障」があるため，それらへの対応や，各種の調整は必要である。

それらが，機械本来の，システム本来の問題である場合は，一部手直しを必要とするかもしれない。それらは迅速に手を打たなければならない。

このような対応をした上で，改善案立案者ないしは，**導入指導スタッフが手を引き，現場へ責任を完全に移行**できたときに，改善案は，完全に実施され，改善は1サイクル完了となる。

9-12　改善のフォロー・アップの重要性

改善案が一応導入・実施されても，それで成功は間違いなく成果が必ずでると考えてはならない。確かに，改善案を「導入」すること自体が大変なエネルギーを要することである。しかし「導入」しただけでは，改善の「成果」はでない。あたりまえのことであるが，**「導入」して，新しいやり方を「定着」させ正しく「運用」してはじめて改善の「効果」が刈り取られ，「成果」がでてくる**のである。

それゆえ，「改善」の「成果」を本当に出そうと思えば，導入後のフォローアップすなわち，「定着」と正しい運用のチェックが肝要だ，ということになる。

ところで，改善の「導入」に劣らず，その「定着」もなかなか容易ならざることなのである。なぜか。

① 改善を要した以前の状態（beforeの状態）にも，それなりの「存在理由」はあったのであり，かつ，多くの人々はそのbeforeの状態に「慣れ」ていたのである。したがって，**定着努力を怠ると，再び「惰性」でモトのモクアミに流れる危険性**がつねに存在する。

② 改善＝新しいやり方を導入する場合，多くの人々はその新しい「やり方」を習得するのに精一杯で，**新しいやり方がなぜ必要なのかという「考え方」「精神」「理念」を習得**するだけの余裕がない（「仏つくって魂入れず」というような状態になりやすい）。そこで，新しい「やり方」にある程度習熟してくると，そのやり方の「考え方」「精神」をわきまえていないがゆえに，自分勝手に「やり方」を変え「改悪」することが起きる。

このような点をふまえれば，改善案「導入」後のフォローアップとして，

① 改善案が定着しているかどうかをよくチェックするとともに，
② 不断に改善案の「考え方」「精神」をよく教育すること，

が肝要であることがわかる。

また，改善案も，いつでも，どのような状況でも，そのまま適用できるような完全さをもっていることはない。

まず第一に，改善案も，なにがしかの条件を前提として組み立てられている。この条件づくりに手ぬきがあれば，改善はうまくいかない。「**給油などの手入れが悪ければ，新鋭機械も止まってしまう**」のである。

第二に，基本的な条件が変わってしまった場合には，新たな改善を考えねばならない。**1つの改善は，移行した瞬間から，すでに陳腐化が始まってい**るのである。これは，激烈な競争時代の宿命である。

改善は完成ではなく，前進の一里塚であり，改善案が定着した時点は，次の改善案作成へのスタートの時点でもある！

以上の改善の進行手順を，もう一度まとめて図示すると，次のようになる。

図表9-2　改善の手順

1　改善案の立案
2　改善案の売込み（⟶承認・決定）
3　改善案の実施 ─ { 移行準備 / 移行 / 調整・修正 }
4　フォロー・アップ
5　次の「改善案」立案へのスタート

第10章 部下の育成

■本章の内容

1　日本的経営における部下の育成
2　日本における企業内教育のあり方
3　管理者による部下の指導・育成

10-1　日本的経営における部下の育成

　日本的経営において部下の育成を考える場合，次のような部下の区分を考えなければならない。

　　　正社員―終身雇用制社員
　　　　　　　非終身雇用制社員
　　　非正社員（臨時社員，契約社員，嘱託社員，パート，アルバイトなど）

　このうち，非終身雇用制社員（すなわち，短期雇用社員）は，非正社員と同じく，「即戦力化」が，教育・指導の要点である。したがって，職務分析をし，職務記述書を作成し，短期集中教育によって，戦力化をはかることが肝要である。この種の部下については，アメリカ式の部下育成のノウハウが

そのまま適用できる。

しかし，終身雇用社員の育成については，アメリカ式の「短期即戦力化」で事足れりとするわけにはいかない。その理由は，下記のとおりである。

① 終身雇用社員については，長期勤続が前提である。したがって「現在与えている職務がこなせること以上に，**将来より高い仕事ができるかどうか**」「現在の賃金パフォーマンス以上に**生涯賃金パフォーマンスを向上せしめうるかどうか**」が決定的に重要である。すなわち，**長期にわたる能力向上の動機づけ，将来より上位の仕事ができうるような能力向上が指導上肝心**なところとなる。

② 終身雇用社員は会社の基幹部隊であり，企業と運命共同体的関連の下におかれる。そして，運命共同体的構造をふまえた基幹社員の「企業団結心」が発揮されるか否かが，日本的経営が「強み」を発揮するか否かの分岐点である。それゆえ，**正しい企業観を教育し，会社施策の正当性に確信をもたせる等の，ベクトルの一本化のための教育がとくに重要**な意義をもつことになる。

終身雇用社員の育成にあたっては，上記のような点をポイントとしておさえることが大切である。

基幹社員の終身雇用を前提とする日本的経営は，アメリカ型経営に対し
・雇用の弾力性が乏しく経営が硬直化しやすい，
・年功処遇に陥れば，賃金パフォーマンスが悪化しやすい，
という難点をかかえつつも，
・企業と従業員の運命共同体的関係をベースとした高モラール経営が実現しやすい，
・採用，人材育成に成功すれば知的人材の集積が可能である，
という長所をもっている。
そして，この日本的経営の強みの発揮，すなわち，
・**高モラールの知的人材集積**

の成否を決めるのが，**全社的人材育成努力を前提とする管理者の部下育成**である。管理者の部下育成が失敗に終われば，日本的経営は難点のみが残る。
　このような点の重要性を管理者はしっかりおさえなければならない。

　本章では，まず企業内教育の一般的あり方を整理し，その上にたって，管理者の進めるOJTについて検討を加える。

10-2　日本における企業内教育のあり方

　本節では，管理者が部下を育成指導する際の前提となる日本における企業内教育の一般的なあり方をまず整理しておくこととする。

10-2-1　企業内教育の目標・内容について

　およそ教育というものは，人を「教え育てる」ことであるから，まず，(1)**教育の目標**（どのような企業人を育成するか，どのようなレベルに社員をもっていくか）を明らかにし，(2)**教育の対象の現状の評価**（社員・部下がどのような能力と意欲の水準の現状にあるかの評価）を行い，(3)目標と現状のギャップをふまえ，それをうめる**手段・方法**を設定することが教育の基本的契機であって，この点は企業内教育であっても変わらない。

　短期雇用社員であれば，与えられた職務を十分遂行しうる状態に短期にすることが目標であり，本人の能力・意欲をもふまえつつ，この目標達成に適合した教育手段をとることになる。

　ところが**終身雇用社員**に関しては，先述したとおり「短期即戦力化」では，教育の目標として不十分であって，「生涯賃金パフォーマンスを達成しうる」「企業の後継者」をつくることが目標である。すなわち
　① 望ましい企業人像をトータルとして明らかにし，

② それと教育対象の現状評価とのギャップをふまえ，

③ ①に接近しうるような教育の手段・方法を設定することが必要となる。

このように考えれば，企業内教育の内容は，一般に考えられているように，経営ノウハウの習得に狭く限定されるものではないことがわかる。

一般に学校の義務教育では，(1) 自然科学上・社会科学上の知識を教える側面，と，(2) 将来の国や社会の担い手として必要な規範（理念・道徳）を教える側面，の2つの面がある。しかし，戦後教育では，戦前教育が過度に精神教育（(2)の側面）を強調したことに対する反動として，規範を教えること自体が右翼的・反動的なことであるかのような誤った思考に陥り，その結果，教育はもっぱら知識のつめこみに歪曲されてきた感が強い。

このような「**教育＝知識の習得**」とする一般の風潮は，**企業内教育**といえども例外ではなかったといえるのではないだろうか。戦後の企業内教育では，欧米先進国で蓄積され，開発されてきた「経営ノウハウ」を教え，習得せしめることがすべてであった感が強い。

そもそも企業内教育の根本目的は，将来の企業を担うに足る企業人を育成する（教え育てる）ことにあることはいうまでもない。ところで，**将来企業を担うに足る「企業人がもつべき要件」は，単に「経営ノウハウを大量に覚えこんでいること」に尽きるのではないことは当然であろう。**

第一に，企業人たるものは，付加価値生産性を向上させ，われわれの経済生活を維持・向上させるという実践的目的を追求する「行動人」なのであるから，実践的目標を必ず達成するという強い「意欲・精神力」が必要とされる（理想としては，目標を必ず達成するという信念，「必勝・必達の信念」が求められる）。いかに経営知識や経営ノウハウを覚えこんでいても，達成意欲の弱い人間は書斎人にすぎず，企業人たる資格はない。

第二に，企業人たるものは「正しい経営理念」（正しい企業観）**を自らの行動の指針としなければならない。**いかに，知識・ノウハウをもっていても，それを誤った方向に使ってはならないのである。企業は，人類の物質的生活の維持・向上に欠くべからざる役割を果たしていること，現代の企業は

利益のみならず従業者の幸福をも追求しなければならないこと，とくに終身雇用の日本では企業は従業員の生活の基盤たる意義をもつこと等，企業の根本的な意義・理念をふまえつつ，企業人の行動は展開されなければならない（望ましくは正しい世界観，すなわち社会観・国家観・企業観・職業観・人生観をもつことが期待される）。

　第三に，経営の現実はきわめて複雑であり，抽象的・一般的な経営知識やノウハウを機械的に適用すれば解答が得られるほど単純ではない。したがって，**知識やノウハウを活用しうるだけの「思考力」が必要とされる**。

　このような観点を考えれば，「戦後企業内教育＝ノウハウ教育」が忘れているものが，「精神力の教育」・「行動力の教育」・「理念の教育」・「思考力の教育」にあることがわかる。**「知識・ノウハウ」といったものは，「精神力・意欲」という推進力をもち，「企業観」という方向性をもって，「思考力」により活用されるときにはじめて企業の現実のなかで生きてくるのである**。

　これからの企業人教育は，以上のような戦後企業内教育の一面性を改善・是正しつつ推進されねばならない。新しい経営知識や経営ノウハウの吸収・習得が重要であることは当然のこととして（ただし，日本企業の到達水準からいえば，もはや欧米からの吸収・模倣の時代は終わっており，欧米をこえる独創が求められていることは十分ふまえる必要がある），下記の諸点がこれからは重要であろう。

　第一に，**「精神力・気力の錬成」**を経営教育において重視すること（豊かな社会を前提にしたとき，人々の気分は安逸に流れがちであることをふまえつつ，また，このような目標のための種々の教育手段の十分な検討もふまえて，精神力の教育が実施されるべきである）。

　第二に，**「企業観・経営理念の確立」**を経営教育において重視すること（一般的に企業悪的ムードが少なからず存在し，かつ日本では特殊な左翼イデオロギー的思考も存在するなかで，そのようなムードや思考を的確に批判しつつ，正しい企業観の確立のための教育がなされなければならない）。

第三に,「**思考力の錬成**」を経営教育において重視すること(単に知識ではなく理解力・判断力・創意工夫＝独創的思考力・思考計画力＝論理的思考力等を種々の教育手段の開発を通じて育成しなければならない)。

以上のような諸点での教育を強化しつつ,真にこれからの企業を担うに足る人材を錬成・育成することが,これからの企業内教育において望まれるところといえよう。

10-2-2 企業内教育の体系・方法について

企業内教育・訓練の体系は,機能別教育と階層別教育とから成る。次の図は組織図を,縦,横に区分して,教育の対象と内容を整理したものである。

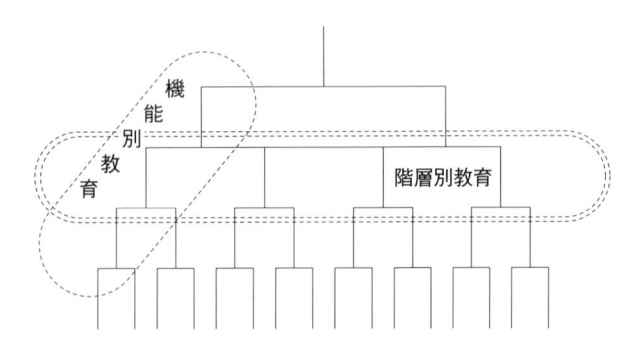

機能別教育は,生産,生産技術,開発,販売,経理,人事などの経営の分業を果たしていく上で必要な知識や,技能を教育するために行われるものである。このための方法としては,**OJTを中心に集合教育,社外セミナー,社外見学**,さらには各種の**参考書の自学自習**などがある。

一方,**階層別教育**は,組織の進もうとする方向(方針など),分業・協業を行っていく上で,各階層において共通にもつべき知識や考え方などを教育するものである。階層別教育は,上記「機能別」と同じく社外セミナー出席や,自学自習の方法もあるが,その会社の当該階層が,その時点で「意思統一」をしておく必要のあることが多いため,**OJTや階層別の集合教育**の形をとることが多い。

また，教育方法は，大別してOJTとOff JTとに区別される。

- **OJT**　（On-the-Job Trainingの略）（仕事を通じての教育・指導）
- **Off JT**　（Off-the-Job Trainingの略）（仕事を離れての教育・指導）

　企業内教育は，広義の職務遂行能力向上を通じた長期的な職務成果向上を究極の目的として行われるのであるから，「実践で鍛えること」が基本となることは当然である。したがって，企業内教育では，OJTが基本であり，Off JTはOJTを補強するものとして行われる。

　しかし，OJTのみでは(1)実践では鍛えられるが，概して経験習熟型になりやすく，「理論的な職務の追求」が弱くなりがちであり，(2)長期にわたる能力向上の「動機づけ」が弱くなりがちであり，(3)企業観の教育，全社施策への合意形成などベクトルの統一が不十分になりがちである，という難点が生ずるため，このカバーとしてOff JTが行われるのである。なお，Off JTとOJTの差異についてまとめた下表を参照されたい。

区分	OJT On-the-Job Training	Off JT Off-the-Job Training
意味	仕事を通じての教育	仕事を離れての教育
教師役	教師役は，管理者自身。	教師役は，管理者自身のこともあるが，ほかの適任の人に委任することが多い（社内・外）。
計画性	そのつど，教えることになることが多いが，OJT計画を立てるとよい。	計画的に行うことになる。プログラムも事前にはっきりとわかる。
適した内容	頭の働かせ方，身体の動かし方など，本当の実務を教えるのに適している。	理論的・体系的知識や，基礎的な知識，日常と異なる経験をさせるのに適している。
対象	個別指導になる。やや手間がかかる。	集合教育が行いやすく，効率がよい。

10-2-3　日本的経営における教育の戦略的意義

　日本的経営では，教育訓練のしっかりした推進は，とくに戦略的に重要な意義をもっている。それは下記の理由による。

① 1980年代後半以降に急ピッチで進んだ円高により，日本の平均賃金は遂にアメリカをこえ，**世界一の水準**になった。しかも，日本の賃金は「年次昇給をともなう労職無差別の年功賃金形態」という世界に類をみない特質をもっているがゆえに，

(1) 日本の中年以上の単純労働者の賃金は世界に類をみない極度の高賃金になっていること，

(2) 年功的賃金上昇を放置すれば，賃金上昇に能力がともなわず，賃金パフォーマンスの悪化を来たしやすいこと，

に注目する必要がある。

図表10の「アメリカの職務給と日本のモデル賃金の比較」を見ると，

(1) 高賃金国アメリカですら，Ⅰ等級の単純職務は日本の月給換算で10万円強であるのに対し日本では正社員中最低の賃金の高卒初任給ですら，これを大きく突破する15万円以上のレベルになっていること，

(2) 日本の正社員は，30歳でⅣ等級，35歳でⅤ等級，40歳でⅥ等級の仕事をこなさないかぎり，換言すれば，5年で一職務等級の能力向上を達成しなければ，アメリカよりも賃金パフォーマンスで優位に立てないこと，

がわかる。それゆえに，正社員に関しては，「**まず当面最低Ⅲ等級以上の職務能力を身につけさせ，5年で一職務等級あがる水準での能力向上を必達**」しなければ，日本の企業の国際競争力の基礎である賃金パフォーマンスは悪化し，企業の存続は危うくなる。

したがって，この水準での能力向上を必達するための教育訓練への注力（もちろん，しっかりした人材を採用し，能力主義的な処遇体系をとることも必要である——）がきわめて重要になるのである。

② 終身雇用を前提とする日本の経営の「強み」は企業と終身雇用社員の事実としての運命共同体的関係を基礎に「企業団結心」が発揮されやすいことにある。しかし，事実として運命共同体であれば，自動的に企業

図表10　アメリカの職務給と日本のモデル賃金の比較（2000年，1960年）

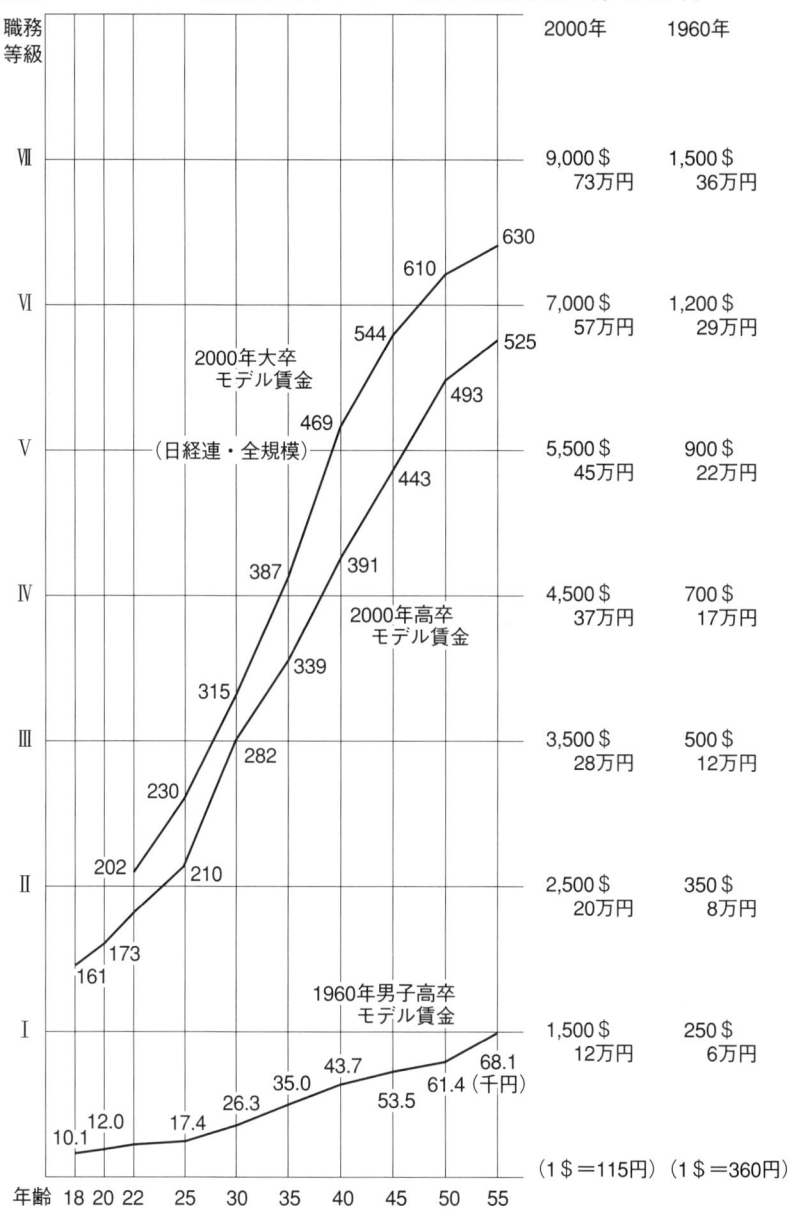

職務等級	2000年	1960年
Ⅶ	9,000＄ 73万円	1,500＄ 36万円
Ⅵ	7,000＄ 57万円	1,200＄ 29万円
Ⅴ	5,500＄ 45万円	900＄ 22万円
Ⅳ	4,500＄ 37万円	700＄ 17万円
Ⅲ	3,500＄ 28万円	500＄ 12万円
Ⅱ	2,500＄ 20万円	350＄ 8万円
Ⅰ	1,500＄ 12万円	250＄ 6万円

（1＄＝115円）（1＄＝360円）

2000年大卒モデル賃金（日経連・全規模）: 202, 230, 315, 387, 469, 544, 610, 630

2000年高卒モデル賃金: 161, 173, 210, 282, 339, 391, 443, 493, 525

1960年男子高卒モデル賃金（千円）: 10.1, 12.0, 17.4, 26.3, 35.0, 43.7, 53.5, 61.4, 68.1

年齢: 18　20　22　25　30　35　40　45　50　55

第10章●部下の育成

〔図表10〕の補注

(1) 日本のモデル賃金は，規模500人以上の会社の男子大卒・男子高卒職員（管理・事務・技術労働者）のモデル賃金（日経連調査）である。

(2) アメリカの職務給水準の推定は±10％程度の幅を含む。為替レートは92～01年平均の1ドル115円。

(3) アメリカの職務給・月収水準の日本の月給への換算は，下記の式をもとにする。

- アメリカの月収水準……A 　　　日本の月例給……J
- アメリカの年収…………A×12 　　　日本の年収………J×17
- 日本の年収が×17となるのは，
  　月例給12カ月＋退職金1カ月＋賞与4カ月とみたためであり，

  アメリカの年収が×12となるのは，
  　日本と異なり，退職金・賞与が制度的にないためである。

(4) アメリカの職務給水準は概略下図の通り（年俸÷12の月額表示　単位1,000＄）

		（技術系）	(SE)	（営業系）		（人事スタッフ）	
Ⅶ		DIRECTOR 8.9～10.0	D 8.8	D 7.7			9.0
Ⅵ		MANAGER 6.5～7.7	M 6.5	地域M 6.0	D 6.9		7.0
Ⅴ		スタッフ 5.4	SENIOR 5.1	地域M 5.1			5.5
Ⅳ	TECHNICIAN			S 4.3	4.3		4.5
		4.5					
Ⅲ	3.2～3.8	見習 3.5	OPERATOR	JUNIOR 3.0　3.5	CLEAK	見習 3.3	3.5
Ⅱ	2.1～2.5		2.2～2.7	見習 2.5	2.0～2.5		2.5
Ⅰ	1.6		1.7				1.5

（原資料出所）John W. Wright, *The American Almanac of jobs and Salaries*, 1994-95 Edition, Avon Books,（アメリカ職務・給与年鑑1994～95年版）を基礎に，2000年迄の賃金上昇を織りこむ。

　団結心が生まれるわけではない。この事実を「**事実として認識し**」「**その意味を実践的につかむ**」ことなくしては，企業団結心は発揮されな

い。そのためには，正しい企業観の教育，全社方針の正当性の教育・合意形成が必要であり，これをぬきにしては，日本の経営は「強み」を発揮することはできないのである。

　そればかりではない。日本の終身雇用制社員については，職務をあいまいのままにしておいて，本人に方針の範囲内であれば，相当自由に仕事をやらせるという傾向が強い。そこで，この**方針**や会社の方向をしっかり教育しておかないと，ピントはずれの仕事をしたり，会社の方針と反する行動をさせてしまったりすることになる（ただし，短期雇用社員については，終身雇用社員とはまったく異なる。職務記述書，諸制度・手続を熟知させることが主眼となる）。

③　教育の意義は，別の観点からも考えられる。すなわち，**人材の確保**ということである。有名企業では，教育のあり方にかかわらず（とくに，そのことを問題とせず），その企業の知名度や将来性ゆえに，人材の確保に特別の苦労を必要とはしない。しかし，多くの一般企業では，質の高い人材を求めれば求めるほど，その確保が困難である。そこで，社内人材の早期育成が肝要となる。

　わが国では一般に，社外から随時，人材をスカウトできるような労働市場がない。自社で人材を教育し育成することをしなければ，スカウト補強は一般に困難である。のみならず優秀な新卒は，人材育成に熱心な企業を希望する（各大学などの就職担当者も，とくに教育熱心な企業に好感をもっている）。社内の人材も，能力向上が行われていると充実感をもち，企業への忠誠心も強くなる。以上の要素を考慮すると，教育の価値は大きい。

④　さらに，教育の**費用対効果**を考えると，教育は経営戦略上，非常に重要なものである。すなわち，教育の実施＝**費用投入**は，全額その期の費用として計上できる。しかるに**効果**は，その期だけでなく次期以後にも

現れ，価値を生んでいく。その意味で，「教育費用」は，広告宣伝費，研究開発費などと性格的に似た「**投資的経費**」である。

広告宣伝，研究開発などと同じく，基本的で最低限の教育は，業績不調のなかでも，歯を食いしばってやっていかなければならない。それは，田に最低の肥料をやるようなものである。

一方，業績好調で，適正利益以上が見込めるときには，広告宣伝費，研究開発費，教育訓練費を思い切って投入するとよい。それは，将来に価値を生む「投資」と同様な意味を「費用」という形で実施することとなる。それは，企業にとって大きな「節税」効果と「**無形資産の拡大**」の意味を生む。

また，教育を熱心に行うことは，能力向上を促進する。能力向上は生産性を高める。したがって，賃金コスト（賃金／生産性）は低下し，競争力が強まり，**業績はよくなる**。逆に，教育を行わないことは，業績悪化の要因となる。

とくに，日本の経営の場合（とくに終身雇用社員については），勤続が長期であるから**教育投資の回収期間**が長い。そのため，目先の専門知識・技能の教育だけでなく，将来のための基礎教育にも力を入れるべきだし，また，力を入れる価値もある。

10-2-4　企業内教育推進上の重要ポイント

以上で見たとおり教育は，高度に戦略的な経営施策である。したがって，教育の思想と体系，計画の骨格は，人事部門が全社的観点から，検討・作成すべきものである。

管理者は，その教育の目的・内容を熟知し，これを活用し，徹底的にフォロー・アップすることが必要である。

企業内教育一般についての最後の諸点として，企業内教育を成功裡に推進するための実践的ポイントを整理しておく。

① **教育は上からやる**

企業内教育を成功させる要諦の第一は,教育は,トップから行うことである。トップの教育効果が大きければ,組織上当然,その影響が広範囲にわたる,ということと,トップが勉強すると,下もよく勉強し,さらに,上意下達,下意上達もスムーズにいくようになるからである。また,上から先にやらないと,下の教育効果を上位者がだめにしてしまうことがあるからである。

② **ベクトル(方向性)教育を徹底的にやる**

能力向上は重要である。しかし,能力向上は,本人が中級以上の能力をもっていれば,専門書を読むなどして,かなり,独力でも成果をあげることが可能である。しかし,ベクトル教育は,独力では行い難い。

そして,企業人の戦力は,

本人の能力×ベクトル

である。しかも,ベクトルにはプラスもあるが,マイナスもある。能力が高くてベクトルがマイナスの者は,能力が低い者より,その破壊効果は大である。ベクトルが正しくなければ,分業しても,協業が不可能となるからである。

また,教育の究極のテーマは,**ものの見方・考え方**(すなわち,思想・哲学としつけ)だ,ともいわれる。これを強制によらず,言論でわからせる。これが,現代企業のベクトル教育のむずかしさである。

ベクトル(すなわち,企業の進もうとする方向に対して,積極的に貢献しようとする意志・意欲)を高める教育とは,いわば「正しい企業観」の教育である。

様々な形で表出する反企業的ムード等を考慮すると,「正しい企業観」の教育は,きわめて重要である。ベクトル教育の成否は,端的には,労使関係に現れる。労使関係が悪い企業とよい企業とでは,生産性は,短期的に見ても数倍の差があり,長期的に見れば数十倍の差となろう。それゆえ,このベクトル教育は,正社員,とくに終身雇用社員にとって,必要不可欠である。

③ **基礎教養教育を重視する**

終身雇用制社員の「**生涯賃金パフォーマンスを**」**向上せしめる**ためには，どうしても継続的な能力向上が必要である。能力向上のテンポは，本人の**熱意**と**基礎教養**の水準で決まる。変化に応じた新しい専門知識，今の担当職務より高いレベルの職務の専門知識・技能を得ようとすれば，その前提として，**基礎教養**がどうしても必要となる。

終身雇用であるかぎり，勤続とともに能力があがり，また賃金もあがるのが普通である。勤続に応じて給与をあげていくためには，4～5年で一職務等級分の能力向上が必要である。そのためには，専門知識・技能の向上が不可欠であり，その前提となるものとして，本人の向上意欲と併せて，基礎教養の高さが必要となる。

ここでいう基礎教養とは，専門知識・技能を習得し，レベルアップする際の，正確性とスピードを決定する基礎的学力をいう。基礎教養が低いと，専門知識・技能の習得が困難で，かつ時間がかかる。したがって，基礎教養のレベルアップは非常に重要である。しかし，これには時間がかかる。

一般の企業では，基礎教養のレベルアップを，学校教育のみに依存し，企業入社後は，本人の個人的読書などにのみ委ねている傾向が強い。企業が，基礎教養だけのレベルアップのための特別研修を行うことはむずかしい（大手の企業のなかには，基礎教養だけの教育を実施している例もある）が，各種研修のプログラムのなかに，この要素を入れ，**自学・自習を促す**ことは可能である。

④ **教育は，長期的な目で見，考える**

教育は，**企業存続の証**である。終戦直前の海軍兵学校の井上成美校長は，日本の敗戦を確信したときから，生徒の定員をいっきょに3倍に拡大することを容認したといわれている。彼は当時，「今入校してくる兵学校75期以降の生徒は，あるいは卒業を見ずして，日本は敗戦になるだろう。そして，その敗戦後の日本は厳しい試練のときを迎える。そのような時代に，今入校し

てきて，心身を鍛えた『生徒』がこれから日本のために役立ってくれるであろう」とひそかに考えたといわれる。そのため，英語をはじめとして，普通科の授業を減らすことに，強く反対したといわれているのである。

　これは，大きな目で見た**国家存続の証**としての教育の姿である。

　およそ企業で，教育をやらないで高収入をあげているのは，目先第一主義で，長期的視野を欠いた企業である。それゆえ，そのような企業の長期的命運は，風前のともしびに等しい状態にあることを知らねばならない。

　この意味では，教育はいわゆる「はやり」でやるのではなく，将来へ向かっての洞察にもとづいて行うべきであるといえよう。

　とくにわが国では，(1)終身雇用で長期勤続であるから，目先より「生涯」での賃金パフォーマンスの最大化を考えねばならない。そのためには，賃金上昇以上のスピードで，能力向上を継続的に達成しなければならない。(2)新入社員は，やがて中堅社員，さらには課長，部長へと昇進していくのが，日本の経営における通常の姿である。だから「目先」ではなく，将来の本人の職務の「基礎づくり」を今から考えていく**長期的視野**がどうしても必要になるのである。

⑤　教育は，ひまだからやるのではない

　教育の目的は，生産性を向上させることにある。教育して生産性を高め，余力が生まれるのであるから，忙しさを解消できるようになるのである。

　この意味で，**教育は多忙に備えてやる**ものである，といえる。現実には，ひまになってからやるのでは，教育の目的は果たせない。本当にひまなときは赤字で，それこそ教育どころではなく，減量を考えなくてはならなくなっているのである。多忙なときにこそ，教育を行って多忙を解消し，次の多忙に備えるべきである。

　そして「多忙だ」といって教育をしないことは，現在の水準の**能力**と**やり方**で，**繰り返し努力**しているだけであるから，いつまでたっても生産性は同じ，忙しさは同じである。この悪循環を打破するには，現在以上の**高い能力**

と，改善された**方法**で仕事をするしかない。それを可能にするカギが教育なのである。

⑥ 不良社員は教育しなくてよいか？

不良社員を教育に参加させることは，時間も費用も惜しいと考えることがある。そこで，教育をしないままで放置しておくことが多い。その場合はどうなるか。事態は，まったく改善されない。むしろ，不良社員がよい社員を駆逐する傾向さえでてくる。すなわち，不良社員に対して，何らの手も打たないのであるから，「不良」社員も「一人前」社員として，何の区別もなく，「当然のこととして」承認されているのに等しいのである。

管理者が，OJTで，不良社員を厳しく指導し更正させることが，上層部からは期待されていることが多い。OJTが，ほとんど行われずに不良になっている場合であれば，その期待も実現することがあろう。しかし，多くの場合は，OJTの努力も尽きはて，いわば「手を焼いている」状態になっていることが多い。これを放置しておくわけにはいかない。

あとはただ集合教育で，格別に指導するしかない。多くの場合，不良社員は，自分が不良であることの自覚がないのである。そのために，OJTで指導されても，自分の考え方や態度を直す必要性を感じない。したがって，不良社員でありつづけるのである。

ところが，集合教育で，自分と同じような立場にある者が，かなりの能力をすでにもっており，しかも，さらにその能力を高めるために懸命に努力しようとしている姿を見たり，かつ，そうした状況のなかで，自分の能力の低さや姿勢の悪さを指摘されたりすると，自覚が格段に深まり，鮮明となる。その結果，**更正への道をたどる者もいる。退職の道を選ぶ者もいる**。

このように，自分自身をはっきりと自覚させ，自分の生き方を根本的に考えさせる。自分自身も心から反省し，祈るような気持で**更正**を期して努力する，そうなれば理想である。しかし，そこまでいかなくても，「ここにいてもしようがない」と「**観念**」して退職するとすれば，「教育」によって不良

社員が消えて行ったわけである。「会社」はそういう「不良社員」に金とひまをかけて教育したが、それは無駄ではなかったといえよう。

10-3　管理者による部下の指導・育成

10-3-1　部下の能力向上計画の策定・推進

　管理者は、(1)全社的な教育訓練体系（基本的考え方とシステム）と(2)全社的な人事システム（評価基準－評価システム－昇給昇格システムなど）をふまえつつ、部下の育成・指導にあたる。

　その一般的な手順は、次のようになる。

① **個々の部下に応じた能力向上目標を立てる**（たとえば、不十分な部下であれば、最低限Ⅲ等級職務ができるようにする、優秀な部下であれば2～3年以内により上位の職務をやらせるようにする、等々の形で――）。

② **個々の部下の能力の現状を評価する**（与えられた全社的な人事システムでの能力評価基準・実績評価基準にもとづいた人事評価の結果を活用する――）。

③ ①②のギャップをうめる手段を考えつつ**個々の部下の能力向上計画を策定する**（この「手段」＝教育方針の詳細は第14章を参照）。

④ 上記につき、部下と面接しつつ合意形成をはかり、推進状況をチェック・フォローする。

　このような部下の能力向上を計画する際、管理者は、全社的なOff JTの教育体系との関連とその活用を当然考慮しなければならないが、管理者自身

が，駆使する主たる教育手段はOJTである。

　もちろん，管理者も，職場での勉強会や朝礼等のミーティング時のスピーチなどOff JTでの教育も行うのであるが，管理者の主たる教育手段は何といってもOJTなのである。

10-3-2　OJTの進め方のポイント

　経営における教育訓練は，企業人の職務遂行能力向上のために行われる。換言すれば，能力向上を通じた**職務成果向上**のために行うのである。(1)もっとも**短期雇用社員**では，即戦力化が課題であり，**終身雇用**の基幹社員では，長期にわたる能力向上・生涯賃金に見合う生涯パフォーマンスの向上をはかりうる資質の形成が課題になる，という違いがある。(2)また，成果向上に結びつく能力向上といっても，専門知識・技能のレベルアップをめざすという風に狭義にとるのは誤りであつて，能力の発揮は「体力・気力をベースとして思考力を中核とする知的能力という広義の**能力×モラール**」によって可能になるのであるから，ベクトルの統一と能力向上という双方の教育が重要となる（とくに終身雇用の基幹社員では──）。

　いずれにせよ，教育訓練は，成果向上のために行うのであるから「**実践で鍛える**」ことが，**第一義的に重要**である。(1)**短期雇用社員**では，実際に仕事をやらせて，効率よく迅速に覚えこませることが重要である。(2)また，**終身雇用社員**においては，１部下により高いレベルの**仕事**を実際に与え，２高い水準での**達成**を要求し，指導することが重要である（いかに潜在的保有能力が高かろうとも，それが実際の実務で発揮され，高い成果を生まなければ，無意味である。実際に部下を精鋭にしようと思えば，やはり実践で逞しく鍛えなければダメである）。

　ここに，OJTの**決定的重要性**がある。そしてOJTを成しうるのは，**管理者**をおいてないわけであるから，管理者には，上記のようなレベルでの，**OJTを成しうるだけの能力・モラール**が求められることになる。

ここでOJTとは何をやることだろうかを考えてみる——それはまさか職場で勉強会をやることではない（これはOff JTである）。Off JTというものは，外部セミナー参加であれ，社内の階層別研修であれ，ある意味で「形」のあるもの・見えるものである。それでは，OJTとは何か。OJTは，on the jobであるから「仕事を与えること」と離れてあるものではない。したがって外形的には「仕事を与えること」とイコールである。それではOJTと単に「ルーティンワークの延長上で仕事を与えること」は何が違うのか。それは仕事を与える際に，「育成」という観点を明確にもつか否かによる。

　したがって，この観点からすれば，前年とまったく同じ仕事の与え方をしたとすれば，OJTでの育成努力はゼロに等しい。OJTで育成したければ，前年より＋αのレベルが求められる仕事の与え方を工夫しなければならないのである。

　ところで，OJTのみでは，(1)実践では鍛えられるが，えてして経験習熟型になりやすく，**体系的・理論的な思考力・知識**を体得する上で十分でなく，(2)**長期にわたる能力向上の動機づけ**が不十分になりやすく，(3)**ベクトルの統一**は，全社的な課題であるがゆえに困難，という弊害をまぬがれない。そこで，これらをカバーするものとして，**Off JT**での訓練が行われることになるのである。

　したがって，管理者は，Off JTの訓練に率先垂範・積極参加することはもちろん，**Off JTの成果をOJTに生かし**，一層の成果向上をめざさなければならないのである。

　管理者としてOJTを進める上では，以下の点がポイントとなる。
① **Off JT**での動機づけ・ベクトル向上の教育成果を，実践の場でしっかり**フォロー**するようにつとめること。
② 終身雇用社員に対しては，
　(1)賃金上昇に見合う以上の**職務のレベルアップ**，または**職務成果の向上**を要求すること，

(2) とくにOJTにおいては，(1)の課題を**部下の育成という観点**から行うのであるから，部下の現状の能力をよく見きわめてこれを行うようにすること，

(3) レベルアップした職務での成果，ないしはレベルアップした職務目標を**必達させるべく強く指導**すること。

③　短期雇用社員に対しては，迅速に即戦力化するための実践トレーニングをシステム化すること。

10-3-3　学習効果を高める方法

1．学習の効果を高める原則

次の10項目を守ると，一般に学習の効果があがることが，経験的に確かめられている。OJT推進の上でもこのような原則をふまえると効果があがる。

①注　意　の　集　中	学習者の緊張をほどき，興味と関心を起こさせる。
②環　境　の　整　備	環境設備は，学習のじゃまにならないよう，学習を助けるように整える。
③成　功　の　連　続	学習の過程が，学習者にとって成功の連続であるよう工夫する。
④注　意　の　限　界	学習者の注意の限界以上に速く教えたり，つめこんだりしない。
⑤五　官　の　活　用	学習には，できるだけ多くの感官を利用する。
⑥印　象　の　強　化	学習者に与える印象は，明瞭で強いものとする。
⑦連　想　の　利　用	既知の事象と結びつけて，未知の事象を提示する。
⑧具　　　象　　　化	抽象的な事象は具体的な姿に直して提示する。
⑨実際的な事例の使用	事例には，仮定的なものを使わず，実際例

　　　　　　　　　　　　を使う。
　⑩反　　　　　　　復　　与えた知識や，技能は繰り返して使わせる。

2．学習の効果を低下させる事項と対策

　次のような事項は，学習効果を引き下げる。これは，右欄のような方策で解決するとよい。

学習を妨げる事柄	どうして解決するか
たくさん教えすぎる	訓練内容を分析して，被訓練者の習得能力に適合する程度とする。
教え方が速すぎる	訓練方法を分析して，被訓練者がついていけるスピードまで落とす。
新しい仕事に対する恐怖	危険を避けるにはどうしたらいいかを説明する。自信を植えつける。どうしても恐怖を除くことができなかったら，ほかの仕事に変えてやる。
複雑な仕事	仕事をいくつかの段階に区切り，さらに細かくステップに分けて教える。
専門用語	職場で使う用語を教える。
気がいらいらしている	落ち着かせる。被訓練者に自分の家にいるような気楽な感じを与える。
劣等感・自信の欠如・臆病	激励を与える。向上のあとを本人に示してやる。
頑固さ	信頼と友愛とをかち得るよう心がける。
気が散って仕事に集中できない	よく説明して，注意の散漫のために生じた結果を指摘する。被訓練者の意見や質問をよく聞いてやる。助言はとくに注意して如才なくやる。
怠惰	しっかりした態度で接する。仕事への関心を誘発し，被訓練者のよい成績をあげている分野と，現在の不成績とを比較してみる。
注意力の不足	仕事の結果を指摘して，何回でもやり直させる。厳格な態度で接する。
不器用	正確に仕事ができるように，被訓練者の技術の向上に助言と激励を与える。
肉体的ハンディキャップ	特別な訓練を行い，適した仕事を与える。
習得がおそい	能力以上の仕事をさせてはならない。ゆっくりと辛抱強く教えていく。

10-3-4　OJTによる部下の管理能力の育て方

　自分の部下に課長や係長や班長や，またその候補者などをもっているような場合，これらの部下の「管理能力」をOJTで向上させるには，次のような点がポイントとなる。

　① **職場の問題解決のために，事実を調査させること**
　　a.部下の分析能力を高め，b.慎重に事にあたる習慣をつけさせ，c.処理する前には，まず事実をしっかりつかむ必要があることを認識させ，d.行動の前に，よく考える習慣を身につけさせ，e.面倒な問題をも処理・解決する経験をさせる。

　② **上役のところへやること**（自分の上司のところへ，部下を自分の代行
　　　としてやること）
　　a.上役に部下のことを知らせるとともに，部下に上役を理解させ，b.管理者（自分）が部下を信頼していることを示し，c.権限を委任した証拠を示し，d.自主独立，自分で判断を下し，話しながら考えるという訓練の機会とし，e.部下に自信を植えつける。

　③ **君はどう思うか**，こういった質問をすること（部下の質問に対し，す
　　　ぐに答えず，自ら考えさせること）
　　a.激励を与え，b.物事をよく考えさせ，c.考えを実行するよい機会を与え，d.確かな判断をする習慣をつけさせる。

　④ **人を監督させること**（権限を委譲し，自分の部下の一部を監督させる
　　　こと）
　　a.監督の実務をのみこませ，b.人を使う能力を高め，c.急を要する混み入った事態のなかで部下を鍛え，d.他の部下にも昇進への期待をもたせ，e.部下の訓練能力を育てる。

⑤　**責任をとらせること**（権限を委譲し，自分の職務の一部をやらせること）

　ａ．職場の仕事をすべて知っておく必要があることをわからせ，ｂ．何事も自分で処理しなければならないのであって，頼る人がいないことを理解させ，ｃ．次の事柄を同時に経験する機会を与え（1自分で考える，2監督する，3事実をつかむ，4問題を処理する），ｄ．管理者に，計画その他の創造的な仕事をする時間を与え，ｅ．管理者の仕事全般にわたる経験を実習させる。

終身雇用制社員の場合は，部下を補佐役としていかに早く育成するかが，わかりやすいOJTによる部下指導の具体的教育目標である。

　補佐役に与えるべき**補佐**のレベルは，次の4段階になる。
　第1段階……自分の権限の一部を，計画または実行面で委譲する。
　第2段階……代筆。部下の立案したものを，上司たる自分の名で起案・提出させる。
　第3段階……代行。公式に，自分の代行として，公の役割を果たさせる。
　第4段階……とりまとめ。自分の大綱的な承認の下に，自分の担当部門の通常業務の全般をとりまとめさせる。
　このステップを，徐々に昇らせることが，部下の能力向上である。

10-3-5　短期雇用社員の育成

　パートタイマー等の短期雇用社員に関しては，極力迅速に即戦力化することが，教育・指導上の最大のポイントである。

　したがって，短期雇用社員の育成については，短期雇用を基本とするアメリカのマネジメント・ノウハウの1つTWIなどがそのままに使える。

　TWIでは，単純作業職務の効果的な教え方の標準を次のようにまとめている。

《効果的な教え方の手順》
① 習う準備をさせる
　a　気楽にさせる。
　b　何の仕事をやるかを話す。
　c　その仕事について，知っている程度を確かめる。
　d　仕事に対する興味を起こさせる。
　e　正しい位置につける（正対させると左右が入れ替わって間違いのもとになるので，両脇の見やすい位置におく）。
② やってみせる
　a　話　す（正しいやり方だけを話す。こういうやり方はミスのもとになる，というようなことを説明すると混乱のモトとなる）。
　b　示　す（標準速度でやって概要をつかませる。ゆっくりやるとかえってわからなくなる）。
　c　急所を説明する（ポイントになるところをゆっくりやってコツをつかませる）。
　d　実地教示をする（もう一度標準速度でやる）。
③ やらせてみる
　a　やらせる。
　b　急所を説明させる（ポイントをつかんでいるかどうかチェックする）。
　c　間違いを正してやる。
　d　必要ならば，何回も繰り返してやらせる。はっきり覚えるまでやらせる。
④ あとを見る
　a　仕事につける。
　b　遠慮なく質問するように励ます。
　c　しばしば様子を見る（しっかりフォローする）。
　d　だんだんに指導の回数を少なくする。

短期雇用社員に対しては，いかに迅速に即戦力とするかが課題であるから，与えられた職務の全社的意義・技術的背景等の事柄につき時間をかけて説明する必要はなく，与えられた職務が間違いなくできるようにすればよい。自動車工学はわからなくても自動車は運転できるし，ドライバーの仕事をする上では運転が正しくできればよい―短期雇用社員にはこの考え方でいくのである。

　上記のノウハウは，この考え方にもとづいている。その基本は，作業を「実際にやってみせて，できるまで繰り返しやらせる」ということに尽きる。短期雇用社員のその他の職務についても上記に準じた教え方を考えればよい。要は職務マニュアルをしっかり整備し，マニュアルどおりの仕事を短期のうちに間違いなくやらせる教え方がポイントである。

　（注）本章で略述した，終身雇用社員ならびに短期雇用社員の人事管理のあり方の詳細は，鍵山・太田共著『日本型人事管理学大全』を参照されたい。

第11章 人間関係論的管理

■本章の内容

1 「欲求」をもつ存在としての部下
2 部下の感情をふまえた管理 ―ほめ方と叱り方―

11-1 「欲求」をもつ存在としての部下

11-1-1 新たな人間観の発見――ホーソン実験の成果

　20世紀初頭のアメリカは，テーラーの科学的管理法全盛の時代であった。科学的管理法とは自然科学的手法を利用した生産性向上の推進である。

　それはどのようなことか？――有名なテーラーのシャベル作業に代表されるやり方である。原材料の山からシャベルで原材料をすくいあげ，トロッコに乗せるという作業があった。この場合，

① シャベルが大きければ1回に運ぶ量は多いが，重いので運搬頻度は低下する，

② シャベルが小さければ，1回に運ぶ量は少ないが，軽いので運搬頻度

はあがる,

ことが予想されるが，1回の運搬量と頻度との関係のなかでどこかに最適のシャベルの大きさがあることが考えられる（仮説）。

そこで，いくつかのシャベルを用意して，一定時間内の運搬量が最大となるものを見きわめる（実験）。これが発見できたので，作業者全員にこのシャベルで作業をさせる。そこで生産性が最大になった。

この発想に立った場合，作業において最適照明度があることが予想される。なぜならば，暗くては作業がやりにくいし，明るすぎてまぶしくても作業はやりにくい，どこかに最適点があるはずだからである（仮説）。

これを実験で確かめうれば，それは大げさにいえば，国家的意義をもつ。——アメリカ全土の工場をこの照明度にすれば最大能率が達成できる理屈だからである。

これが，ホーソン実験であった。

1924年に，ウェスタンエレクトリック社は，国家学術調査審議会との共同研究を，シカゴのホーソン工場で行った。

目的は，「**照明の質と量が，作業能率にどんな影響を及ぼすか**。照明の質と量が，作業能率と，どのような相関にあるか」を発見することであった。

実験を指導したレスリスバーガーによると，次のような実験であった。

① 労働者を2つのグループに分ける。1つはテスト・グループで，照明をいろいろ**変化させて**実験するグループ，もう1つは，コントロール・グループで，一定の照明度のもとで仕事をする。

② テスト・グループで，24，46，76燭光と，照明度を変えた。そして，作業能率との相関をみた。

③ **結果**……テスト・グループ，コントロール・グループの両方とも生産が上昇し，増加分もほぼ同じ。

④ テスト・グループの照明を，10燭光から3燭光へ下げた。生産は落ち

るはずであった。
⑤ **結果**……生産はさらに上昇。コントロール・グループも上昇。
⑥ 照明度を一定にしたまま，従業員には，だんだん明るくなっていくと暗示を与えた。
⑦ **結果**……「よくなってきた」という満足感はもったようだが，生産はふえない。
⑧ 照明度を一定にしたまま，だんだん暗くなっていると暗示を与えた。
⑨ **結果**……ぶつぶつ文句はいったが，生産は減らない。
⑩ ついに照明度を0.06燭光まで下げた。月光ほどの明るさ。
⑪ **結果**……この水準になるまで，ほとんど生産は減らなかった。

この結果は，「照明度と生産とのあいだには，何らの相関もない」ことを示していた。

そこで，次に1927年4月に「**継電器組立作業の実験**」が行われた。
① 対象は5人の女子工員。
② 5人は，他の工員から切り離し，別の作業室へ移した。
③ 作業条件は，厳重にコントロールした。
④ 作業条件をいろいろ変えて，生産高への影響を調べた（作業条件としては，休憩の回数と時間，作業時間や作業日数など）。
⑤ 作業条件の変化にかかわらず，生産は高い水準を維持した。

この結果は，単なる物理的作業条件と生産高との相関を研究しても，意味がないことを示していた。

そこで発想を転換してこの一連の実験をふりかえってみると，
① 研究者たちは，なんとしてでも実験を成功させようとした。そのためには，**彼女たちの協力が必要であった**。
② そこで，計画は，**すべて彼女らに相談された**。一流の高名な学者が，無名の一介の女子工員に協力を要請し，相談した。

③　話合いの場所は**重役室**が使われた。
④　監督者もいない。作業中におしゃべりしても、叱られない。
⑤　地元の**新聞**に、**実験の意義**が報道される。

彼女たちは、今まで経験したことのないほど、「尊重され」「重要視され」「脚光を浴びた」のである。

これらの点こそ、女子工員の協力的な態度と、生産能率の向上の原因である、という新たな見方に研究者たちは到達した。

そこでこれを確かめるために、1928〜1930年ホーソン工場における膨大な規模での面接実験、さらに1931〜1932年3グループの集団請負制の作業集団の長期観察が行われた。その結果、

「**生産能率は、論理的要因よりも、情緒的要因のほうが、はるかに重大**であり、従業員の行動に最も重大な影響を与えるものは、社会的集団に労働者が参加するかどうかということである。したがって、作業条件の整備とともに、**職場での社会的帰属欲求を充足してやることが、きわめて大切だ**」と主張されるようになったのである。この主張を**人間関係論**（Human Relationsの直訳）という。

こうして、「**物理的な環境が作業能率に決定的な影響を与える**」という、いわば「**機械的な人間観**」にもとづいてスタートした実験の結論は、「機械モデルの人間観」の否定となった。「企業のなかには、公式的組織とならんで、独特の集団的感情をもつ**非公式組織**が存在し、これが企業効率を大きく左右する」とも主張されるようになった。そして、人間は「**社会的感情**」をもつ存在であり、情緒的存在であるとする人間観が主張された。

かくして人間関係論の登場によって、**部下を「感情をもつ存在」としてとらえ、それを前提にした管理のあり方**が追求されるようになったのである。

部下を「感情をもった存在」としてとらえ管理すること——これはいわれてみればあたりまえのことであるが、部下が作業者を事実上「仕事をやる機械」であるかのように考える思考が強かった時代には、画期的な発見であっ

た。

　人間関係論的管理とは，したがって人間関係論の主張をふまえた管理，わかりやすくいえば，**部下の感情，部下の気持ちをふまえた管理**のことをいう（常識的にいう職場の人間関係がよい・悪いというようないい方よりは限定した用語の使い方である）。

11-1-2 「欲求」をもつ存在としての部下

　人間関係論では，「**感情（社会的帰属感情）をもつ存在**」としての部下（人間）に注目したが，これを起点とする，社会心理学的探究の進展により，今日では，**部下を「欲求をもつ存在」としてとらえるべきこと**が主張され，また通説化している（いわゆる行動科学の主張）。

　マズローによれば，人間の欲求には，
　生理的欲求―安全欲求―帰属欲求―自我の欲求―自己実現の欲求，
の5段階があり，低次の欲求からはじまり，それが満たされるにしたがって，しだいに高次の欲求へと段階的に変化していくとされた。

　この説によればテーラー学派が着眼したのは，上記の**生理的欲求と安全欲求**である。メーヨー学派が主張したのが**帰属欲求**である。

　顧みれば，テーラーの時代には，**生理的欲求**さえ満たされていない人々が多く，メーヨーの時代には，生理的欲求や安全欲求は満たされ，**帰属欲求**が中心課題となっていたという社会的背景もあった。

　ところが，その後の経済発展，社会的変化，とくに，教育レベルの向上，価値観の変化によって，**自我の欲求，自己実現の欲求**が中心になったのである。このように，マズローの欲求5段階説は，人間の欲求の段階を説明しているだけでなく，歴史的にもその重点が変化していくことも，併せて考えさせてくれる。

　もちろん，今日においても，生理的欲求，安全欲求，帰属欲求がなくなっ

第11章●人間関係論的管理　239

たと考えることはできないし，それに訴えることが動機づけの手段にはもはやなりえないと考えるのも少々早計だろう。しかし，今日の高度化した社会での人々の要求が，行動科学者たちが主張するように，自我の欲求，自己実現の欲求に重点が移行してきていることは否定できない。

11-1-3 「欲求」不満がもたらす行動と対処のし方
〈「欲求」不満の表れ方〉

社会心理学者たちはよく次のような図を描く。

```
刺激 ⇄ 欲求 → 行 動 → 結 果 ↗ 満足
                              ↘ 不満足
```

この図は「人の行動は，刺激に対して示した反応の結果である。その刺激には，外から加えられるものと，人のうちにあるものとがある。この人のうちにあって，刺激となるものを欲求といい，行動の主原因となるものである」ことを示している。すなわち，行動の原因は，「刺激⇄欲求」であり，そのうち「欲求」が行動の主原因である。そして，欲求が行動の結果充足されれば，人間は満足するが，それが充足されないと，不満になるということを上の図は示している。

不平不満が極度のものになると，人はふつうでない反応・一種の異常反応を示すようになるが，これは不平不満の昂進から生じる極度の心理的緊張を何らかの形で，緩和・解消させようとするためである。

- **攻撃する**……あらゆることについて，すぐ他人に対して**非難・罵倒・怒号**などをする。
- **あきらめる**…希望や要求を投げ出し，**無気力・失望**状態となる。
- **逃避する**……**欠勤，病気，転職，退職**などの方法で，その場面，局面から逃げる。

- **合理化する**…自分を責めずに，何か偶発的なものに**責任を帰**する。自分の誤りを他人の責任として**転嫁**する。前もって**言訳**を考えておき，実際にはやらないなどである。
- **退行する**……目先のことしか考えなくなる。感情の起伏が大変素朴かつ大きく，**子供っぽい行動がめだつ**。威張りちらしたかと思うと，甘ったれた態度をとったりする。
- **固執する**……合理性，合目的性などが失われ，一度自分が身につけたやり方，作業に**執着する**。
- **置き換える**…必要な手続や，関係者に対する説得などをしないままに，当初設定した**目標をかえてしまう**。本人は，目標を置き換えることは正しいと考えている。

そして，これらの尋常ならざる「言動」はその人の極度の「欲求不満」による心理的緊張を緩和，解消させるためであるから，その「言葉」や「行動」が彼の「欲求不満」の「原因」や「理由」を正しく表現していないことがある（否，むしろ表現していないほうが多いといったほうがよい）。それゆえ，こういうときには管理者は**部下の「心の奥底」で何が起こっているのか「原因」や「理由」を正確につかむことがまず第一に大切**で，上記のような「現象」にふりまわされてはならない。

彼のいっている「言葉」や「行動」に即対応して，すぐ「叱ったり」「説教する」ことは，「現象」にふりまわされて，本当の「原因」や「理由」に対応していないことになることが多いので注意を要する。

〈対処のし方〉

「欲求」の未充足―不満足が，正常でない行動を生んでいる状態は，「**積極的に，自分の問題を，主体的に解決しようとする姿勢**（この姿勢をもっている人は，精神的に健康なのである）」になっていない精神的に病気の状態である。

この病気を治すのは，本人以外にないが，そのアドバイザーになりうるのは職場では管理者以外にはいないのがふつうである。
　このような状態に部下が陥っているときは，カウンセリングをすることが必要となる（専門のカウンセラーに依頼してもよい）。
　カウンセリングにおいて，管理者が留意すべきポイントは，次の諸点である。
① 相談にきたら，**まず気楽にさせる**。
② 話を**まず聞く**。聞くときに，「なるほど」という「あいづち」を打つ。話が長くなったり，途切れがちになったら，話をまとめてやる。
③ 話を聞きながら，つねに**大きな関心をもっている姿勢**を維持する。相手が考え込んだり，ふさぎ込んだら，励ましの言葉をかける。
④ 話のなかに誤った情報や，情報不足の意見があったら，**正確な必要な情報を，感情をいっさいまじえずに知らせてやる**。
⑤ 話を聞き終わらないうちに，**話の腰を折ったり，批判したり，自分の意見を押しつけたり，勝手に相手の気持ちや考え方を決めてかかったり**しない。
⑥ **秘密は絶対に守る**。
⑦ 気楽にさせるが，相談する者としての**マナーや，ルールに欠けた場合は，はっきり指摘する**。
⑧ 相手が「**自力で問題を解決する**」精神状態にすることが，カウンセリングの目的であり，相手のいう「問題」を解決することが目的ではない。したがって，管理者自身が，**部下に代わってその「問題」を解決しようとするのは真の解決ではない**。部下をかけがえのない個人として認め，その人格を尊重するのであるから，終始，相手が「問題」を自ら解決する意欲をもつ方向をめざすべきである。

11-2　部下の感情をふまえた管理
　　──ほめ方と叱り方──

11-2-1　もっとほめよ！
　人間関係論では，人間の感情の満足を重視する主張から，部下に対して**「もっとほめよ」**という。
　ふつうの管理者は，
① 部下が標準を大幅に超過達成すれば「ほめる」，
② 部下が標準を達成したときは「黙っている」，
③ 部下が標準を下まわると「叱る」，
という形で，部下の仕事の達成に「評価」―「対応」している。人間関係論では，これではまずいし，管理がうまくいかない，という。なぜか？
① ふつうの部下は，標準を達成するかしないかのスレスレのところで仕事をしている。
② それゆえ，管理者から「ほめられる」ことはまずなく，上司との関係では「沈黙」か「叱られる」かのいずれかになる。
③ これでは，通常人の心理としてヤル気が起こらない。
　したがって，通常の管理者のやり方を改めて，次のようにすべきだ，と人間関係論ではいう。
① 部下が標準を達成したときは「ほめる」
② 部下が標準を少し下まわったときは「黙っている」
③ 部下が標準を大幅に下まわれば「叱る」のもやむをえない。
　なぜこうするとよいのか？
① このようなやり方でやっていれば，ふつうの部下でも「ほめられる」ことが多くなる。ほめられてうれしくない人間はいないから，大いにヤル気が出てくる。
② 標準を少し下まわって「ほめられなかった」（＝上司が「黙ってい

る」）ときは，「いつもは比較的ほめられているのに，今度はほめられなかった，何かまずかったか」という気持ちに本人自身がなり，たとえば「何かまずい点がありましたでしょうか？」といった形で，部下のほうからきいてくるかも知れない。そうなれば，「うん，ここが少しまずかったね」といった形で軽く注意をするだけで，本人は「申しわけありませんでした」と素直に反省することになる。
　③　だから，管理がスムースにいく。

　確かにこれは，人間の通常の心理をふまえた，適切なやり方といえるだろう。
　第二次大戦時の連合艦隊司令長官山本五十六は，
「やってみせ
　いってきかせて
　また，やって
ほめてやらねば，人は動かじ」
と，人をして成果をあげさせる"極意"を述べている。——ほめることの重要性を端的に示している。

　もっとも，以上のやり方は「ふつうの部下」に対しての対応のとり方であって，「優秀な部下」には，このようなやり方は，むしろ不適切である。「優秀な部下」にとっては標準を達成することは「あたりまえ」であるから，それで，いちいちほめていたのでは，本人が馬鹿にされたと思うか，この程度のことでほめられるのかと慢心するか，のいずれかの結果となり，まずいことになる。それゆえ，優秀な部下には，人間関係論者が批判したようなやり方での，「ほめ方・叱り方」もありうる。

11-2-2　正しい叱り方

　ところで，いかに「もっとほめよ」といったところで，部下が過ちを犯して，かつ無自覚であるときには放置するわけにはいかない。放置すれば，過ちが繰り返され，会社にとっても，本人にとってもとりかえしのつかないことになる。過ちは，正さなければならない。すなわち，**叱らなければならないのである。**

　もちろん，部下本人が自主的に反省し，二度と過ちを犯さないような対応策を自らとってくれればよい。しかしそうでない場合は，叱って過ちを直すことが必要である。

　「叱る」ことは，部下の過ちを直し，二度と過ちを犯さないようにさせ，名誉挽回の気持ちにさせ発奮させることが目的である。

　部下の過ちによって発生したダメージで，管理者が怒り，自分の感情をぶちまけ，部下に心理的打撃を与え，うちひしがれた状態に陥れるようなことは，百害あって一利なし，である。こんなことをすれば，管理者の気持ちは一時的にはスッキリしようが，部下は意気消沈し，会社にとっても，部下の将来にとっても何のプラスもない。**部下を自分の感情のウップン晴らしの道具に使うのは，会社の私物化であり，犯罪的とさえいえる。**すなわち，「怒る」のと「叱る」のは似て非なるものであって管理者にとって部下を「叱る」ことは必要だが，部下に「怒る」ことは禁物である。

　実際，部下を「叱って教育する＝誤りを正させる」ことは，なかなかむずかしい。人間は，ほめられるときは嬉しいから「喜んで聞こう」とする。しかし，叱られるときは通常身を固くして，「なるべく早く終らないかな」といった気持ちで，「身を守ろう」とするから，こちらのいわんとすることが伝わりにくいのである。それゆえ「叱る」ときは正しく叱らないと逆効果になることが多い。叱る場合，叱ることが最善のやり方かどうかをまず考えなければならない。

　では，「正しく叱る」にはどうすればよいか，次のステップを守るとよい。

叱るときに留意すべき点

① 〈自分が冷静になっていることを確かめる〉

　部下が過ちを犯してダメージが発生したとき，平気でいられる管理者はむしろ無責任というべきであって，通常は，部下の過ちは自らの監督責任にストレートにはね返るからどうしても頭にくる。したがってすぐにやるとどうしても「怒る」ことになる。それゆえ，まず自分に「冷静になれ」といい聞かせる必要がある。

　少し時間をおき（しかし，あまり時間が経過してしまうと，本人が何のことかわからなくなってしまう），自分が興奮していないかを確かめる。

② 〈管理者と部下とが1人対1人になる〉

　他人の面前で叱りつけられると，叱られる内容は，本人が納得しても，公衆の面前で恥をかかされたと思い，その叱り方に配慮が欠けていたことに反発を感じて，素直に叱られる態度になりにくいどころか反抗心をもったりする。場所がどこがよいかよく考え，自然に1人対1人になれるように工夫する。

③ 〈叱る値打ちがあると考えられるときだけ叱る〉

　事実をよく調べ，あいまいな事実で短兵急に判断をしない。そして，叱言が最良の方法であることを，他の方法と比較・検討して考える。

④ 〈率直に叱る〉

　事実をはっきりと指摘し，まわりくどくなく，皮肉をまじえないで，問題の重点を，わかりやすい表現で説明する（イヤミをいって部下をいためつけることが目的ではない）。

⑤ 〈改心の意欲を盛りたてるような言葉を尽くす。終わりに，激励することを忘れない〉

相手を咎めることが目的ではないことをいう。部下を落胆させたのでは，叱った目的が果たせない。積極的な意欲を起こさせるよう意を用いる。そして最後に，本人に「ヤル気」を起こさせるよう激励する。

第12章 良好な労使関係の形成

■本章の内容

1 日本的経営における労使関係の重要性
2 労使関係はなぜ悪化するか？
3 良好な労使関係の形成のためのポイント
4 良好な労使関係の形成のために管理者が果たすべき役割

　アメリカ式の管理ノウハウ（MTP）では，「管理者の労使関係への関与のあり方」をまったく説いていない。これは，アメリカでは，労使関係が産業別の枠組みで決まり，個々の経営にとっては「与えられた与件（外部条件）」となることの反映であろう。

　ところが日本では，労使関係は「終身雇用制」と「企業別労働組合」を両輪として個別企業をベースにしている。そして，この労使関係の帰趨は経営の運命を大きく左右する決定的重要性をもつばかりでなく，管理者自体も，元組合員であり，組合OBである，という特殊な位置に立っている。

　それゆえ，日本の管理者は，労使関係について基本的な理解をもつのみならず，労使関係への正しい関与のし方ができなければ，自らの職責を十分果たしているとはいえない，ということになる。

本章では，このような認識をふまえつつ，労使関係についての全般的基礎的理解と管理者の果たすべき役割についての理解を深めることを目的として，検討を進める（なお，労使関係のあり方についての詳細は，鍵山・太田共著『企業および企業人』，鍵山・太田共著『経営方針と経営戦略』の序論ならびに労務倒産のケースなどを参照されたい）。

12-1　日本的経営における労使関係の重要性

　日本経営を特質づける基礎になっているのが，「**終身雇用**」という慣行であることは周知の事実である。1970年代の後半，欧米先進国がスタグフレーションに悩まされていたのに反し，日本経済が安定成長を達成したことから，にわかに「**日本的経営**」の「**強み**」が注目されたことがあった。しかし，終身雇用は「強み」ばかりではなく，重大な「**弱点**」があることも事実である。終身雇用の「強み」「弱み」とは何か。それは，大略，下表のようにまとめられる。

図表12　国際競争力上の優劣という観点で欧米と国際比較した場合の終身雇用制の強み，弱み

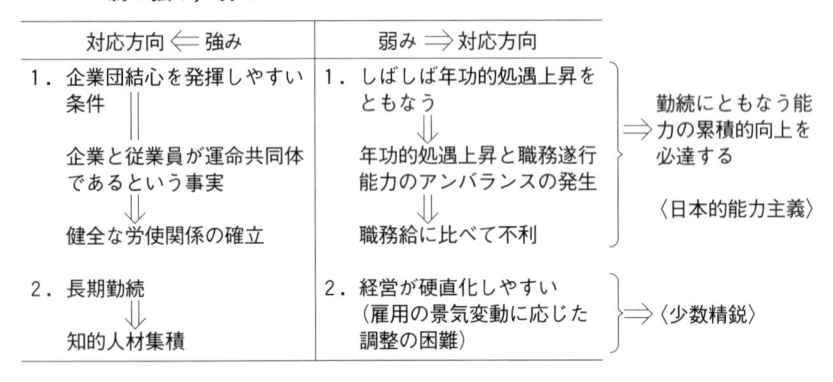

対応方向 ⇐ 強み	弱み ⇒ 対応方向	
1. 企業団結心を発揮しやすい条件 　　‖ 企業と従業員が運命共同体であるという事実 　　⇓ 健全な労使関係の確立	1. しばしば年功的処遇上昇をともなう 　　⇓ 年功的処遇上昇と職務遂行能力のアンバランスの発生 　　⇓ 職務給に比べて不利	⇒ 勤続にともなう能力の累積的向上を必達する 〈日本的能力主義〉
2. 長期勤続 　　⇓ 知的人材集積	2. 経営が硬直化しやすい 　（雇用の景気変動に応じた調整の困難）	⇒ 〈少数精鋭〉

　このように対比してみれば，**終身雇用には「強み」よりも，むしろ「弱み」のほうが多い**といってもよいくらいである。しかも，「弱み」に対して

は，その対応策・克服策をとっても，「弱み」が少なくなるだけで，決してプラスの力にはなりえない。したがって，**日本的経営の「強み」が生きてくるためには，企業団結心が発揮されることが必須の条件**となるのである。

　もし，日本の企業で労使関係が悪ければ，企業団結は破壊され，終身雇用の「弱み」「マイナス面」ばかりが残ることになる。

　また，労使関係が悪いような場合には，往々にして，能力主義化や少数精鋭化も進まないことになるから，終身雇用の「弱み」は，加重されることになる。

　したがって，**労使関係が悪化して，企業団結が破壊されれば，日本の経営は，欧米の経営に対して，「弱み」**だけになり，何のとりえもなくなるということになる。

　日本の企業が，国際競争力を維持し，終身雇用の「弱み」を克服して，「強み」を生かす上で，良好な労使関係の形成は，決定的な重要性をもっているといえる。

12-2　労使関係はなぜ悪化するか？

　ところで，**労使関係はなぜ悪化するのであろうか？**　過去の破局的な労使関係（労働争議など）の原因を正しくつかめば，いわば，それを「反面教師」として，良好な労使関係を形成するポイントがつかめるはずである。

12-2-1　労働条件が悪いと，労使関係は悪化するか？

　世の識者のなかには，労使関係が悪化したり，労使紛争が起きたりするのは，労働条件が悪いことが原因であるかのようにいう者がいる。しかし，これは事実に反している。過去の大争議の事例を見ても，**大争議が起きたような会社は，むしろ，労働条件がよいことが多かったのである。**

　労働条件がよい・悪いということは，労使関係のあり方とどう関係するだ

ろうか？　労働条件がよい（ということは，「世間相場」に比べて賃金が高いということを意味する）状態であっても，**もし**，従業員の多数が，「会社はもうかっているのにケチである。もっと押せばでるはずだ」と**感じ，考えれば，**労使関係は，いっそう敵対的になりうる。事実，労働争議の場合に，経験の乏しい経営者は，過大な組合の要求に無理をして答えれば，争議・紛争が鎮まるかと考え，これに応じると，敵対的な労働組合（左翼のリーダーに率いられた組合）は，「われわれの闘いの前に経営者は譲歩してきた。もっと押せ」式に対応し，従業員の多数がこれに同調して，紛争がいっそう悪化するのがふつうである。

逆に，労働条件が悪い（世間相場に比べて低い）場合でも，**もし**，従業員の多数が，「労働条件がよくならないのは，業績が不振だからだ。労使が協力して，業績向上に努めなければならない」と**感じ，考えれば，**労使関係はよくなりうる。

すなわち，労働条件のよし悪しと労使関係のあいだには，次のような関係が考えられる。

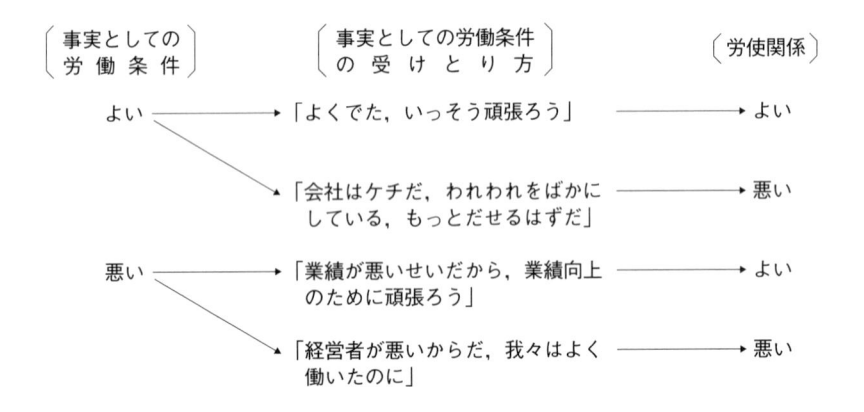

〔事実としての労働条件〕	〔事実としての労働条件の受けとり方〕	〔労使関係〕
よい	→ 「よくでた，いっそう頑張ろう」	→ よい
	→ 「会社はケチだ，われわれをばかにしている，もっとだせるはずだ」	→ 悪い
悪い	→ 「業績が悪いせいだから，業績向上のために頑張ろう」	→ よい
	→ 「経営者が悪いからだ，我々はよく働いたのに」	→ 悪い

そもそも，人間は，犬や猫のような動物ではないのだから，賃金があがれば，条件反射的に尻尾を振るという道理はないのである。**理性と感情をもった存在としての人間は，**労働条件という「事実」に対して，「どう感じ，ど

う考えるか」「どう認識するか」によって，行動が180度違ってくるのは当然なのである。

したがって**労使関係は，従業員集団が企業に対し，また，企業と従業員の関係に対して，どのような感じ方・考え方をもっているか**，端的にいえば，どのような「企業観」と「労使関係観」と「情報」をもっているかによって決まるのである。

12-2-2　労使関係が悪化するのには，扇動者がいるためか？

労使関係が悪化し，労使紛争や争議が起きたりするときには，必ずリーダー，すなわち「扇動者」がいる。そこで，このような紛争の渦中に入ると，えてして，「あの扇動者さえいなければ—」「紛争が起こるのは，扇動者のためだ。左翼分子を排除しさえすれば，紛争は収まる」というように考えがちである。当事者の心情としては，無理からぬところもあるとはいえ，このような，「争議屋」的労使紛争観は，冷静にみれば正しくない。

およそ，**大衆運動というものは，リーダーと，そのリーダーシップを受け入れる大衆があることによって成り立つものである**。いかにリーダーが声をからして叫ぼうとも，大衆がそれを受容しないときには，大衆運動は存在しえない。

したがって，重要なことは，19世紀的イデオロギーにとりつかれた左翼的リーダーの時代錯誤的リーダーシップを受け入れる，大衆の会社に対する**「反抗的気分」「反抗的雰囲気」**なのである。

わかりやすいたとえでいえば，**「マッチとたきぎ」**である。たきぎ（一般大衆の反抗的気分）があると，マッチ（左翼的リーダーの扇動）をすれば，簡単に火がつく。しかし，コンクリート（大衆の健全な気分）には，マッチで火をつけようとしても，つく道理はないのである。

ゆえに，ここでも**重要な点は，従業員集団が企業・労使関係について，どう感じ，考えているかという点**にあるといえる。

本来，日本の企業の運命共同体的構造を考えれば，日本では労使の協力関

係が実現されるほうが自然である。それが紛争にまで至るのは，**根本的には，経営の側の経営理念が前近代的なため，従業員集団の反感・反抗的気分が高まるところに原因がある**と考えなければならない。労使関係の改善は，扇動者を排除すること以上に，正しい経営理念の確立・浸透によって果たされるのである。

12-3　良好な労使関係の形成のためのポイント

これまで検討してきたとおり，労使関係の良否は，従業員集団の多数が企業・労使関係について，どう感じ，考えるかにかかっているのである。この点をふまえた場合，良好な労使関係を形成するためのポイントには，下記のような諸点があげられる。

① **正しい経営理念，労使関係観を，経営の側で確立すること**
「付加価値志向の経営理念」，日本的運命共同体をふまえた，**運命共同体的経営理念，労使関係観を確立する**（単に口でいうのではなく，実際に実行すること。詳しくは，第2章を参照のこと）。そして，**それを具現した人事管理**（採用，配置，昇進，評価，賃金，処遇，福利厚生など）を適正に実施する。

② **正しい経営理念，労使関係観を，徹底教育・PRすること**
経営の側での理念・志向というだけでなく，これを全従業員に，あらゆる機会をとらえて，**徹底教育・PR**することである（教育研修，朝礼，ミーティング，社内報などの形で）。情報が氾濫する今日では，多くの情報は，必ずしも企業にとって好意的でもなく，正しい企業観の形成にとってプラスでもない。とくに影響力の大きいマスコミにおいては，しかりである。したがって企業の側では，どれだけPRをしてもしすぎることはないのである。

③ 経営と一般従業員の媒介者としての管理者が，経営理念を正しく体現し，従業員に経営理念を浸透させるために行動すること

④ 労働組合の綱領運動方針が「反会社的でなく」，付加価値志向の経営においては，労使は協力せねば自分たちにとってのマイナスであり，とくに日本の終身雇用，企業別労組の社会構造のなかでは，労使は，「**運命共同体**」にならざるをえないことを明確に認識していること。そして「**労組執行部**」が，この理念や事実をよく認識し，行動できる者によって占められていること。また，その執行部は一般従業員のなかでも，良識と職務能力において，上位に位置する層が中心になっていること（能力が低くては，会社のいうこともよく理解できないので，真の「協力」が得られない）。

12-4 良好な労使関係の形成のために管理者が果たすべき役割

12-4-1 良好な労使関係の形成のために管理者がもつべき要件

良好な労使関係の形成者としての役割を果たすために，管理者がもつべき要件は，もちろん一般的にいえば，**部下から尊敬される立派な管理者である**ことだといってよいし，その要件は，すでに，われわれが第1章で検討したとおりであるが，とくに，労使関係という点に絞った場合には，以下の点が重要な要件となる。

① 「正しい経営理念」を理論的につかむこと

② 「正しい労使関係観」を理論的につかむこと，および，「人事管理」の常識をわきまえていること

③　自由主義的世界観の確立と，マルクス主義イデオロギーの理論的克服

（これは，とくに，日本の労働組合運動では伝統的にマルクス主義のイデオロギー的影響力が強いためである）（『企業および企業人』を参照）。

④　労働組合の歴史及び労働法についての基礎的知識をもつこと

12-4-2　良好な労使関係の形成のために管理者が果たすべき役割

　日本の終身雇用慣行の下では，管理職は，組合員の中の優秀者から選抜される以外にありようがなく，管理者は元労組員であり，労組リーダーは将来管理者になる，ということになる（アメリカなどでは考えられぬことだが―）。いわば，管理者は「組合員OB」であり，労組リーダーにとっては「先輩」なのである。

　このような特殊日本的状況のなかで，管理職は，部下たる労働組合員，ないしは労働組合リーダーにいかにかかわるべきか（以下では労組は左翼労組ではないものとする）。

　まず《第一》に，大前提として，管理者は，「**正しい企業観・労使関係観**」をもたなければならない。日本の運命共同体的経営構造のなかでは，労使協力は必然であること，近代経営においては，労働組合の協力を得て経営を行うことが常道であること，より望ましくは，労組をよきパートナーとしてその積極的参画の下に経営が行われる必要があること，もし万一左翼組合などができれば経営は破滅であること，等々を正しく認識し，理解し，自覚していなければならない。

　この点の自覚が足りないと，たとえ「仕事熱心」であっても，逆にそれがために，正しい労使協力の実現の「阻害物」になるような管理者となってしまう危険性がある。

　《第二》に，管理者は，「**正しい社内世論形成・モラール向上のリーダーシップ**」をとらなければならない。正しい労使協力が実施されうるか否かは，

一般の従業員が「会社や会社の施策に対してどのような受けとり方をしているか」（つきつめていえば，一般従業員の企業観）に基本的にかかっている。どれほど高い賞与を払っても，従業員が，「会社はもうかっているのにケチだ」という「受けとり方」をすれば労使関係は悪化する。どれほど賞与が低くなっても，従業員が，「これは会社がもうからないせいだ。もっと必死で生産性向上に努力しなければならない」と受けとれば，労使関係はよくなりうる。労使関係の成否は，従業員の企業観で決まるのである。それゆえ，会社として，企業観の教育・会社の施策への理解を促進するPRに注力することが大切であるが，これを前提としつつ，管理者は，自らの持ち場で，正しい社内世論の形成・モラール向上に努力を払わなければならない。

会社が教育・PRに力を注いでも，もし管理者が，それに反するような言動をすれば，従業員の受けとり方は，「会社のいっていることは口先だけだ」ということになり，「百日の説法屁一つ」ということになってしまうのである。

《第三》に，以上のような努力を基本的に行いつつ，**正しい労組活動への支援**」の姿勢と配慮が求められる。

世の管理者のなかには，仕事熱心なあまりに，職場リーダーが労組活動に時間をさくことによい顔をしないどころか，妨害を企てる管理者さえある。労組リーダーが，多忙をついて，いわば，自己犠牲的に活動していることへの理解も忘れ，ただただ単純な「業務第一」の姿勢で臨む。このような管理者の「心ない振る舞い」が，労組リーダーを意気消沈させ，労組の空洞化を招き，ひいては，左翼組合台頭の土壌をすらつくってしまう。

もちろん，労組リーダーを甘やかせというのではない。しかし，正しい労組活動は，企業存続の決定的要因なのであるから，いやしくもこれを妨害するようなことがあってはならないのである。

《第四》に，とくに，**部下の労組リーダーに対しては，しっかりした教育指導**が肝要である。日本の組合は，よくいわれるとおり，執行部組合であり，リーダーの質が組合の質を，さらには，労使関係の水準を決める。した

がって，労組リーダーの部下には，正しい企業観・労使関係観・会社施策の正しい理解を，とくに指導していかなければならない。

組合内部の人事や活動に直接介入したりすることは，不当労働行為にも抵触し，組合の自主性を損なうことにもなるから，厳に慎むべきだが，労組リーダーへの教育は，会社の従業員に対する教育の一環として重要である。また，日本では，労組リーダーは，仕事の上でも上位の成績を達成する人でないと支持されない。それゆえ，自分の部下に労組リーダーがいるときには，とくに上記の自覚をしっかりさせ，こちらもあらゆる指導・援助を与えつつ，いやしくも，労組役員たるため仕事がなおざりだ，などという風評がでないように気配りをしてやることが大切である。

大略，以上のような課題を「労組OB」としての経験をふまえつつ，積極的に果たし，労使協力の実をあげるために奮闘することが，管理者に期待されているところなのである。

第3部

これからの
管理と管理者

第13章 「人間観」を中心にみた管理思想の歴史

■本章の内容
1 「管理」思想＝「人間観」
2 テーラー以前 ――とくに，アダム・スミスについて――
3 テーラーの管理思想
4 人間関係論
5 行動科学の管理思想
6 管理思想の歴史から何を学ぶか

13-1 「管理」思想＝「人間観」

「管理」とは，「分業と協業の体系のなかで，人を通じて仕事をする」ということである。自らが事をなす「作業」であれば，何ゆえに，何をなさねばならぬかは明瞭である。**「管理」の固有の困難は，「他人を通じて」仕事をし，かつ，自分でなす以上の効率をあげなければならないところにある。**他人である部下に，仕事を効率よく行わしめることが，管理の固有の課題であり，その解決のためには，他人である部下に，「わが事のように」仕事を遂行せしめることが必要である。

したがって，**「管理」の根本問題は，「人間はなぜ意欲的に働くか」「どうすれば意欲的に働くか」を解くことであり，**より本質的にいえば，それは

「人間とは何か」を解くことであり，「人間観」の問題であるといってよい。

戦後経営学の主流をなすアメリカ経営学は，主として経営の内部管理の問題に関心を集中してきた。その意味で経営学は，主として「管理の学」であるといえる。このような**管理学**としての経営学の代表的諸学説は，それぞれの学説が，「人間」をいかなるものとして把握したかによって特徴づけられるのである。

本章では，F.W.テーラー→人間関係論→行動科学，という，**大きな経営学説の歴史**を簡潔にふりかえり，**今後の展望**を明らかにすることを試みる(＊)。

(＊) 本章の2〜5の「学説史」の略述は，上野一郎著『マネジメント思想の発展系譜』によるところが大きい。
　なお，第13章2〜5に関し，参考とした文献リストは，次のとおりである。
　・ハーウッド・メリル，上野一郎訳『経営思想変遷史』産能大出版部
　・上野一郎『マネジメント思想の発展系譜』日本能率協会
　・高宮晋編『現代経営学の系譜』日本経営出版会
　・F.W.テーラー，上野陽一訳『科学的管理法』産能大出版部
　・山本安次郎編著『経営学説―現代経営学全集2』ダイヤモンド社
　・藤芳誠一編『図説　経営学―経済学体系10』学文社
　・ブレア・コラーサ，上野一郎訳『行動科学辞典』産能大出版部
　・S.W.ゲラーマン，高橋達男訳『人間発見の経営』産能大出版部

13-2　テーラー以前
　　　——とくに，アダム・スミスについて——

「管理」が「**人を通じて事をなす**」ことである以上，歴史上の著名な指導者たちは，何らかの形での「管理思想」の持ち主であったということができるし，事実，そのような人々の事例や思想は，大いに研究に値する。

しかし，「経営」という場で，しかも「自覚的・意識的」に「管理」の問

題がとりあげられたのは，18世紀後半の産業革命を経て，近代的な分業と協業の体系としての企業が成立してからのことである。

テーラー以前の「管理思想」のなかで特筆すべきは，**「工程別分業のメリット」**を明確に述べたアダム・スミスであろう。

アダム・スミスは，1776年『諸国民の富の性質と原因の研究』(通称『国富論』) を出版し,「分業は労働の生産性を増進させる最大の原因である」と指摘した。そして，ピンの製造の例をあげて，分業によって，(1)同一工程がたえず繰り返され，技能が向上する，(2) 1つの仕事からほかの仕事へ移る際に生じる時間のロスが節約される，(3)分業によって仕事が単純化され，工具や機械の改良が生まれる，と指摘した。

有名な**「ピン製造の例」**では，彼は，
「機械・工具・作業方法について無知な未熟練工は，**1日にピン1本**すらつくることはできない。**1日に20本ともなれば，どんな熟練工にとっても，まさに夢のような話**であった。ところが，分業の方式を導入し，

(1) 針金を伸ばす
(2) まっすぐにする
(3) 切る
(4) とがらせる
(5) 磨く
(6) 頭をつける
(7) ピンを光らせる
(8) 紙に包む
　　︙

といった18工程に分けると，わずか**10人で12ポンド，実に48,000本**，1人あたり**4,800本**ものピンをつくることができる。この驚くべき差異は何から生じるのか。**タネは分業にある**。」

と述べている。

　このような「工程別分業」の思考を，全経営的に推進することによって，近代経営は成立したといってよい。そして，近代経営の本格的成立にともなって，いよいよ「管理」の学の必要性は高まってくるのである(*)。

（*）アダム・スミスの「工程別分業論」をひきつぎ，それを発展させた人物として注目されるのは，**チャールズ・バベイジ**である。
　チャールズ・バベイジ（英）は，1832年『機械および製造の経済について』を著わし，分業の効果を示し，作業の単純化と専門化の概念を示唆している。
　チャールズ・バベイジは，すでに**時間研究**の方法について述べていた。さらに，上野一郎氏によれば（『マネジメント思想の発展系譜』），バベイジは，
「(1)製造工程とコストの分析
　(2)時間研究テクニックの利用
　(3)調査のための標準化された印刷帳票の使用
　(4)企業慣行研究の比較方法の活用
　(5)目の疲れのもっとも少ない紙の色合とインクの色の研究
　(6)最上の質問方法の決定
　(7)収入統計からの需要の決定
　(8)経済性を考えて製造工程を集中化すること
　(9)研究調査の実施
　(10)原材料よりも最終製品が重くなるか，軽くなるかを考慮に入れた上で，なるべく原材料に近い位置に工場立地ができるように研究すること
　(11)提案制度の活用」
を，研究すべきだと，提言していたという。

13-3　テーラーの管理思想

　「自覚的」かつ「体系的」な「管理思想」は，多くの人々が認めるとおり，**F.W.テーラー**（Frederick W. Taylor, 1856－1915）から始まるといってよい。テーラーの時代は，資本主義そのものが大きな変化をとげ，近代的なビッ

グ・ビジネスが成立する時期であった。このような近代経営の成立が,「管理」の問題への自覚的なとりくみを要求したといえるであろう。

13-3-1　テーラーの挑戦したもの＝成り行き経営

　テーラーの経営思想の出発点は，ミッドベール製鋼で，1880年代に「出来高給制度の下での組織的怠業」を解決しようとしたことにある。

　出来高給の下では，作業者が作業効率をあげて，収入増をはかると，経営者側は，その成績をみて，支払賃金が高くなりすぎていると考え，単位あたりの賃金率を下げる（**レート・カット**）ことが多かった。したがって，作業者は精一杯働いて，「出来高」をあげすぎると，「レート・カット」されるので，「レート・カット」されそうな一歩手前の出来高水準で，作業量を調節するよう工夫していた。また，労働組合としては，賃率低下のみならず，組合員の雇用の機会の減少をもたらすとして，**「組織的怠業」**を指導していた。

　このような事態の起こる**根本要因は，「出来高」設定の前提となる「単価」の設定が，経営者の「勘」で決められているから**だと，テーラーは考えたのである。なぜなら，「勘」で決められているため，作業者が出来高をあげ，請負出来高給が世間相場の日給より相当高くなると，「単価が甘かったからだ」「こんなに払っては損だ」という気持ちが経営者に起こり，そこで，「レート・カット」となるのである。もし，決めた「単価」が，適正妥当だとする「確信」があれば，そういう「迷い」は起こらないはずである，とテーラーは考えたのである。

　そこでテーラーは，自然科学的・実験科学的手法を用いて，1日の公正な作業量を決定しようとした。すなわち，一流の労働者の作業量を，**ストップウォッチによる調査（時間研究）**で求め，これを**課業（タスク）**の目標とし，これを基準とした作業者のコントロールを考えたのである。

　これは，従来の**成り行き管理**とはまったく異なる考え方であった。成り行き管理では，「1つの仕事を行うのに，実にたくさんの方法が，各自，まちまちに行われていて，そこには，**標準的な方法**はまったくない。そして，た

くさんの仕事についての，**伝統的な成り行きの知識・技能は，作業者自身の所有物であり，彼らの主要な財産であった**。仕事を，どのように，最善の方法で行うかは，作業者に任されていた。経営管理者の任務は，作業者に，いかに，その気にならせるかであった」と，テーラーは批判した。

13-3-2　テーラーの主張

　テーラーは，いわば「力ずく」で，「怠け」に対決する経験をした後，「科学的・合理的思考」を，経営管理にもちこんだ。当時の成り行き経営に対して，「**仕事を中心とし，課業にもとづいて管理する新しい考え方と方法**」をうち出した。

① 仕事を各要素に分解して研究し（分析し），これを標準化し，標準時間を定めた。標準時間に，ゆとり時間を加えて，1日の仕事量（task）を定めた。これを，従来の**成り行きの方法**に変えた。

② 経営管理者は，「諸条件を標準化」し，「作業条件を標準化」し，「1日の公平な出来高（task）を決定」する。そして，この目標＝「1日の公平な出来高」を達成させるために，作業者に決められた標準どおりに仕事をやらせ，結果の統制を行うことになった。すなわち，従来は仕事は，ほとんど作業者自身が行っていたものを，**目標の科学的な設定＝計画**（そのための標準化を行った上で）と，標準どおりに作業をするように**指導・監督**し，**結果を測定・統制する**という**管理業務**を，管理者にやらせることにした。

③ 従来は，作業者自身が，自分の仕事を選択し，自分で自分を訓練していた。これを，**管理者が，作業者を科学的に選択し，訓練し，教育していくことにした**。適材適所主義である。従来の荒っぽい適者生存・優勝劣敗主義を修正するものであった。

④　すべての仕事が，科学の原理にしたがって行われるように，経営管理者は作業者と心から協力していくべきだ，とした。テーラーは「科学的管理法においては，使用者の繁栄は結局使用人の繁栄をともなうものでなければ存在しえない。使用人の繁栄はまた使用者の繁栄なくしては永続きしない……という信念を根底としている」と述べた。「**労使が協力して働き，剰余金をできるだけ多くすること，意見や個人の考えを捨てて正確な科学的知識をもつこと**」こそ，科学的管理法の本質であると主張した。

13-3-3　テーラーの管理思想の意義と限界

　以上，その概要を見てきたテーラーの管理思想が，従来の「**成り行き**」**管理を根本的に否定し，「自然科学的・実験科学的思考」を経営にもちこんだことは，大きな《意義》をもつもの**であった。

　テーラーを創始者とする，標準作業―標準時間の設定を出発点としたワーク・スタディ（Work Study）は，その後，ギルブレス夫妻によって発展・継承され，今日の時点でも，IE（Industrial Engineering）の重要なノウハウの一部分になっている。

　しかし，管理「思想」という面でとらえたときには，彼の「管理方式」が前提とする「**人間観**」**は，時代的な制約があったとはいえ，一面的**たるをまぬかれないところがあった，といわざるをえない。

　テーラーの業績をふりかえると，「組織的怠業」を解決するために，「1日の公正な課業」を科学的に決定し，これを基準に賃率を設定することが，彼の出発点であった。その解決のために，(1)**標準作業，標準時間を実験科学的手法により決定し，合理的賃率を定め**，(2)**標準を突破したものには，累進的な出来高給を支払うという方式での「動機づけ」**をはかったのであった。

テーラーが，(1)経営の実践に実験科学的思考を適用したことは重要であり，(2)かつ，テーラーが生産性向上を通じた労使双方の信頼と繁栄をめざす精神革命を主張したことは，忘れてはならない。

　しかし，大局的に見て，(1)テーラーが能率というとき，目，手，足，腕などが関節をてこにいかに有効に働くであろうかということに実験科学的関心を集中し，結果的に，**その人間像は機械的・ロボット的**となったことは否めない。(2)また，その主たる動機づけとして**金銭的刺激を重視**したことは否定できない。その意味で**テーラーの「人間モデル」**は，端的にいえば**「機械的・経済人的人間モデル」**であったといえよう。(*)

　(*) ただし，テーラーの時代には，(1)移民労働者も多く，労働力のレベルが必ずしも高くなかったこと，(2)所得水準が未だ低く，金銭的刺激が重要であったこと，は「時代的条件」として見ておかなければならない。

13-4　人間関係論

　前節で見たとおり，テーラーの管理思想は大きな意義をもちつつ，反面，時代の制約を含めて，一面的たるをまぬかれなかった。テーラーイズムに対するアンチテーゼとして登場したのが，ホーソン実験をふまえた「人間関係論」である（第11章参照）。

　人間関係論は，従来のテーラーイズムに示されていた人間観と，まったく対立する形で，**新たな人間観**を提示した。すなわち，

　① **テーラーイズムの人間観**が，

　　「ロボットのように効率をあげ，金銭的動機づけでヤル気をもつ人間」であり，いわば**「機械的・経済人的人間モデル」**であるのに対し，

　② **人間関係論の人間観**は，

　　「企業のなかには公式的組織とならんで，独特の集団的感情をもつ非公式組織が存在し，これが作業効率を大きく左右する」ことに注目し，それ

は，人間が「人間集団への帰属感情を強くもっている」からであるとし，**「社会的帰属感情を中心とした人間モデル」「集団依存的・感情的人間モデル」**をうち出した。

人間関係論は，テーラーイズムの提示した人間観に，さらに「社会的感情をもつ存在」としての人間観をつけ加えた，という意味で，**大きな貢献**をした。

しかし，(1)**公式組織の意義を著しく軽視し**，(2)**人間の基本的欲求を社会的欲求として決めてかかり**，(3)**人間の情緒を強調するあまり，人間の意思的側面を見落としていた**，という批判はまぬかれない。

また，人間関係論の誤った実践的展開も一部にみられた。その代表が，いわゆる「ニコポン管理」である。人の顔をみればニコニコし，部下が側をとおれば，ポンと肩をたたくようにすれば，賃金などは低くても，従業員は喜んで働くものである，という，きわめて便宜主義的な考え方がそれである。和気あいあいとした雰囲気は生まれるが，生産性はまったくあがらない，という状況も起こったのであった。

13-5　行動科学の管理思想

人間関係論が，基本的欲求を「社会的欲求」においてのみとらえていたのに対し，この基本的欲求そのものを，明確に探究する必要があるという追究が始まる。

その代表的なものが，リッカート，マグレガー，アージリス，ハーズバーグらの「モチベーション論」である。その共通的特徴は，「人間は多様な欲求をもつが（これは，マズローが，欲求段階説で明らかにした），そのうち，今日の高度化した社会にあっては，一般に欲求が高次元なものになっている。すなわち，**自我の欲求，自己実現欲求の実現**が欲求充足の中心である」

ということにある。したがって，管理は，このような**人間の自発性を参画に生かせるようなもの**でなければならない，と主張した。

管理者の課題は，いかにして，各人の自発的な欲求と組織の要求とを，効果的に統合するか，にあるというのである。

ここに，行動科学的な人間モデルが生まれることになる。行動科学の代表的論者とされる，マズロー，マグレガー，アージリス，ハーズバーグ，ブレーク，ムートンらは，その説くところの管理手法は多様であるとはいえ，その根本にある人間観・人間モデルは，共通性をもっている。その共通の人間モデルとは，「意欲的に自己実現をめざす人間モデル」「能動的な人間モデル」である。これは，テーラーの「機械的・経済人的人間モデル」，人間関係論の「集団依存的・感情的人間モデル」に対し，新たな人間モデルをうち立てたものといえるであろう。

〔**参考（その１）**〕《マズローの欲求五段階説》

心理学者マズローが唱えた，人間の欲求に関する説である。人間の欲求

				自己実現の欲求
			尊敬の欲求	
		帰属欲求		
	安全欲求			
生理的欲求				

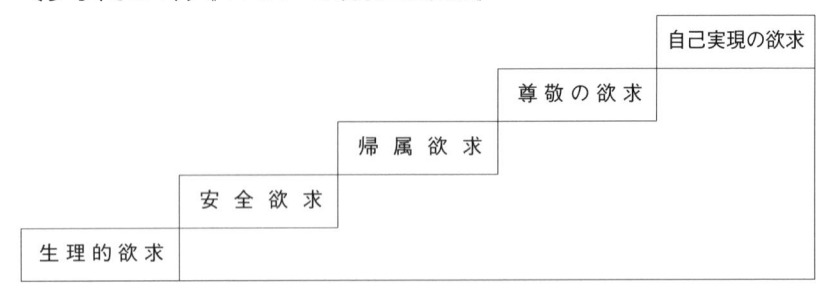

は，低次の欲求から始まり，それが満たされるにしたがって，しだいに高次の欲求へと，段階的に変化していくと主張した。

① 一番低次の欲求は，**生理的欲求**である。食欲，睡眠欲，種保存の欲求である。これらの欲求は満たされないと，「火」のように強烈であるが，一度満たされると，消滅する特性をもっている。

② 次は**安全の欲求**である。危険や脅威から身を守りたいという欲求である。雇用確保は，これに入る。
③ **帰属（社会的）欲求**が3番目である。テーラーらが重視したのは，①と②であり，メーヨーらが重視したのが，この③の欲求である。
④ 次は**尊敬（自我）の欲求**である。「自尊心，自信をもちたい。認められたい，正しく評価されたい」という欲求である。
⑤ 最後が，**自己実現の欲求**である。「自分自身の能力を存分に発揮したい，自己啓発をつづけたい」という欲求である。

この学説にしたがえば，過去の管理思想は，次のように整理される。

テーラーが研究していた時代は，大量の移民が流入し，まさに，生理的欲求の充足が最大の問題であった。

メーヨーらのホーソン実験は，1920年代であり，生理的欲求の段階ではなくなり，帰属欲求が中心の課題になっていた。

今日では，さらに④以後の欲求が，基本テーマになっている。それゆえ，行動科学的アプローチによるリーダーシップ論，モチベーション論が，活発になる。

しかし，今日でも，①や②の欲求がほとんどなくなり，④や⑤ばかりが主流になっているという解釈は単純すぎる。

生活水準の高い国，社会保障のいきとどいた国，失業の少ない国で，能力も生活水準も高い人たちは，④や⑤の欲求が強いが，②や③の欲求も決してないわけではない。

そういう国でも，生活水準や能力が相対的に低い層では，④，⑤の欲求もないわけではないが，②，③も非常に強いのである。

人間には，これらの「欲求」が**いつも**あるが，時と境遇で，その強弱が変化して現れるのである。そして，低次元の欲求は満たされないときは「火」のように欲求されるが，一度満たされると（また，これらは満たされやすいともいえる），欲求がその時点で消え去る特質をもっている。しかし，高次

元の「欲求」はなかなか満たされることがない。したがって，「欲求」が継続する性質をもっているのである。

[**参考（その２）**]《**ダグラス・マグレガーのＸ・Ｙ理論**》
　ダグラス・マグレガーのＸ理論，Ｙ理論の主張の骨子は，次のとおりである。

Ｘ理論
　①　ふつうの人間は，生まれつき仕事が嫌いで，できることなら仕事はしたくないと思っている。
　②　この仕事は嫌いだ，という人間の特性のために，たいていの人間は強制されたり，統制されたり，命令されたり，処罰するぞとおどされたりしなければ，企業目標を達成するために十分な力を出さないものである。
　③　ふつうの人間は，命令されることが好きで，責任を回避したがり，あまり野心をもたず，何よりも安全を望んでいるものである。

Ｙ理論
　①　仕事で心身を使うのはごくあたりまえのことであり，遊びや休憩の場合と変わりない。
　②　外から統制したり，おどかしたりすることだけが，企業目標達成に努力させる手段ではない。人は自分から進んで，身をゆだねた目標のためには，自らに鞭打って働くものである。
　③　献身的に目標達成に尽くすかどうかは，それを達成して得る報酬しだいである。
　④　ふつうの人間は，条件しだいでは責任を引き受けるばかりか，自ら進んで責任をとろうとする。
　⑤　企業内の問題を解決しようと，比較的高度の想像力を駆使し，手練を

尽くし，創意工夫をこらす能力は，たいていの人に備わっているものであり，一部の人だけのものではない。
⑥　現代の企業においては，日常，従業員の知的能力はほんの一部しか生かされていない。

　X理論に示される人間観では，賃金だけを頼りに生産性の向上をはかったり，権限関係だけで特定の方針を強制していく。したがって，低次元の（マズローの欲求5段階説の）生理的欲求，安全の欲求が未充足な状態では，X理論でも動機づけはできるであろう。しかし，尊敬の意欲，自己実現の欲求という段階になると，X理論ではむしろヤル気をなくさせてしまう。
　逆に，Y理論の人間観は，このような高次元の欲求段階にある者を動機づけるのに最適である。
　このY理論の人間観を展開したものに，「目標管理」がある。その概念図は次のとおりである。

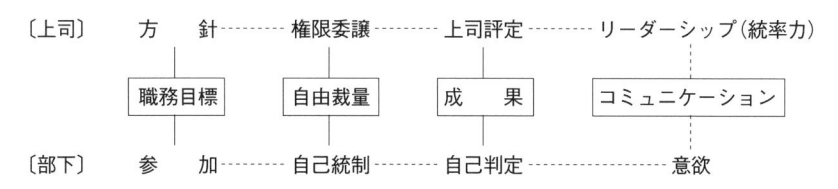

```
〔上司〕　方　　針------権限委譲------上司評定------リーダーシップ(統率力)
　　　　┌──────┐ ┌──────┐ ┌──────┐ ┌──────────┐
　　　　│職務目標│ │自由裁量│ │成　　果│ │コミュニケーション│
　　　　└──────┘ └──────┘ └──────┘ └──────────┘
〔部下〕　参　　加------自己統制------自己判定------意欲
```

出所：藤芳誠一編『図説経営学』(経済学体系10) 学文社刊

13-6　管理思想の歴史から何を学ぶか

13-6-1　これまでの人間モデル

　これまでの「管理思想」の根底には，それぞれ，独自の「人間観」「人間モデル」があった。図式化をおそれずにいえば，

テーラー→「機械的・経済人的人間モデル」
　　人間関係論→「集団依存的・感情的人間モデル」
　　行動科学→「意欲的・能動的人間モデル」
という形にまとめることができるだろう。

　行動科学に依拠する人々は，マズローの欲求五段階説などによりつつ，自らの学説が過去の学説をのりこえた，総合的かつ最新の理論であることを力説する。

　しかし，**テーラーの思想が，まったく過去のものになったとはいい切れない**であろう。**IEの手法は，今日の経営においても有効**である。作業能率をあげようと考えれば，動作経済の原則によらざるをえない。経営のなかでは，**機械的人間モデル**を適用して解決できる問題も，少なくないのである。

　また，**金銭的刺激**が，動機づけの手段としてまったく過去のものになったとは，とうていいえないであろう。企業と従業員のかかわりの基礎が，労働の提供とその対価の取得という労働契約にある以上，**経済的刺激は，依然として最も基底的な動機づけの手段**である。

　人間関係論をとってみても，今日の時点で，その主張がまったく過去のものになったとか，古くさいと考えるのは早計である。確かに人間関係論者が，過去に主張したように，それが動機づけの**すべて**であるかのようにいうのは，妥当でないとしても，人間の「集団依存的」側面を正当に評価し，**「社会的帰属感情」の充足をはかることは必要**である。

　すなわち，過去の学説史をふりかえり，その根底に存在する「人間観」「人間モデル」を考えるとき，

　①　各学説の「人間モデル」が，人間の一面を明らかにしていることは事実であり，そのかぎりにおいて，それぞれの「人間モデル」の上に組み立てられた「管理手法」も有効である。

　②　しかし，いずれの「人間モデル」をとっても，「働く人間」の一部の姿を全体像と錯覚し，すべてを解明したかのように主張している。それらの人間像は，人間の「全体像」の一側面を明らかにしたにすぎない。むしろ，

それらの各主張の価値ある積極面を評価して，総合化を試みるほうが妥当であろうと思われる。

「**働く人間**」は，「**働く人間**」にとって，まだ「**未知**」なる部分を多く残しているのかも知れない。

これを図形化すれば，次のようになろう。

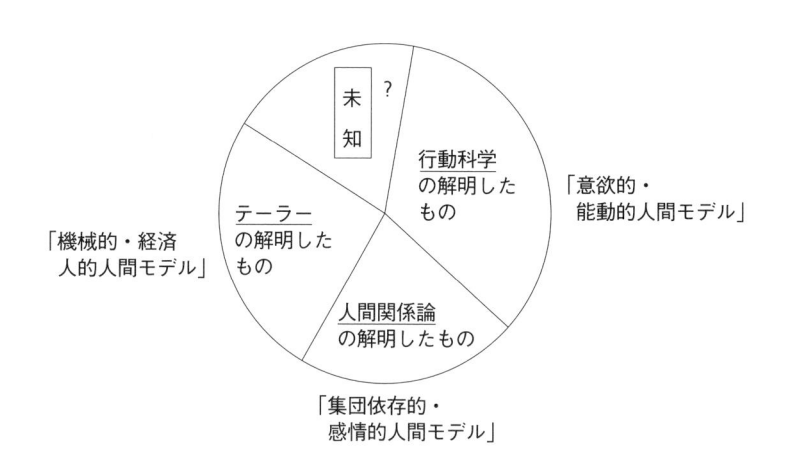

```
                    ?
              ┌─未─┐
              │ 知 │ 行動科学
         テーラー   の解明した    「意欲的・
「機械的・経済 の解明した  もの      能動的人間モデル」
 人的人間モデル」もの
              人間関係論
              の解明したもの

            「集団依存的・
             感情的人間モデル」
```

実践者であるわれわれは，

① これらの人間モデルの特徴が，人間の各側面として存在していること，

② ならびに，それを体系づけて把握する努力が必要であること，

を自覚しなければならないといえよう。

経営学は実践的な学であり，経営の学説は経営実践の理論化として発展してきた。日々経営の実践にあたるわれわれは，**実践のなかから得られる経験という素材に，哲学的思考を働かせ，過去の研究の成果の上に立って，より深い人間観を探究しつつ，経営管理の向上をめざすべきだ**といえよう。

13-6-2　欲求の充足で管理が解けるか？

さらに根本的に考えた場合，**人間関係論以降の管理思想は，社会心理学的**

アプローチが基調になっていることに注目しなければならない。

　テーラーの時代には，単純明快な合理主義が，管理思想の基調であった。人間関係論が「ホーソン実験」をもふまえて，単純合理主義では管理は割り切れないし，管理が成立しえないことを明らかにしたことは有意義であったといえるだろう。しかし，今度は逆の反動が生まれ，何から何まで社会心理に問題をもっていく。これは果たして正しいアプローチといえるであろうか？

　社会心理学的な問題の立て方は
　　　　欲求の充足＝満足，欲求の未充足＝不満
という心理的図式を前提とする。

　しかし，経営の現実で考えた場合，「不満」が一概に経営的に問題であるとはいえない。われわれが検討したとおり，改善や改革は，現状の否定・現状への不満を出発点とする。**現状に「満足」している人間からは，改善や改革は生まれない。**

　百歩譲って，従業員が満足していれば，会社はうまくいっている（不満が渦巻いているようでは会社はうまくいっていない）という底の浅い常識に一応妥協して，従業員の満足が大切だとしよう——しかし，本当にそういい切れるのだろうか？

　マズローのいうごとく，**自己実現の要求が充足され，大いに働きがい・生きがいを感じている社員がいたとする。しかし，それが自己満足にすぎないという保証はどこにもない。**中央研究所は新製品を生まないというジンクスがある。研究のための研究に走り，実践的目標を喪失するからである。中央研究所に行くと，三度の飯よりも研究が好きで，早朝から深夜まで研究にいそしみ，かつ，新製品開発には全然情熱がないというような輩(ヤカラ)は少なからずいる。本人は大いに働きがい・生きがいを感じて満足しているのである。しかし，客観的・社会的貢献度は高くない。このような有様でも，本人の高次の欲求が充足され，本人が満足していればマネジメントはうまくいっている

のだといってよいのか——よいはずがないであろう。

　問題はどこにあるのか？　人は心理によってのみ生きるに非ずなのであって，根本的には心理学的アプローチの限界なのである。このようなアプローチは，終局のところ，**人間の心理操作が管理であるというマインド・コントロール**に行き着きかねない。それではマネジメントとは新興宗教まがいの集団をつくることであるという，奇怪・醜怪な主張に等しいことになる。テーラーの単純合理主義の100％裏返しの非合理主義に行き着くことになるのである。

　働く人間，とくに現代のような**知的労働者が真に自主的・自発的に働く状況を創出**しようとすれば，もっと人間というものを真正面から見すえ，**理念・思想に訴えなければならない**であろう。

　従業員が自主的・自発的に働くことと正反対の状況，企業と従業員が相敵対し，労使が紛争に及ぶような状況を考えてみよう。従業員集団の「不満」が昂じて「反感」にまで至れば，紛争は必至か——必ずしもそうとはいえない。**従業員集団の「反感」が，会社を敵とする「イデオロギー」によって正当化されないかぎり，紛争が組織化され爆発することはない**であろう——これは，過去の労使紛争の経験の教えるところである。単純な「怒り」は反社会的な犯罪行動しか引き起こさない。**社会的行為はそれを正当化する理念を必要とする**ものなのである。

　人はパンのみによって生くるに非ず——誠にそのとおりであって，人は自らの信ずるもののためには，命を投げ打つこともできる。もちろん，それが狂信の産物でなければ幸いであるが，**多くの人たちが自らの信念にしたがって，自らの生命を賭してきた。それが人間の人間たるゆえんであり，生命を大事にするくらいのことは動物でも本能的に知っている**。

　人間は，心理を操作される対象では断じてない。人間はもっともっと崇高なものであろうし，また，そうでなければならない。

理性と知性のある人間には，理性と知性に訴えなければならない（もちろん，人を動かすためには，感性にも訴えなければならないが——）。

　自由主義体制が，人々を貧困から解放し，人々の生活を向上させ，自主自立の誇りある社会をつくるものであること，この体制下の民間企業は，その社会的存在理由を市場で試されるのであるから，すべからく自らの存在価値を高め，世の中への貢献度をあげなければならないこと，誇れる会社をつくり，自らの貢献度を高めることが，世のため・人のために尽くすゆえんであること——こういった**理念的・思想的確信が，真に自主性・自発性を知的労働者から引き出すゆえん**ではないだろうか。

　21世紀のマネジメントは，人間を真正面から見すえ，人間に真正面から向かい合う姿勢をもたなければならない。従業員の心理的満足をターゲットとし，従業員のマインド・コントロールにうつつをぬかすようなマネジメント思想には未来はない，と考えるべきである。

第14章　知識集約化時代の管理

■**本章の内容**
1　モラール向上をいかに実現するか？
2　知的労働の管理のあり方

　世界一の高賃金は，日本の企業に世界一の高生産性経営を求める。世界一の高賃金の下では，作業職・事務職のレベルのパフォーマンスではいかんともし難く，定型職務の省人化・無人化はますます進み，**企業の職務構成は，ますますⅢ・Ⅳ等級以上の広義知的職務を中心とする知識集約型**になっていく。そして，企業の中核的戦力はますます知的労働力になっていく。
　知的労働と肉体労働には管理上決定的な差異がある。それは何か——
　肉体労働であれば，権力的命令強制で成果をあげられなくはない。 ローマ時代の壮大なモニュメントは奴隷に強制労働を強いてつくりあげたものである。万里の長城は，農民を徴発して強制労働で構築された。
　しかし，**知的労働は強制で成果をあげることはまずできない。** アイデアを出さなければ鞭で打つぞとおどかしてアイデアがでてくるものではないであ

279

ろう。**知的労働は，本来，自主性・自発性がなければ成果はでないのである。**

人間の保有能力と発揮能力の間には，以下の公式があるといってよい。

保有能力×（広義）態度＝発揮能力

この公式は，保有能力がいかに高かろうが，その人間の（広義）態度（その人間の思想・信条にもとづく志向性，さらにはその人間のマインド・心のもち方を含む）が後ろ向きであれば，発揮能力は低くなり，逆に保有能力は多少不十分であろうとも，その人間の（広義）態度が前向きであれば，発揮能力はそれなりのものになるということを意味している。

この命題は，**知的労働に関しては，その真実性がいっそう高い**というべきであろう。ゆえに，経営構造が知識集約化すればするほど，そして社員構成が知的労働力化すればするほど，管理の上で，社員の自主性・自発性，社員の前向きの意欲を引き出すことがいっそう重要になる。

(1)**全社的にいえば，会社のモラールをいかに引きあげるか**，(2)**個々の社員に即していえば，社員の自主性・自発性をいかに引き出すか**，が，管理上決**定的な重要課題となる**のである。

14-1　モラール向上をいかに実現するか？

モラール（morale）は一般的にいえば，「士気」「ヤル気」である。モラールを引きあげるには？——現代の経営学説の最大公約数は，高度化した従業員の精神的欲求の充足をはかることだという。

人間関係論者や行動科学者たち，広くいって社会心理学者たちが主張するように，人間は「欲求をもった存在」であることは事実である。そして，欲求が充足されない状態が極度のものになれば，人間は不適応な行動にでて，管理が破綻してしまうことも事実である。さらに，人間の社会的帰属感情や，種々の欲求の充足を考慮に入れて管理を進めることが大切なこともまた

事実である。

しかし,種々の欲求が充実され,社員が満足していれば,モラールがあがると果たしていいうるであろうか。

このような考え方では,以下の等式を前提としている。

欲求の充足＝満足＝高モラール（逆にいえば不満ならばモラールは低い）

このような等式に問題があることは,13章でも検討したとおりである。それを再説すれば——

① 改善・改革は現状不満・現状否定を出発点とする。**現状に満足する者からは改善・改革は生まれない。ゆえに,満足度の高いものがモラールが高いとはいえない。**

② 精神的欲求が充足され,働きがい・生きがいを感じ,**満足度の高い社員であっても,それが自己満足になるだけで貢献度に結びつかないことはありうるし,現実にある**といってよい。ゆえに,満足度の高いものが高モラールとはいえない。

さらに考えれば——

①′ 改善・改革を志向する人間が,現状に不満でありながらモラールが高いのはなぜか？——それは,その人間が**企業を前進させよう,よりよいものにしようという志向性**をもっているからである。

②′ 働きがい・生きがいを感じる社員で,それが自己満足になり,モラールが低いのはなぜか？——それは,その人間が**企業の成果向上に貢献しようという志向性**をもたないからである。

つまるところ,**ある社員がモラールが高いか低いかは,心理的に満足しているかいないかではなく,その人間が企業の成果向上に貢献し,企業をよりよいものにしようとする志向性をもつかもたないかで決まる**,と考えるべきであろう。

一部の行動科学者は，現代の時代環境の下では，賃金が低いことは不満を引き起こす（モラール低下）が，しかし，賃金を高くしたからといって動機づけ（モラール向上）にはならない，というような一見もっともらしいことをいう。しかし，これも厳密に考えれば妥当ではない。
　日本的経営を考えれば，賃金が低い（世間相場より低い）のは，業績がよくないためである。そして，賃金が低いことが不満（モラール低下）に直結するのであれば，社員の士気は低下するので，ますます業績は低下するだろう。そうなれば，ますます賃金は低下するだろう。この悪循環のなかで，遂に会社はつぶれるということになるに違いない。そういう場合もあることは一概に否定できない。しかし，現実には苦境をバネに反発し浮上する会社もある。
　それはなぜか？
　苦境のなかで，「賃金が低いのは業績が悪いせいだ。このままでは会社もみじめだが，われわれもみじめだ。奮起一番業績挽回に死力を尽くそう」と認識し，本気でそういう志向性をもてば，モラールはあがりうる。そうなれば，反発のバネが働いて，会社は立ち直るのである。
　賃金が低いことがストレートに不満・モラール低下を引き起こすと想定することは，人間を犬や猫以下の次元におくものである（エサがよければ尻尾をふる，エサが悪いと主人にもかみつく）。
　人間というものは，このような想定ほど下等なものではない。
　ここでも，つまるところ，モラールを左右するのは，欲求がどうこう，満足や不満がどうこうというようなことではない。社員のもつ認識・志向性でモラールは決まるのである。
　モラールを決するのは，社員の認識のあり方・自覚のあり方・志向性である。

　一般にモラールは，「士気」であり「ヤル気」である，といわれる。しかし，経営の実践の場でモラール向上を考えるとき，このような翻訳用語で事

足れりとするわけにはいかない。

モラールとは，

「企業の進まんとする方向に対し積極的に貢献せんとする意欲」

である，と考えるべきであろう。

すなわち，**モラールは，一種のベクトル**である。「士気」「ヤル気」「意欲」という「力」とともに，「志向性」，「方向性」（企業の進まんとする方向との一致）をもたなければならない。

単なる「士気」「ヤル気」「意欲」がモラールではないことは，左翼組合リーダーの「ヤル気」を考えればすぐにわかることである。彼は，「会社の搾取に抵抗する」というイデオロギー的妄想にとりつかれて大いに「ヤル気」を出しているのだろうが，会社の進まんとする方向（業績向上）に逆行しており，モラールが高くないことは自明である。

図表14-1の大きなベクトルは会社の全体の進まんとする方向である。大きなベクトルのなかの小さなベクトルは，社員個人のモラールである。社員個人のベクトルは，会社全体のベクトルと必ずしも方向が一致していない。彼のベクトルでモラールといいうるものは，会社の方向性と一致しているかぎりでの力の部分である。方向性がずれればずれるほど「意欲」はどれほど高かろうとも，ピントのはずれた意欲・空振りの意欲になり，モラールとしては小となる。

このように考えれば，「モラール向上」のためには，

① 社員の「意欲」「ヤル気」を向上せしめること（そのためには社員の貢献度が正しく評価され，適正な処遇に結びつくような公平公正な人事システムをはじめとする処遇，職務配置，異動，教育訓練等々が重要である）。

② 会社の進まんとする方向と社員の「方向性」とを一致させること，すなわちベクトルの一本化をはかること

の２つが必須であることがわかる。

図表14-1　モラールはベクトルである

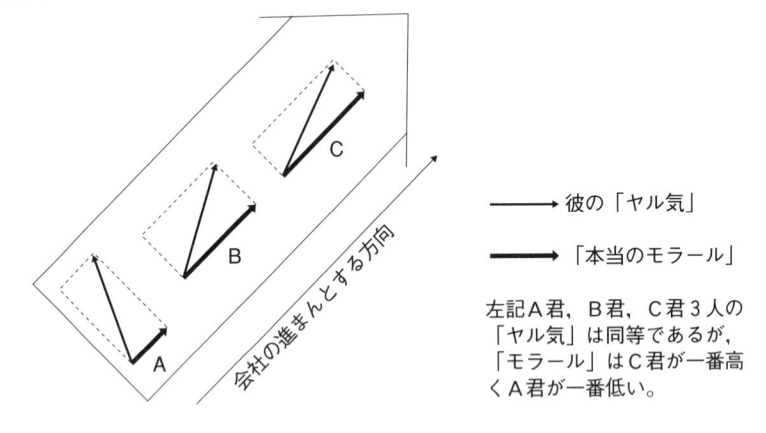

→ 彼の「ヤル気」
→ 「本当のモラール」

左記A君，B君，C君3人の「ヤル気」は同等であるが，「モラール」はC君が一番高くA君が一番低い。

　そして，**ベクトルの一本化**のためには，
① **正しい企業観**（とくに日本の場合には，企業と従業員は事実として運命共同体的関係であるから，企業の社会的存在価値の向上，企業業績の向上に努力することは，会社のためであるとともに，何よりも自分自身のためであるという企業観）の意思統一・思想的統一をはかり，
② **会社の方針・施策**が上記の正しい企業観にのっとったものであり，それに積極的に参画し，支持することが社員にとってもプラスであるということを理解させること，すなわち，**会社方針・施策の正当化に確信をもたせること**が重要である。

　上記①②が全社員に浸透，確立するためには，（今日のように情報が氾濫する社会では）正しい企業観の思想統一・会社施策の正当性の教育，ＰＲの努力はいくらやってもやりすぎということはない。
　種々の教育訓練，社内報，その他のＰＲ努力，社内イベント等が全社的な施策としては重要であるし，そのような全社的努力をふまえつつ，第一線の管理者が，部下に，種々の機会をとらえて，正しい企業観を教育し，会社施策の正当性の確信をもたせるように努力を払うことが，モラール向上の決め

手であるといえるのである。

　要すれば，会社の理念的方向性・経営方針上の方向性と社員それぞれの志向性を，認識と自覚のレベルで一致させる方向での努力がモラール向上の決定的条件なのである。

14-2　知的労働の管理のあり方

　超円高―世界一の高賃金に対応するためには，「高賃金―高能力―高職務―高成果」がどうしても必要であり，知的職務（研究開発，生産技術，営業，管理等々）を中心とする「知識集約型」の経営構造が求められるところとなる。
　また，先進国化の一層の進展とともに日本はますます高齢化・高学歴社会となり，この面からも知識集約化は必要でもあり，また可能にもなっている。
　かくて，日本の企業が**知的労働主体の構成になることは必然**であるといってよい。

　このような状況にもかかわらず，日本の管理方式は，過去の高度成長時代の「肉体労働者・作業職主軸の管理のあり方」の「残りカス」を少なからず引きずっているところが見受けられる。
　その代表的一例をあげれば残業管理である。日本的な処遇体系のなかでは，実績に応じた追加的処遇は残業手当にほぼ限定されている。この追加的処遇は，超過「時間」に対して支払われる。肉体労働者・作業職の労働であれば，時間を倍つぎこめば（その人間がサボっていないかぎり）成果は倍になるであろう。したがって，追加「時間」に応じて追加「給与」を支払うことには矛盾はない。しかし，知的労働ではどうか――時間を倍つぎこんだから必ず倍の成果があがるという保証はどこにもない。5時間働いたセールス

と10時間働いたセールスで，後者が必ず2倍の粗利を稼ぐといいうるであろうか。必ずしもそうはいえない。ただ時間だけを非能率につぎこんで成果もろくにあげない人間に追加的給与がいき，能率をあげ所定時間内に平均以上の成果をあげた人間には何の追加的給与もいかないというのは，はなはだしい矛盾といわなければならない。しかるに日本の現在の管理では，このような事がまかりとおっているのである。

以上のように，知的労働主軸の「管理」への本格的脱皮が求められているのが，今日の日本の経営なのである。

それでは，「知的労働主軸の管理のあり方」のポイントはどこにおかれるべきか？

知的労働では本人の自発性がなければ決して成果はでないことをふまえることである。肉体労働ならば，強制でも成果をあげさせることはできないでもない。少なくとも自発性がなくてもやらざるをえないように仕事を組むことはできる。しかし，頭を働かせて成果をあげる知的労働では，「いやいややらされる」ような状態ではまず成果は期待しがたい。

したがって，「問答無用」「服従を第二の天性とせしめ条件反射で命令どおり体を動かさせる」ような管理方式は，肉体労働者・作業職には通用しても，知的労働者を対象にした場合には有害である。

管理の基本課題は，いかに本人の自発性を引き出しうるかにかかってくるのである。

すなわち，より具体的にいえば以下のとおり。

① まず**根本的には，何のために，なぜ働き，成果を求めるのかという社員の「企業観・職務観」を確立せしめ，自らの理念と思考にもとづいて，自らのために自主的に努力を払う「構え」をつくることが肝要**である。

② 管理方式の全般にわたって「理論性」が求められる。すなわち，管理の

あり方は今日の知的労働者の知的レベルからいって十分に納得しうる理論性が必要とされる（たとえば，人事管理のシステムにおいても，評価の基準・評価のシステム，評価結果と処遇——昇給・昇格への結びつけ方等々のすべてについて，十分納得のいく「理論性」が必要である）。

③　**日常管理においては，「理解と合意」に大いに力を注ぐことが必要**である。

「理由のいかんを問わず命令だからやれ」式の日常管理では，知的労働は生きてこない。

「なぜそういうことをやる必要があるのか」をわからせ，動機づけて，部下を動かすことが必要とされる。

付言すれば，知的労働では時間に対して追加給を支払うのではなく，成果に対して追加給を支払うという成果主義の志向に立った管理が必要であろう。肉体労働者・作業職であれば「いわれたとおりのことを指示された時間でやる」ことで事はすむ。知的労働者は「自ら考え，自ら時間効率をあげ，時間当たりの成果をあげる」のでなければ仕事をしているとはいえない。

したがって，管理の方式としては，
①　**達成すべき成果について理解させ合意し，**
②　**権限を極力委譲して，自ら考えさせ（指導は必要な範囲に限定し），自発性を引き出しつつ自ら成果を追求**させ，
③　**その成果の度合いに応じて（時間ではなく），追加的給与を支払う，**
というあり方が望まれるところとなる。

大略，上記のような点をポイントにおきつつ，知的労働者にその真価を発揮せしめうるか否かに，これからの日本の経営の成否はかかっているといって過言ではないのである。

第15章 管理者の能力向上のあり方

■本章の内容
1 能力向上に取り組む姿勢
2 かけがえのない人材としての管理者に求められる要件
3 能力向上の具体的なあり方

15-1　能力向上に取り組む姿勢

　これからの管理者が自らの能力向上に取り組むにあたって，以下のような諸点を，心構え・基本的な志向性（方向性）としておさえておくことが必要であろう。

① **部下をもつものとしての責任感を固めること**
　部下をもつ者として管理者は，自らの指揮が責任あるものでなければならないし，**自らの能力の不足は自分ひとりのことではなく，その累は部下のすべてに及ぶ**ことを銘記しなければならない――「**指揮の拙劣を部下の血を以て購うな！**」この名言を再度かみしめる必要がある。

② 高い志を立てること
　管理者が自らの能力向上をめざすといった場合，そもそも「自らが何者にならんとするのか」という「志」が明確でなければならない。能力向上といえば，誰しも「本を読む」「勉強する」と条件反射的に思う。しかし，何のための勉強であり，何にならんがための勉強であるのか？——人生は一度しかない。悔いてもやり直しは効かない。そしてわれわれは，企業人たる道を選び，部下を預る立場になった。そうである以上，貢献度の高い・部下からも敬意を払われる・欠くべからざる管理者をめざすことを「志」すことが求められよう。そしてそのために努力を払うことが，広い意味での能力向上のあり方であろう。
　「恥をかかないよう，ミスをしないよう管理する」——そのような志向性であれば，その程度の管理者にしかならない。一度しかない人生が果たしてそれでよいのか？
　古人曰く——「志立たざれば舵なき舟，轡(くつわ)なき馬の如し」。
　高い志を立てること，高い志をしっかり胸に刻むことが能力向上の出発点であろう。
　この上に立って，
　(1)　欠くべからざる人材たる管理者にはどのような要件が求められるか，
　(2)　そのための努力課題は何か，
をつかみ，能力向上努力を正しく方向づけなければならない。志は高くとも，(1)(2)の把握を誤り，能力向上が正しく方向づけられなければ，志すところには近づかないであろう。

③ 能力向上の手応えをつかむこと
　以上のような意味で，広義の能力向上に取り組むことを「将来のために現在は難行・苦行をするのだ」というようなイメージでとらえることは誤りであろう。人間いつ死ぬかはわからない。神のみぞ知る，明日死ぬかもしれないのである。そのときに自分の人生は苦行だけだったということでよいのだ

ろうか。そもそも将来の「楽」のために現在「苦労」するというようなことをいっても，企業の世界では，少なくとも現役でいるかぎり，「安心立命」などは永久にないのである。

「志を高く胸に刻んで日々奮闘すること」は，何かのための手段ではなく，それ自体が「生き方」であり，「生き様」だと考えるべきであろう。逆に，「志も定かならず，ただ仕事に追いまくられるだけで，日々が過ぎる」，それが充実した「生き方」といえるであろうか。

何が企業人・管理者として妥当な「生き方」であり，望ましい「生き様」か——それはまさしく「企業人」1人1人が主体的に選択すべき事柄である。しかし，それが真正面から向かうべき選択であることは間違いない。

「志を高く胸に刻み，日々奮闘すること」は「苦行」ではなく，充実した生き方・生き様にほかならないと思う。

本を読む——苦痛だが将来のメシのタネになるので読まざるをえない——これでは本物ではないだろう。本を読むことによって，広がる世界・深まる思考の手応えがつかめなければ，本物ではないだろうし，また不幸である。ジョギングをする——苦痛だが将来の健康づくりのためになるのでやらざるをえない——これでは本物ではないであろう。ジョギングをすることによって，快い汗を流し，心身の充実を体感する，この手応えがつかめなければ本物ではないだろうし，また不幸でもある。

孔子曰く「之を知る者は之を好む者に如かず。之を好む者は之を楽しむ者に如かず。」

このような意味で，**広義の能力向上の手応えをつかむことが望まれるところであろうし，また，このような手応えを共有することを部下に呼びかけることこそ，本当の能力向上の指導**であろう。

④ 能力向上にあたっての心構え

広義の能力向上の追求にあたっては，以下のような心構えが大切であろう。

(1) **素直な心・ひたむきな心**

――人間「わかったつもり」になるほど危険なことはない。わかったつもりになれば，探究心も向上心も停止する。ソクラテスは自らの無知を知り，知を求めることに哲学の基本＝人間の基本的なあり方を求めた。誠にそのとおりだと思う。

年をとればとるほど，人は相当のことも経験し，そこそこ「わかったつもり」になりやすい。この心境になった途端に人は「老朽」化する。**旺盛な探究心＝素直な心，たゆまざる向上心＝ひたむきな心を失えば，人間の進歩は止まる。**

(2) **限界への挑戦**

――「限界への挑戦」といえば大げさにも聞こえようが，能力が向上する，とはすなわち，自分の限界が拡大することにほかならないであろう。**自分が限界と思うところを一歩こえる目標に挑戦し，それを懸命に達成すべく努力して目標を達成し，自分の限界を拡大する。これが能力向上の具体的な姿である。**

付言すれば，あまりに高い目標であっては，挫折―失敗―自信喪失につながり有害である。――たとえば，古典力学もろくに知らない人間が，いきなり量子力学に挑戦することは，誰が考えても無謀であり，失敗するに決まっている。能力向上は**一歩一歩自分の限界を突破**していくものでなければならない。

15-2 かけがえのない人材としての管理者に求められる要件

15-1-②で検討したとおり，

貢献度が高く・部下にも敬意を払われる・欠くべからざる管理者を「志」すとき，この立派な管理者に求められる要件を正しくつかまなけれ

ば，努力の方向を誤ることになる。したがってこの要件を検討しよう。

　管理者に求められる要件については，「管理者のおかれた立場」に即して第1章で検討した。これをふまえつつ，要件を，
　　　能力向上努力の方向づけ
という観点から，再整理してみる。

　まず，**あるべき管理者像**とは何か？　それは，
　　　部下を適切に指揮し，その育成に努力を払いつつ，
　　　全社的に見て大きな成果をあげる貢献度の高い管理者
であろう。結局のところ，企業人としては，**いかに人格高潔であろうと，いかに学識豊かであろうと，大きな成果をあげ，実際に会社に，ひいては社会に貢献することができなければ，欠くべからざる・貢献度の高い人材とはいえない**（もちろん，学識や人格はそのために必要な要件ではある）。われわれ企業人が，自社のこの世の中での貢献度・存在理由を高めるために企業で活動し，かくすることによって，世のため・人のために尽くす活動をしている以上，企業への貢献度が高くなければ，企業人として役割を果たしているとはいえないからである。

　そのような人材たるべくには，以下が要件として必要であろう。

① **体力・気力**

　体力とそれにささえられた気力が企業人としての活動のベースとなることは，説明を要しない。健康をそこなえば，そもそも企業人，否，社会人としてのベースがなくなってしまう。今後の高齢化社会を考えれば，**70歳現役**をめざす体力・気力の維持が求められるであろう。

② **知的能力**

　今日の知識集約化時代・知的労働の時代にあって，知的能力が企業人のコ

アになる能力であることもまた論を俟たないところであろう。知的能力は，(1)知識，(2)知的能力に大別される。

②―(1)　知識
一口に知識といっても，管理職に即して考えた場合，いくつかの領域がある。

1. **専門知識・技能**――管理者が担当する分業単位で部下を指揮・指導しつつ，成果をあげるためには，専門知識・技能が高くなければならない（とくに課長クラスの人たちは，担当分野では社内No. 1の専門家でなければならない。部門長クラスになると，部門全体の統轄・他部門折衝を含め，幅の広さが求められるからである）。

2. **基礎学力**――**専門知識の高さをささえるのは，基礎学力（語学・数学・自然科学・社会科学の学力）の土台である。この土台が脆弱であるとより高い専門知識の獲得が阻害される。**

   電気・電子の技術部門のマネージャーが、マクスウェル方程式がよくわからないようでは，技術知識の本格的向上などありえないであろう。また，バイオテクノロジーのように技術革新が活発な分野では，基礎学力（たとえば生化学の基礎学力）が高くなければ，そもそも技術革新についていけないであろう。

   そればかりではない。**企業では一般にspecialistであることとともに，generalistであることが求められる**。研究開発のエンジニアであっても，製造効率・生産性への理解は必須であるし，マーケティングや財務に無知では，本当の仕事にはならない。「私は技術畑だから社会科学方面のことはわかりません」ではすまない。その意味でも，基礎学力の広さが求められる。

3. **管理知識・技能**――部下を通じて仕事をするものとしての経験則＝管理知識・技能は，管理者として必須である。

4. **経営に関する知識**――管理者が分業と協業の結節点に立ち，**協業の実**

をあげるためには，経営全般についての基本的知識が必要である。さらにいえば，経営者の補佐役たる役割を果たすためには，経営についてのつっこんだ知識が求められる。

各論的分野としては，以下の(i)～(iv)が必要である。(i)**人事管理・労使関係の知識**，(ii)**会計・財務知識**，(iii)**マーケティング関連の知識**，(iv)**生産性向上にかかわる経営知識**。

経営全般に関しては，**経営方針・長期計画にかかわる基本知識**が必要である。

②—(2)　知的能力

経営の現実では，一定のセオリーを適用すれば解決できる問題は非常にかぎられている（なぜならセオリーは一般則であり、われわれの直面する課題は，個別・具体的なものであるから）。知識を活用しつつ，自らの頭脳を働かせて課題を解かなければならない。**すなわち，知識以上に頭の働かせ方・知的能力が重要である。**

経営者のなかには，不幸にして学歴を得る機会を失ったが，学歴が低くともすばらしい成果をあげる人がいる。そういう人は概して「才覚」がある。すなわち，知的能力のセンスがいい。

知的能力とは何か。**要素的にいえば，**

　　理解力・判断力・独創的思考力・論理的思考力・指導統率力・説得力

といったものである。

一般に，人間が知性や理性を働かせる場には2つの分野がある。

1　対象についての客観的知識を活用し，有用性を基準に成果をあげる分野

2　どうあるべきかを考え，選択の基準そのものを考えつつ成果をあげるべき分野

1は，既に述べた「知識」を活用し，成果をあげるための知的能力発揮の場である（主として技術にかかわる）。

２は，後述する「思想・世界観・哲学」や「徳性」にもかかわる領域であるが，知的能力にかぎっていえば，人間の「知恵」「智」と総括されるような分野である。「頭がよい」ということと「賢い」こと，「知的能力が高い」ということと「知恵がある」ということは，少しく次元が異なるであろう。

この面を含む広義の知的能力が肝要である。

③ マインド・心のもち方，徳性

第14章で検討したとおり，

保有能力 × 態度 ＝ 発揮能力

という公式を主張しうる。いかに保有する知的能力（広義）が高かろうとも態度が後ろ向きであれば，能力が発揮され成果をあげることはできないであろう。

知的能力に「必勝必達の信念」という推進力が加わらなければ，事を達成することはできない（第１章，１-４）。

そもそも「発明」は，技術の歴史をふりかえっても，単なるインスピレーションの産物であったためしはなく，「何としても達成する」という狂気に近い思考のエネルギーの集中の産物なのであった。逆にいえば，人間は「もうダメだ」と思った瞬間に考えることすら停止してしまう。

この差は何か。「何としても達成するしできる」と思うか，「もうダメだ」と思うか，この思うか思わないかの差——すなわち，マインドのおきどころ・心のおきどころの差である。

より広くいえば，たとえば左遷にあうといった逆境に立ったとき，自暴自棄になるか（そして結果として，左遷した人間の思うツボになるか），それともプライド・自負心を失うことなく，己の生き様を貫くか（そして結果として，周囲の尊敬を集め「左遷」が無効になるか），どちらの道になるかは，一方ではその人の理念・哲学にもかかわることであろうが，他方では，その人の心のおきどころ・マインドのあり方にかかわることでもある。

長期にわたる企業人人生のうちには，山もあれば谷もある。企業人人生の

決定的な場面でモノをいうのは，その人の心のおきどころであろう。

　孫子はいう，「将とは智・信・勇・仁・厳なり」——智は広義の知的能力である（②-(2)）。信—上下いずれからも信頼されること，勇—責任感をふまえつつ勇気があること，仁・厳—部下をいつくしむことを前提におきつつも成果をあげるためには厳しくあらねばならないこと，ここまでいたれば，その時々の心のもち方・心のおきどころにとどまらない，**その人の「性格」をも含めた人間としての「修養」の次元**になる。

　この次元までを含めて「徳性」といおう。

④　思想・信条（世界観・哲学）

　さて，企業人として管理者として高い成果を追求する，それはそもそも何のためであるか？——それは究極のところ，自らの私利私欲・権力欲・名誉欲（マズローのいう尊敬の欲求？）のためであるのか，そうでないのか？

　この問いに対する答えがあいまいであれば，管理者としての使命感・責任感は根拠づけられないであろうし，また，知的人材に期待される本来の意味での自主性・自発性がでてくることはないであろう。

　企業人・管理者には，**企業活動を枠づける社会体制，そのなかでの企業活動，そして自らの企業内での活動の正当性に対する理念的確信が必要**であろう。

(1)　共産主義体制の崩壊をもって自由主義体制の優位は実証されたこと，国家の個人に対する制約＝統制・過剰保護を極力少なくし，個人の自主・自立・尊厳（国家の奴隷ではない）を社会の基本にすえるべきこと，

　　自由競争（これは本来優勝劣敗を固定化するものではないがゆえに自由競争なのであるが）こそがわれわれの社会の進歩向上の原動力であること，

　　自由経済の下においてのみ人類の貧困からの脱却・人類の豊かさの追求が可能であること，

(2) 自由経済下の民間企業として，われわれの企業は，競争条件の下で自主的な創意・自己責任原則にしたがって，自らの社会的存在価値を高める活動を行い社会に貢献すること，

　企業は世のため・人のためによりよい有用な物資・サービスを提供し，人々に雇用の場を確保し，永続すべきこと，

　終身雇用の日本では企業と従業員は運命共同体的関係にあるがゆえに，ますますもって企業は永続しなければならないこと，

(3) そのような企業の中核的担い手として，管理者は，部下を育成しつつ企業への貢献度を高め，そのことを通じて世のため・人のために貢献すべきこと，この自らの貢献度を測る尺度として，企業の評価・処遇システムが存在すること，

等々にかかわる自らの理念的「確信」が求められる。

　以上4条件として分析的に検討を加えたが，**実際は①〜④は，一体のものとして働いて，高い成果・高い貢献度に結集する**。すなわち，

　体力・気力をベースに，自らの思想・信条に裏づけられた責任感・使命感の下に，強烈な達成意欲をもって，

　知識・知的能力をフルに発揮し，

　部下を指揮しつつ自主的に高い成果を追求し達成する

ことが，期待される管理者のあり方，なのである。

15-3　能力向上の具体的なあり方

15-3-1　前提となる事柄

　15-1で検討した心構えを確立し，15-2で検討したかけがえのない人材としての管理者の要件をふまえつつ，能力向上の具体的なあり方を考えなければならない。

そのための前提は，まず，

あるべき要件と対比して自分の長所・短所をつかむこと

である。人間には誰しも長所や短所がある。15-2で検討した要件で全部ダメだというようなことはまずありえない（そのような人が管理者になっているはずがないから）。伸ばすべき長所，克服すべき短所をハッキリつかむことが，広義の能力向上を考える大前提である。

　上記とともに，**能力向上にあたっては，Off JTのための時間の余裕の創出がどうしても必要である，**ということをよく考えなければならない。

　確かに，**企業人が高い成果を生む能力をつける場は，基本的には実践の場である**。「強烈な達成意欲で知的能力をフルに発揮し，高い成果をあげる」実力をみがく場は，実践をおいてほかにはない。平時にどれほど作戦立案能力が高く，図上演習では優秀な成績をあげる軍人でも，本当に軍人として役に立つかどうかが，実践の場すなわち戦場で確かめられていない人間は，どこか信用まかりならない。「平時の名将常に戦時の凡将」という。**Off JTで能力が高くても，戦場で弱気の虫にとりつかれるようでは，軍人としては使いものにならない。企業人も同じことで，OJTで鍛えることが重要**である。

　かといって，OJTがすべてだというのは暴論であろう。いかに実践・経験（平たくいえば場数をふむこと）が大切だといっても，それだけにとどまれば「自分の経験」の枠をこえることができない。なぜ，軍人が戦史を学び，軍事学を学ぶのか——それは「他人の経験」をも教訓化し摂取して，「自分の経験」の狭い枠を乗りこえ，あらゆる状況に対する対処能力を拡大するためであろう。

　ここに**Off JTの重要性**がある。

　他者の経験を学び，他者の経験の総括としてのセオリーを学ぶことなくしては，自分の経験の枠を突破できない。そればかりではない。管理者としての幅を深さをつけようとすれば，読書と思索は不可欠であろう。経験・実践

の集積のみで企業人・管理者としての能力は形成しうると考えるのは，企業人・管理者に求められる広義の能力を甘くみるものである。

ところで，セオリー・知識の習得にせよ，読書と思索にせよ，さらにはまた体力・健康づくりにせよ，**すべてのOff JTにおいて，**
　　　　時間の余裕の創出
は**大前提となる事柄**である。

時間の余裕の創出のためには，どうすべきか——

第一に，やたらに寝てはダメである。睡眠が人間にとって必要なことは疑う余地はないが，反面，睡眠中は死んだも同然の無活動なのであって，有効な活動時間をふやそうとすれば，やたらに寝てはダメだということは自明である。通常の大人の平均睡眠時間が6～8時間，平均7時間だとすれば，6時間睡眠くらいを日常の習慣（このくらいの睡眠時間で，眠くなく頭が十分に働くという状態をつくること）にしたい。何時間の睡眠が妥当かという脳科学の根拠はない。睡眠時間は習慣的なものである。8時間睡眠というようなことがよくいわれるが，病気でもないかぎり，こんな睡眠習慣になったら，自由時間は皆無になってしまう。会社での時間が10時間，通勤3時間として，8時間も寝ると，1日24時間の残りは3時間しかない。これでは，飯を食って風呂に入って仕事をして寝るだけの生活になってしまう。6時間睡眠であれば，少なくとも2時間の余裕時間はできる。

「いや，そんな説教を聞きたくもないし，実態を知らない人の勝手ないい方である。仕事に追いまくられて，5～6時間睡眠でも自由時間はゼロ，そもそも会社での時間が10時間というのが勝手な想定で，短いときでも12時間はいるのがふつう。週休2日というが，土曜出勤は日常茶飯事で，休めるのは日曜日だけ」——という人が，現状では少なからずいるであろう。そこで，

第二に，長時間労働体質の改善，がどうしても必要である。そもそも**管理者自らが長時間労働し，部下にもまた長時間労働をさせ，広義の能力向上の余力を喪失せしめることは，現状の能力で自らならびに部下を使いきる（使

い捨てる？）ことを意味し，きわめて重大なことである。日本的経営の基礎的命題――勤続にともなう能力向上の必達・知的人材集積からいえば，犯罪的とすらいえる。

もちろん，ともかく長時間労働を是正しさえすればよく，成果を下げていいというものではない。であるとすれば，求められるのは，仕事のやり方の改善だ，ということになる。長時間労働体質を改善するためには，自明のことであるが，

時間効率をあげる

ことができればよい。メーカーの製造現場では1分，1秒のムダを省くために，血道をあげ懸命の努力を払い成果をあげてきた。しかるに，**知的労働の現場においては生産性向上努力が足りない。足りないから長時間労働がまかりとおるのである。**

危機においては，減員―少数化―（一時的）長時間労働も万止むをえざるところがあろう。しかし，平時でこのようなことを常態化させれば，今後の少子高齢化―人手不足時代には，誰も寄りつかなくなる会社になる危険性すらある。すなわち，会社の消滅である。

これからの時代には，

会社での拘束時間・MAX10時間
完全週休2日厳守

はミニマムのターゲットラインである，と考えなければならない。これを前提に，

平日で2時間は広義の能力向上にふりむける余裕時間を創り，
週休2日については，基本的に

1日 refresh（心身のリフレッシュ），1日 charge（広義の能力充電）

とすること

を実現しなければならない。これを必達しなければ，今後の日本的経営は危うい。

りする。

このような領域も必要であることは，一概に否定するものではない。しかし，このような頭の使い方のみでは，暗記と記憶の迅速なとり出しという受験勉強式思考回路が強化されるだけで，人間としての本格的知的能力・思考力（課題の発見能力，仮説の構想力，検証への思考力，等々）は，鍛えられない。**記憶とその迅速なとり出しというような機械的なことは，パソコンでもやる。そういう思考回路しかもちえない人は，いずれ機械に置き換えられる。そもそも本を見たら，記憶の対象だと思うこと自体が誤り**なのであって，本来，**書物はわれわれの思考を鍛える素材であると考えなければならない。**

そもそも**自らの思想・信条という次元になれば，暗記でカタがつくはずがない。自らはどう考えるのか――これが問われるのである。**

自らの思想・信条の形成のためには，一冊の本とじっくり取り組む（繰り返しなぜを問い，考えつつ読み，読みつつ考え，その本の思考のあり方そのものを吸収する）ことが求められる。

孔子曰く「**学びて思わざれば則ち罔（くら）し，思いて学ばざれば則ち殆（あやう）し**」（本を読んでも自分の頭で考えなければ，ボンヤリとしかわからない。かといって，自分の頭で考えるだけで本を読まなければ，独善に陥って道を誤る）――これが思想・信条確立への道である。

今日の世界では，**自由主義の思想・信条を自らのものとすることが基本的に重要**であろう。このような観点から，

(1) サミュエル・スマイルズ 『自助論』
(2) J．S．ミル 『自由論』
(3) F．V．ハイエク 『隷属への道』

などは，取り組むに値する本だと考える。(1)は自主・自立・自助の生き方とはどのようなことかを教える本であり，(2)は自由主義の古典，(3)は現代における自由主義（新自由主義）を考える上での良書といえる。

まずスタートとしては，鍵山・太田共著『企業および企業人』（この

15-3-2　Off JTのポイント

15-2で検討した「要件」に即して、**Off JTのポイント**となるところを検討してみる。この場合、

(1) **有効な具体的方策をつかむこと**、と同時に
(2) **努力度として必要な水準をおさえること**

が肝要である（具体策が妥当でなければ、成果はでないであろうし、また必要な水準レベルでやらなければ、十分な成果に結びつかない）。

① **体力**——体力・健康づくりで有効なのは、**持久的運動をコンスタントにやること**である。このことに関しては、異論の余地はないであろう。
3大成人病といわれる心筋梗塞・高血圧症・糖尿病のリスクファクターは肥満であり、肥満防止に最も有効なのは持久的運動である。持久的運動であれば、ウォーキング、ジョギング、スイミング、サイクリング、いずれでもよい。その人の適性にあったものを選べばよい（時間・コストからいって標準的にはジョギングであろう）。

ジョギングであれば、2〜3kmを週3回くらいのペースでやる（概ね15分くらい）。ウォーキングであれば、その2倍の時間は必要である。

② **知的能力**——OFF JTではセオリーの習得が中心となる。雑誌・インターネットを中心とした雑多な情報収集も含めてもよいが、帰宅後あるいは休日利用で時間をつぎ込む場合には、**セオリーを体系的に展開した書物を読み込むことが中心**と考えるべきであろう。

この場合、まず**自分の担当分野の専門書がNo.1の優先順位であり、No.2として経営及び管理にかかわる専門書**というように考えるのが、標準的には妥当である。

ペースとしては、専門書を月3冊（担当分野の専門書2：経営ー管理1くらいの割合）**くらいは熟読し、担当分野の専門雑誌2〜3冊を通読する、くらいのところが標準的**であろう。

尚、基礎学力のネックに取り組む必要があれば、テーマにもデイリーでコンスタントに一定時間をつぎ込むか、あるいはまと休暇時に集中してやるか、いずれかであろう。

③ **マインド・心のもち方、徳性**——Off JTでは、ケーススタディをやのが最もよいと思う。すなわち、**実践者の生き様を書いた書物（ケース）を、自らをそのケースの人物の立場において追体験的に読み込み、自らの準体験（体験に準ずるもの）とするやり方**である。これにより、マインド・心のもち方、徳性のあり方を習得することが期待できるだろう。

そのようなケースとして有効なのは、

(1) 『私の履歴書』中の経営者のもの（日本経済新聞社）
(2) 人物史を中心とした中国の歴史書『史記』『十八史略』（徳間書店版がわかりやすい）

である。

鍵山編編著『決断の構図』（白桃書房）は(1)(2)を中心に編集・解説したケース集であり、第一歩の努力課題として取り組む上では有効である。**標準的なペースとしては年に1冊くらいでよいと思う**。

さらに、「名文朗読」「名句掲揚」によって、自らの心をふりかえり、引き締めることも有効であろう。

④ **思想・信条（世界観・哲学）**——自らの思想・信条を形成確立するためには、**思想・信条を体系的に展開した書物と本格的に格闘する**（じっくり読み、かつ考え、徹底的に読み込む）**ことが最良の道**であろう。

現状のような速度が求められる時代には、書物を読むといっても、明日からの仕事のネタになりそうな専門書を迅速にマスターし、使う、というようなことになりかねない。はなはだしき場合は、雑多な情報収集——使えそうなものの丸暗記が、本を読むということの代わりになった

本は広い意味で企業人がもつべき思想・信条を提起した書物である）が，取り組むべき書物としてよいと思う。

　標準的なペースとしては，年1〜2冊でよいだろう（こういう書物は，まとまった休暇の際などに集中して取り組んだほうがよいと思う）。

15-3-3　OJTのポイント

　以上のOff JTは，体力づくり，セオリー習得，管理者としての幅と深みをつけるものとして重要であるが，欠くべからざる管理者として必要なことは，

**　　自らの実践で，**
**　　　傑出した高い成果をあげること**

そのことをとおして，会社ひいては社会に高い貢献をすることである。

　この観点からいえば，**それを可能にするOJTのあり方**が問われなければならない。傑出した高い成果をあげるためにはどうすればよいか——時間をつぎ込む，長時間労働をやる，このやり方では1日は24時間以上はないのだから限界があることは当然であり，また，長期的にみて有害であることは先述したとおりである——小改善を累積させる，これは必要なことであり，10％水準の生産性向上は達成しうるであろうが，「傑出した」というところはむずかしいであろう。

　所属部門から見て，さらには全社的に見て，**傑出した成果をあげるためには，「改革」を志向する必要がある。**

　管理者が自らの権限の枠内にとどまるかぎりにおいては，傑出した成果をあげることは一般に困難である。自らが改革を立案し，上層部を動かし，上層部の承認を得て，改革を推進するのでなければ，傑出した成果をあげることはできない（第1部第3章—「提案権」の行使について—参照）。

　自らの分業単位で成果をあげることは，自らの改革提言に上層部が耳を傾けざるをえないための必要条件と考えつつ，自らの分業単位での成果という「小成」に甘んずることなく，改革を志向すること，これが傑出した成果を

あげるゆえんなのである。

　改革の推進のためには，企業人の「要件」のすべてがミックスして発揮されることを必要とする。**自らの思想・信条に裏づけられた正しい使命感，何としても改革・目標を達成する必勝必達の信念，しっかりした知識・セオリーをふまえた思考力の発揮，**これらが総合的に発揮されなければ，改革は推進しえないであろう。であるからこそ，**改革の推進がOJTによる実践能力形成の核心になるのである。**

　改革を志向し，改革の成果を追求することが，OJTの要である。

15-3-4　具体的プラン

　以上の検討をふまえ，具体的努力課題を正しくウェイトづけしつつ設定し，これをタイムスケジュール化することが，具体的な能力向上プランである。

　以下に**標準サンプル「欠くべからざる管理者になるための10カ条」**を提示するので，自らのプランニングの際に参考にしていただきたい。

　このサンプルは，**１が結局のターゲット**であり，そのためには**OJTでの２（及び３）が必須**である，という組み立てである。
　ただし，２（及び３）を達成するためには**Off JT**で
　　　　　10の体力づくり　　　　9の生活習慣（自由時間の創出）
　　　　　7・8の広義の知的能力の形成
が必要であり，かつ**OJT**で，
　　　　　4・5・6のような明るく活力ある会社づくり
が必要である，という考え方にもとづく。

　著者としては，それぞれの管理者が，自らのしっかりしたプランを立て，必達し，かけがえのない管理者となること，そしてまた企業人人生におい

て,

精一杯勉強し,
力一杯仕事をし,
思う存分楽しむ

境地をモノにされることを期待したい。

欠くべからざる管理者になるための10ヶ条

1．社内の平均的な課の1.5倍をめやすとする傑出した成果をあげる。
2．部門全体に大きな効果をあげる改革案を半年に1つ以上，上司または適当な提案場所に提案し，その承認を得て改革実現をリードする。
3．担当する課内の小改善の累積で，年10%の生産性向上を必達する。
4．月に2回以上は，上司・同僚・部下と酒をくみかわしつつ懇談し，ディスカッションする。
5．元気明朗な挨拶・キビキビした動作で明るい職場づくりの先頭に立つ。
6．社内のレクリェーション・文化活動に積極的に参加し，その推進役を買ってでる。
7．自己の専門とする分野の専門書は月2冊以上精読し，専門雑誌2冊以上を通読する。
　また，経営または管理にかかわる専門書を月1冊以上精読する。
8．管理者としての思想・信条を形成・確立するため，良書を年2冊以上精読する。
　また，管理者としての徳性を養うため，参考となる書物を年1冊は追体験的に読む。
9．6時間以内の睡眠時間を旨とし，毎日2時間は机に向かって勉強する習慣をつける。
　また週休2日のうち1日は，自分の能力充電のために使う。
10．週3回以上，3km程度のジョギングを行うとともに，週休2日のうち1日は心身のリフレッシュにあてる。

■著者紹介

鍵山整充〔かぎやま　よしみつ〕
1928年生。東京大学経済学部卒業。約10年間日本生産性本部で経営コンサルタントとして活躍。
1967年，日本生産性本部の同僚コンサルタント4人とともに㈱日本経営開発研究所を設立，取締役パートナーとなる。
1972年より同研究所，代表取締役　所長。2001年より会長。
主　著
『経営コンサルティングの専門的実務』（翻訳　日本生産性本部刊）
『企業および企業人　六訂版』『職能資格制度』『改訂　賞与と成果配分』『管理職要覧　三訂版』『改訂　人材活性化の賃金戦略』『経営方針と経営戦略』『決断の構図』『21世紀志向の人事管理　改訂版』（以上白桃書房）

太田　滋〔おおた　しげる〕
1947年生。東京大学経済学部卒業。日本経営開発研究所に助手として入所，経営コンサルタント，パートナー，を経て2001年より同研究所代表取締役所長。
著　書
『撤退の経営戦略』（白桃書房），『企業および企業人　六訂版』『経営方針と経営戦略』『管理職要覧　三訂版』『日本型人事管理学大全』『日本型賃金』（上書5書は鍵山と共著，白桃書房刊）

連絡先
東京都港区虎の門3丁目3番3号虎の門南ビル3階（〒105-0001）
㈱日本経営開発研究所
（電話）（03）3434-5311
（FAX）（03）3434-0538
（HP）　http://www.nihon-keieikaihatsu.co.jp

■ 管理職要覧（かんりしょくようらん）——日本的MTP——〔三訂版〕　　〈検印省略〉

■ 発行日——1983年9月26日　初版発行
　　　　　　1987年5月16日　改訂版発行
　　　　　　2007年11月6日　三訂版発行
　　　　　　2013年11月6日　三訂版第2刷発行

■ 編著者——鍵山　整充（かぎやま　よしみつ）　太田　滋（おおた　しげる）

■ 発行者——大矢栄一郎

■ 発行所——株式会社　白桃書房（はくとうしょぼう）
　　　　　〒101-0021　東京都千代田区外神田5-1-15
　　　　　☎03-3836-4781　📠03-3836-9570　振替00100-4-20192
　　　　　http://www.hakutou.co.jp/

■ 印刷・製本——藤原印刷

© Y.Kagiyama & S.Ohta, 1983,1987,2007　Printed in Japan　ISBN 978-4-561-24476-9C3034

本書のコピー，スキャン，デジタル化等の無断複製は著作権法上での例外を除き禁じられています。本書を代行業者等の第三者に依頼してスキャンやデジタル化することは，たとえ個人や家庭内の利用でも著作権法上認められません。

JCOPY　〈㈳出版者著作権管理機構　委託出版物〉
本書の無断複写は著作権法上での例外を除き禁じられています。複写される場合は，そのつど事前に，㈳出版者著作権管理機構（電話03-3513-6969，FAX03-3513-6979，e-mail:info@jcopy.or.jp）の許諾を得てください。

落丁本・乱丁本はおとりかえいたします。

鍵山整充・太田 滋 共著
日本型賃金
その推移と展望

日本的労使関係の特質をふまえつつ，労働経済の局面に応じた公正・妥当な賃金・労働条件の決定のあり方を客観的統計データと実証的理論性を労使双方に提示することにより，生産性向上と公正な成果配分の促進を図る。　A5判　本体 4,000 円

鍵山整充 著
改訂 賞与と成果配分

日本の「賞与」とは一体何か，なぜ付加価値配分が流行しないのか。本書はこのような思考を中心としながら，今日の賞与の本質的性格・その実態を分析解明し，今後の賞与のあり方・運営の具体的方法について論述する。　A5判　本体 2,330 円

鍵山整充 編著
決断の構図
行動人の出処進退

経営人は時として出処進退を賭けた決断を迫られる。その時あなたならどうする!! 本書は危機に直面した現代の大経営者と古典にみる名君，名将はどう行動したかを実例から集録した，トップのための実戦的指針書。　A5判　本体 2,600 円

鍵山整充・太田 滋 編著
管理職要覧 三訂版
日本的ＭＴＰ

著者多年の管理職錬成研修の実施を通して，日本の管理者がおかれているわが国特有の経営上の位置づけを配慮しつつ，指導者，行動人としての管理者の意義を体系的に整理・統合した管理職教育訓練テキスト。　A5判　本体 3,300 円

鍵山整充・太田 滋 著
日本型人事管理学大全
21世紀の日本型人事管理の基本思想と具体的システム

バブル崩壊以降，日本の人事管理も混迷を余儀なくされた。本書は，日本型の能力主義を徹底し新世紀の日本型人事管理の方向を示す。　A5判　本体 4,500 円

鍵山整充・太田 滋 著
企業および企業人 六訂版
21世紀初頭の日本と企業人のあり方

高度成長を謳歌した日本経済は今や減速経済へと転換を余儀なくされている。本書は，21世紀初頭の企業のあり方，新しい企業人のあり方を論じつつ，今後の企業経営の進路を展望する好著。経営者，ビジネスマン必見の書。　A5判　本体 4,500 円

株式会社 白桃書房

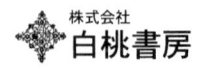

（表示価格に別途消費税がかかります）